教师自主发展

赵菁蕾　著

中国原子能出版社

图书在版编目（CIP）数据

教师自主发展 / 赵菁蕾著. --北京：中国原子能
出版社，2023.12

ISBN 978-7-5221-3198-6

Ⅰ．①教… Ⅱ．①赵… Ⅲ．①中小学–师资培养–研
究 Ⅳ．①G635.12

中国国家版本馆 CIP 数据核字（2023）第 256545 号

教师自主发展

出版发行	中国原子能出版社（北京市海淀区阜成路 43 号　100048）
责任编辑	潘玉玲　王齐飞
责任印制	赵　明
印　　刷	河北宝昌佳彩印刷有限公司
经　　销	全国新华书店
开　　本	787 mm×1092 mm　1/16
印　　张	18.25
字　　数	288 千字
版　　次	2023 年 12 月第 1 版　2023 年 12 月第 1 次印刷
书　　号	ISBN 978-7-5221-3198-6　　定　价　**78.00 元**

发行电话：**010-68452845**　　　　　　版权所有　侵权必究

前　言

　　教育，是永远朝气蓬勃的事业，教师是具有能动性、增值性、关键性的教育发展资源。进入 21 世纪的数字化时代，教师无疑面临着自主发展难得的历史机遇和严峻挑战。在此背景下，作为一名教师，应当站在时代的前沿去不断地规划自我、完善自我，以自身的精神、智慧和贡献推进社会的发展。

　　21 世纪以来，国内外的研究者们对教师自主发展的研究比较关注。主要关注教师自主发展的内在动力机制、教师自主发展的现状研究、数字化时代教师的自主发展等。本书以教育部印发的《师范生教师职业能力标准（试行）》中教师职业四大能力之一的自主发展能力为切入口，从注重专业成长、反思实践、主动交流合作等方面，突出教师终身学习、自主发展，以及在专业学习共同体中不断提升专业水平的意识和能力。

　　全书共八章：第一章教师专业发展概述，从哲学角度论述自己是发展的主体。第二章教师专业发展的因素，主要从教师外部驱动与自主发展的关系、教师专业自主发展主要特征等方面展开研究。第三章职业发展规划：教师自主发展目标确立，从教师职业生涯规划的编制、如何促进教师养成良好的职业发展习惯等方面进行论述。第四章教育教学反思：教师自主发展必由之路，从教学反思的层次水平、教学反思的途径、教学反思的具体培养展开。第五章教育教学研究：教师自主发展必备能力，在介绍中小学教师论文写作规范与策略基础上，具体对一位初中数学教师作教育行动研究。第六章沟通交流能力：教师自主发展有效途径，从和谐的师生关系、紧密的家校合作、学校与社区协调发展三方面论述。第七章学习共同体：教师自主发展理想的实践场域，对新时代的学习共同体展开研究与介绍。第八章叙事研究：一位扎根山区的特级教师自主发展之路，主要介绍庆元县范良帮老师在山区从教三十年，在成就学生的同时，通过自主发展，成长为有影响力的浙江省特级教师、正高级教师的发展之路。

本书是为广大基础教育教师而写，许多案例来自他们的实践，同时也适合即将走上教师工作岗位的师范生。

由于作者水平有限，书中错误缺点在所难免，敬请广大读者批评指正。

2023 年 6 月

目　录

综述　教师专业成长与自主发展

一、教师专业成长的大背景

教师是一个专业化的职业。这里的"专业"是指社会上的工作或行业分化的结果。每一种工作或行业都有它特殊的知识、技能、态度与规范，称该工作或行业为一种专业。在教育教学中，教师之所以是其他人员所不能替代的，在于教育教学的专业性。教育教学的专业性要求教师在专业上要不断地成长，而专业成长是一个渐进的过程，这个过程除了需要专家引领之外，更需要教师的自我规划、自我反思。

2021年，教育部印发了《小学教育专业师范生教师职业能力标准（试行）》等5个文件，分别明确了中学教育、小学教育、学前教育、中等职业教育和特殊教育专业师范生教师职业基本能力。每个文件分四个部分提出了四大能力，分别是师德践行能力、教学实践能力、综合育人能力和自主发展能力。《能力标准》将改变我国长久盛行的"教育、心理＋学科课程"这一落后、拼盘式的师范生培养模式，为我国建设高素质专业化创新型教师队伍按下"加速键"。作为教师职业能力标准之一的自主发展能力，从注重专业成长、反思实践、主动交流合作等方面，突出教师终身学习、自主发展，以及在专业学习共同体中不断提升专业水平的意识和能力。

1999年"物联网"概念的提出，意味着人类社会进入一个以人工智能为主要生产生活方式的时代。在这个时代，机器能够像人类社会一样进行数据收集、分析和自主学习，能够模拟人的智能反应方式，实现物与物之间、物与人之间的泛在连接。教师还应该是信仰与价值的引领者，未来的科学技术必须掌握在有信仰的人类手中，否则会造成人类的毁灭，教师是信仰和正确价值观引领的不二人选。教师还是学生学习的陪伴者，教师是学生心理健康发展的呵护者。所有这些改变，需要教师树立自主发展意识，加大研究力度，积极应对由人工智能技术带来的全新挑战。

二、自主发展是中小学教师专业发展的本质特征

教师的自主发展，是指教师具有自我发展的意识和动力，自觉承担中小学教师专业发展的主要责任，通过不断地学习、实践、反思、探索，使自己的教育教学能力不断提高，并不断向更高层次的方向发展。它强调的是教师是专业发展的主人，并对自己的专业发展负责。

教师专业发展的"自主性"，主要体现在专业发展自主意识和自主能力两个方面。教师专业发展的自主意识包括自主发展的需要意识，对自己过去专业发展过程的意识，对自己现在专业发展状态和水平的意识，对自己未来专业发展的规划意识。教师专业发展的自主能力是教师专业发展的另一个重要因素，它包括教学能力、研究能力、反思能力等，其中教学反思能力是一种较高层次的能力。

从我自身的发展经历来看，自主发展的意识和能力对自身的专业成长有至关重要的作用。在我刚读大学的时候，还没满18周岁，对未来还很懵懂，没有什么人生规划和职业生涯规划，这种状态一直持续到大学实习。当时我在当地最好的中学实习，称它为A校吧，这所学校以良好的学风、全市第一的高考升学率、优秀的师资队伍而在当地享有盛名。在上讲台之前，新教师都要在指导老师那里试讲，对于一个在大学基本上属于混日子的我来说，除了具备良好的心理素质和不怕丢脸的勇气外，其他还真的没有什么了。现在我还能很清晰地记得当时指导老师的表情和语气。一位中年大叔用一种恨铁不成钢的口吻跟我说："教师的职业是一种良心活，给学生一杯水，自己至少要有一桶水甚至是一池子水，我看你素质很好，只要你好好学，今后你一定能成为一名优秀的教师。"还是第一次有人认为我拥有良好的教师素质，心中的小火苗被点燃了。从那之后，成为一名优秀教师一直是我前进的动力。不管是刚毕业被分配在偏远的山区，还是在城里的公办学校、私立学校，心

中一直都有成为优秀教师的信念。在初中任教数学的十四年里，日常生活内容就是教学、研究、学习、反思。也取得了一定的成绩，全国青年教师课堂教学比赛二等奖、浙江省优质课评比一等奖、县（区）级优秀教师、市级学科带头人，等等。

2003 年，我对自身的学识浅薄不满到了顶峰，就一头扎进了书堆里，考取了硕士研究生，开始一段新的征程。研究生毕业后来到高校，从事自己喜欢的教师工作。在这二十多年里，访谈和调研了将近百名来自山区的优秀教师。这些优秀教师散发的智慧光芒，指引着孩子们前进的方向。每每与这些来自山区乡村的基层教师交谈，都经历着一次次心灵的洗礼。在谈外部条件不能很好支撑自身发展，或者是教师自主发展重要还是环境更重要时，这些优秀的山区教师一致认为自主发展更重要，是教师专业发展的灵魂。本书的案例绝大部分来自访谈和实践。

第一章 教师专业自主发展概述

第一节 自主发展与幸福人生

21世纪是知识经济时代，信息技术飞速发展，综合国力竞争日趋激烈。面对知识化、信息化、全球化的时代特征，实施"科教兴国""人才强国"的战略，是中华民族大力提升核心竞争力和实现中华民族伟大复兴的根本措施。教师专业化发展已经成为教师教育改革的一大趋势，受到国家的高度重视。2004年2月在《2003—2007年教育振兴行动计划》中提出要改革教师教育模式，建立促进教师专业发展和终身学习的现代教师教育体系。2010年《国家中长期教育改革与发展规划纲要（2010—2020）》再一次明确提出要建设高素质的教师队伍，提升教师素质，努力造就一支师德高尚、业务精湛、结构合理、充满活力的高素质专业化教师队伍。教师专业发展的内在决定因素是主体的自主发展，即作为开发主体的教师，要自觉主动地发展成为胜任现代教育的教师。

常言说，"人贵有自知之明。"作为一个立志成才的现代教师，必须努力达到积极的"自知之明"的境界。

一、自己是发展的主体

人是有意识的自然存在物，人的生理性躯体是主体的物质基础，先天性的遗传因素为人的主体发展提供了可能性。人"就其现实性上"又是"社会关系的总和"。环境（包括自然环境、社会环境，以及作为特殊社会环境的教育），对人的发展具有决定性影响。对于一个具体的个体来说人的发展就是人的主体的发展，是个体自我塑造的过程、是个体认识和实践人的价值的过程。

要认识主体价值，包括人对社会的价值和人对自我的价值。人对社会的价值，就在于他为这个社会创造什么的价值，在于他能否或在多大程度上满足他人和自我组成的社会的物质和精神需要。人的自我价值，则是通过社会价值的理解和评判来实现其享用价值和自我发展的价值。正如马克思常常引用的但丁的一句名言"我是人，人所应有的我无不具有"这说明两种价值在本质上是统一的。强调人的社会价值和人的自我发展价值的统一，是以社会价值来肯定自己的存在和价值，以自我发展价值来更好地创造社会价值，体现了马克思在《资本论》等许多著作中所提出的"以每个人全面而自由地发展为基本原则"的论断。

要认识并发挥主体性。所谓主体性是人作为对象性活动的主体所具有的本质特性，指的是作为认识主体和行为主体在处理外部世界关系中的功能表现，是在主体作用于客体活动中表现出来的能动性。它集中体现为人的独立性、主动性、创造性。人的主体素质结构包括思想品德发展水平、成功动机、知识结构、活动能力、科学方法、身体素质和性格特征等。

要认识并具有主体精神。人的自我意识发展的高级阶段体现为人的主体精神，就是人积极主动参与各种社会实践的心理品质。在社会实践中，具有主体精神的人，能够充分发挥主观能动性，独立自主地承担某项任务，并且是这项任务积极的开拓者、实践者、创新者和传播者。主体精神是人的社会积极性和政治积极性的一种表现形式，它表现为主动和自觉的创造性劳动态度，是人主动认识世界和改造世界的表现。很明显，这种主体精神对于人来说，是至关重要的。如果没有这种精神准备，即使具有可以成为人才的天赋和条件，也是难以成为人才的。美国心理学家丹尼斯说，主体的精神准备是成功与否的决定因素。精神准备不是父母所赐，也非重金可买。

一般来说，人的主体精神内涵非常丰富，就现代教师自主发展而言，必须强调以下三点。

1. 主体意识

主体意识是作为认识和实践活动主体的人对于自身的主体地位、主体能力和主体价值的一种自觉意识，是自主性、能动性和创造性的观念表现。它包括自我意识和对象意识。现代教师的主体意识越强，自我发展、实现自己本质力量的自觉性就越大，从而也就越能在教育活动中充分发挥自身的能动力量不断地调整、改造自身的知识结构、心理状态和行为方式。主体意识的强弱，从某种意义上决定着对自身发展的自知、自控、自主的程度，从而决定着其主体性的发展水平。

2. 主体能力

主体能力是主体能动地驾驭外部世界推动主体不断发展的能力。现代教师主体能力的发展，有赖于积极汲取前人积累的文化知识和经验，有赖于其主动地在教育活动中加以发展和提高。现代教师主体发展水平愈高，就愈能充分利用外部条件去发展主体性；反之，在自身主体性发展上就愈感到无能。

3. 主体人格

人的主体性发展，实质上是指人的各种能力和力量的综合发展，它不仅包括人的理性因素，还包括人的各种非理性因素。人的主体地位的确定与主体性的发挥，来源于包括人的理性因素和非理性因素在内的整个人的因素和属性。其中，非理性因素是人的主体性发挥的催化剂和激素，如果没有非理性因素的推动、激活和引发，主体即使有再大的认识和实践能力、也难以发挥出来。因此，现代教师不仅要掌握现代科学知识，而且还要重视培养自己的情感、意志、灵感、信念、直觉等非理性因素，塑造自己的主体人格。

二、正确认识自我

在这个追求个性的时代，"自我"是一个热词。美国实用主义哲学家和机能主义心理学的创始人詹姆斯认为自我的发展包括自我认识、自我评价、自我照顾和自我保存四个阶段。同时强调自我意识是个体对自己的认识和态度，对自己与周围人之间关系的认识和态度是个体在机体生长发育，特别是脑技能的成熟过程中通过个体的社会化而形成与发展起来的。

国内外教育界的研究表明，一个专家型教师必须具有四方面的复合型知识结构，其中重要的一个方面就是自我知识，即具有较高层次的自我意识和自我评论的知识。

　　在教师专业素养的领域中，人们越发重视教师的自我意识。自我意识健全的教师，能够用积极的方式认识自己，准确地看待自己所处的环境，对教师这个职业有认同感，对学生有爱心，也具有自我信赖感。对于从事教育工作的教师而言，确立平衡而统一的自我意识非常重要。

　　良好的自我意识有助于教师正确认识自我。一个教师能否客观认识自我是正常开展教育教学活动的前提之一。自我评价过低的教师会产生对个人潜能的怀疑情绪，降低自己对事业的追求与憧憬，缺少努力进取的活动能力。过高的自我评价，会导致过高的自我期待，容易产生自满情绪，不能恰当地估计自己的能力，对自己提出难以企及的要求和目标，一旦目标不能实现，又会陷入深深的自责中，难以自拔。

　　良好的自我意识是教师知识结构的重要构成之一。美国学者司德菲的教师发展五阶段论也揭示了教师的自我知识结构和自我意识的作用。他认为教师的职业生涯分成五个阶段：预备生涯阶段、专家生涯阶段、退缩生涯阶段、更新生涯阶段、退出生涯阶段。在这五个发展阶段里，尽管教师追求专业发展，一定离不开社会的支持与帮助，但这些支持始终是外在的，无法代替教师的自立自强。而教师只有具备充足的自我知识结构和良好的自我意识，才能深刻地反思自己的专业发展，获取前进的动力，才能发现其中的问题与不足，找到今后进取的方向。因此，关于教师专业发展阶段的知识既是教师自我知识修养的内容，也是促进教师自主专业发展的工具。缺乏自我意识和不能正确评价自己的教师在专业发展的道路上必然会感到茫然和困惑。

　　教师获得自我意识的觉醒，有助于生命的提升。传统教育观念把教师教学看作是一个技术的过程，没有个人的立场和价值选择，只是上级的或外来的价值观念的接受者。这样的教师只能成为一个熟练的技术工人而不可能真正地成为一名教师。教师唯有自我意识觉醒了，心中才会亮起一盏不灭的灯，才能利用身边一切可以利用的条件，甚至主动创造条件发展自己，达到生命的升华。

　　形成和完善教师的自我意识，对教师的专业成长具有重要作用，可以从以下三方面来实现。

1. 培养教师的主动性和责任感

强化个性品质，创设良好的心理氛围，尤其是自制力和人格力量的训练。培养内在需要，马斯洛的需求层次理论告诉我们，当生活的低层次需求得到满足后，人们就会追求更高的自我实现的需要。老师有育天下英才的雄心，也有为民族培养合格公民和劳动者的强大责任心，同时在教育教学中得到许多富于创造的深刻体验，自然而然就有了自制力。当某一事件激起他们的兴趣或触及"共鸣区域"，教师们就会积极反馈。

2. 创造积极的社会和工作环境

在社会形成尊师重教、人才强国的新风尚之时，教师也能在此寻找到巨大的精神动力。同时，也应看到，优良的校内氛围的重要性，应该要有良好的校风、严谨的教风及和谐的人际关系，学校应该处处洋溢着团结友爱、积极进取的气氛。良好的学校环境会产生一种精神力量，会感染、熏陶教师；优良的教风对教师的发展具有实在的导向作用；而和谐的人际关系既包含着高尚的道德培养、知识素养，又包含着人人讲奉献的精神。教师的工作是培养学生的艰苦而富于创造性的劳动，不少刚进校门还不能很好体会自我的教师，如果处在良好的校园氛围中，在情感共鸣、心灵碰撞的深层感应中能更好地认识自己、发展自己。

3. 提高教师的自我反思能力

教师要善于观察，通过认识别人，来对照反思自己，经过多次对比，形成相应的自我概念。教师还可以分析别人对自己的评价，来不断认识自我，别人的评价好比是一面镜子，通过镜子发现自己长处，认识自己的短处。通过考察自己言行的成效认识自己。教师可以通过教学反思等方式记录自己的教学成效，进一步提升自我。教师还可以通过自我教育完善自己，通过多方面的途径，发现现实自我与理想自我的差距，通过自我教育，以实现现实自我与理想自我的全面统一。

三、客观评价自我

自我评价是一个人对自己的生理、心理特征和社会属性的肯定或否定的判断。教师自我评价是教师依据评价原则，对照评价内容，主动对自己的工作表现作出评价，确定个人的发展需求，并制定出发展目标。正确的自我评价对于个人的心理生活及行为表现有重大的关系，对于协调社会生活中的人际关系亦是不可缺少的一个主观因素。

1. 树立正确的自我评价观

正确地评估自己，这是走向成功最重要、最基本的条件。立志成功者总是从心理上相信自己的价值。自我接纳的人总是"我就是我，我喜欢这样的我。现在就是最好的我，包括我的生、我的长，我就是我"。我不愿成为别的什么人，而只愿成为自己。于此，常表现为在对物质上自我满足，包括对自己的身体、衣品、家庭状况等；在对社会自我满意，即对自己在社会的名誉表示满意又对地位表现出满足感；在对精神自我的肯定，即对自己的道德水平、思想觉悟、智慧水平等的肯定。建立在真正了解的基础上的自我接纳，常常带来自尊和自信。反之，失实的自我接纳常使人得意忘形，失败后又经常处于极度自卑和对生活失去信心。

2. 如何正确自我评价

（1）敢于自我革新。有一个哲学家说得好，环境变化不可怕，可怕的是自身没有积极的变化。人想要发展，必须突破固有的自我，超越原有的自我，这就需要克服自我的束缚，挣脱自我的枷锁，积极地进行自我变革。积极自我变革是积极自我评价的思想基础和内部动因。教师在教育教学中要不断自我革新，自我改进，以最切合学生核心素养的要求来考虑教学设计，如果教师不敢突破原有的思维模式，毫无创新意识，那么学生只能东施效颦，毫无生气。教师的自我革新还体现在更新自我的学习方式，养成终身学习的习惯。这个世界唯一不变的便是变化本身，教师要走出固有习惯的舒适圈，完成学习意识和方式的革新，迎接学习方式的转变。

（2）要坚信自己。"天生我材必有用，千金散尽还复来"。上天制造的每一个人，都相信每一个人都会有属于自己的一番成就。任何时候，都要坚信自己有能力做好眼前的事情；只有学会欣赏自己，欣赏自己的优势，才能学会欣赏他人，欣赏世界。"让自己抬起高贵的头颅走路！"自信是生活强者的支柱。

（3）与人为善，与人为伴。积极主动正确地处理跟领导、同事、家长和学生等方方面面的关系，既不将自己的价值观强加于人，也不在背后非议他人，理智看待他人的评说，做到见贤思齐、扬长避短。

四、自主是教师幸福感的重要源泉

自主作为职业专业性的重要标志和关键因素，预示着一门职业专业性的高低，因而在西方文化中备受关注。同时，自我决定理论将自主看作是个体重要的基本心理需要之一，认为它能激发人们不断学习、持续成长的渴望和动力。因此，相对于生理需要，自主对于理解人类行为的动机和整体发展更为重要。当自己能够成为自己行为或行动的真正主人的时候，当自己能够完全认同某个努力方向和目标的时候，这个人就能够调动自己的全部潜能和热情，能够不知疲倦、不计得失、长期坚持，就能将这种主动追求的精神深深烙印到自己的行为模式中，成为未来获得人生幸福的利器。教师更是如此，只有自主的教师才是真正幸福的教师。

（一）教师自主可以提升职业幸福感

研究结果显示，教师自主对职业幸福感的直接效应是主要的影响方式。职业幸福感通过较高的工作满意度得以表现。许多研究发现，外在因素导致工作的不满意，而内在因素影响工作的满意度。也就是说像工资、福利、工作条件等外在因素的提高能消除教师对工作的不满意，但不能增加教师的工作满意度，只有对教师的认可、尊重、安全感，尤其是给予教师充分的自主等内在因素才可以增加教师对工作的满意度。

我的课堂我做主

Z老师是一所私立小学A的骨干教师，非常有思想。Z老师一直非常认同分层理论，在课堂上，他会根据不同层次的学生布置不同的作业，上课的要求也有所区别。没想到，这样的方法受到所在班级家长的质疑，尤其是学习成绩暂时落后的家长认为 Z 老师歧视自己的孩子，布置的作业被区别对待。Z老师很耐心地进行了解释，但家长听不进去，将这件事情告到 A 校的校长。校长了解情况后，刚开始也是跟家长解释，家长依旧不依不饶，说学校不解决的话要告到教育局。校长迫于压力，让 Z 老师整改，全班一视同仁，布置相同的作业。这件事情搞得 Z 老师非常郁闷，他觉得这所私立学校虽然在工资待遇上比一般的公办学校要高一些，但是在这里非常不开心，连自己正确的教学方式都不能做主。在那段时间，Z 老师总感觉自己走上讲台都非常不自信，上课提不起兴趣；课后看到学生在走廊谈论，都觉得是在说自己，整个人抑郁了。经过一番激烈的思想斗争后，Z 老师调到城郊的一所公办小学 B，这所学校的工资待遇虽然比不上 A 校，但这所小学的校长非常民主，也很支持 Z 老师的想法，而且让他带领整个教研组进行教学改革。Z 老师在 B 学校非常开心，教学改革做得风生水起，成就了一番事业，分层教学也成为 B 学校的一个品牌。

从上述案例可以看出，Z 教师在 A 学校的时候对学校环境缺乏控制感，感觉对自己的课堂不能自主，从而产生焦虑、困惑乃至抑郁。Z 教师是非常自主的教师，面对眼前的困境和形势作出了判断，从而对教育环境和教学活动做出改变，换了一个学校后，个体的身心更健康、主观幸福感更强。从本案例还可以看出自主的教师由于较少关注外部的奖惩或者压力，因而也更容易将外在的目标内化为自己的价值观和兴趣，在行为中更能显示一致性，有效维护内心和谐。Z 教师面对困难的时候，不是选择逃避，而是利用更换环境来解决问题，显示出更好的坚持性，也就更容易实现自身的目标，体会到教学的乐趣和较高的职业幸福感。

（二）自主的教师拥有更良好的人际关系

良好的人际关系有利于提升职业幸福感，对教师而言，良好的人际关系主要是指师生关系和同事关系。自主的教师更愿意采用鼓励、肯定的方式与学生交往，倾听学生的心声，更愿意尊重学生的兴趣爱好；在上课过程中，更容易用指导者、合作者的身份出现，给学生更多的支持行为。在与同事交往过程中，自主的教师往往会倾听同事的意见和建议，出现问题矛盾时，也经常采用协商的姿态解决问题。这样的教师师生关系和谐、富有同情心、同事相处融洽，更能体验高质量的幸福感，过幸福的生活。

（三）自主的教师通过增加工作投入提升职业幸福感

教师所从事的工作是一项复杂的，充满创造性的专门活动，自主便成了激发和调动教师工作内在动机的关键因素。它使教师在作决定和行动时，更多地考虑教学本身的意义和价值，更容易进入当前的任务，使自己充满旺盛的精力，全身心投入教学工作，进而获得内心愉悦的感觉。正如心理学家克里斯曾特密哈里所描绘的，当自主需要得到满足时，个体将进入"完美体验状态"，在活动中能够全身心地投入，呈现出一种"沉浸状态"，对他们来说，正在做的事情让他们体验到的是纯粹的快乐。

（四）教师自主是实现教师发展内生性转向的关键

促进教师专业发展是提高教育教学质量的核心，而强调教师职业地位、工资待遇、资格标准和学历等外在条件的提高，已不能满足当前教师专业内生性发展转向的要求。内生性发展的关键是要挖掘教师专业发展的内在依据，调动教师专业发展的根本动力。

特殊的入职经历

我再一次怀着十分恳切的心情，请求组织批准自己去做一名教师。

看到各行各业特别是教育战线在党的领导下，走向大治的喜人局面，自己却没有机会献上一分力气，心里像有一团火一样熊熊燃烧。我无比焦急地请求领导能够体谅自己的心情，批准自己的申请。只要是教书，不管是到农村的一般学校，还是到更困难的偏僻山区的学校，我都会踏踏实实、勤勤恳恳、满腔热情地去干。

进厂6年多的两千多个日日夜夜中，我对学校的深深眷恋之情，是一天也没有中断过的，即使在"四害"把教师地位压到最低点的时候，我还是以极其羡慕的心情向往着这个职业。为着有一天实现自己美好愿望的时候，把教师工作做得好一些，我日复一日、年复一年地钻研有关教育的知识，常学到食不甘味、寝不安席的地步。即使身患重病，也还是不愿间断，为此度过无数个不眠之夜。

两千多天中，我向各级领导恳切地提出做教师的申请至少有一百五十次。几乎每一个同志，特别是朋友和亲人，都耳闻目睹到我对教育火一样的热情，对学生源自内心的关心。

有好几次办事路过学校，我悄悄地站在教室外，侧耳倾听教师侃侃而谈，学生书声琅琅。更有无数个夜晚，梦见领导批准自己回到农村学校，做上了虽然紧张繁忙、操心劳累、但却充满幸福的教师工作。

上述案例是魏书生 6 年 150 多次志愿当教师的经历。正因为魏书生有非常强烈的当教师的愿望，教师的自主性非常强，是马斯洛需求层次的"自我实现"的需要；使得魏书生的教师生涯有内生发展的强大动力，教书育人成为他一生的追求，成为一代非常有影响力的教育家。

第二节 教师自主发展的历史研究

在中国知网上搜索关键词"教师自主"，选择期刊中的"核心期刊"和"CSSCI"，截至 2022 年 8 月 27 日，共搜索出 709 篇。从年度趋势上来看，1997 年就有文章发表，文章发展的高峰期是 2008 年的 61 篇。从主题分布来看排在前六位的分别是：教师自主（占 15.16%）、教师自主发展（占 9.44%）、教师专业发展（占 7.64%）、自主学习（占 7.53%）、教师专业自主发展（占 5.09%）、自主发展（占 4.56%），这六个主题词的文章占全部 30 个主题词的 49.42%（见图 1-1，图 1-2）。经过整理分析着重就教师自主的内涵、教学自主、教师自主发展、教师在线自主发展等四个方面对教师自主研究进行较为全面的总结与阐述。

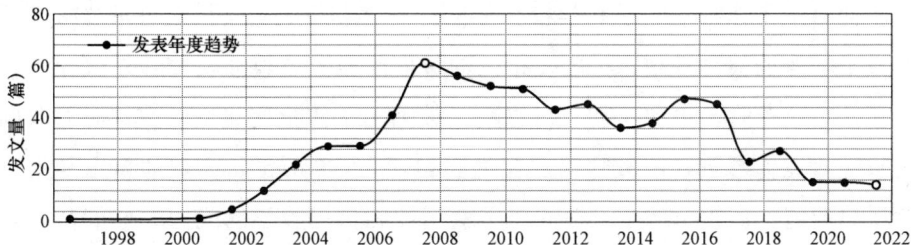

图 1-1　1998—2022 年总体趋势分析折线图

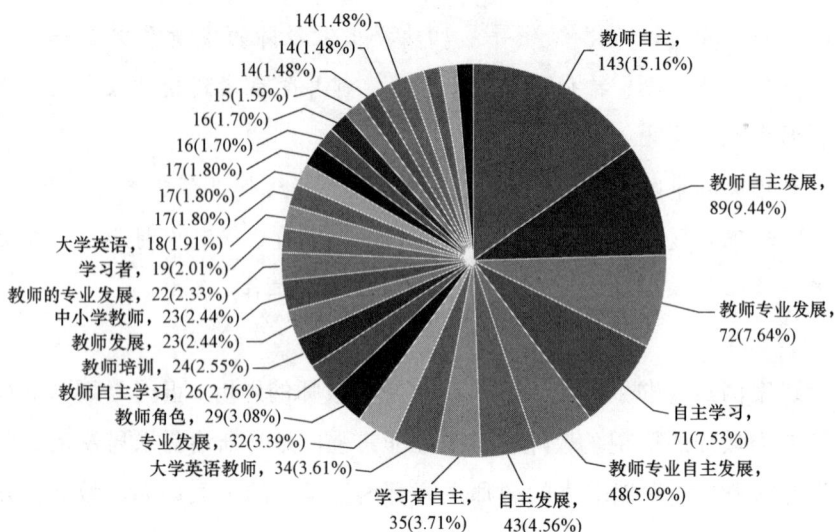

14(1.48%)
14(1.48%)
14(1.48%)
15(1.59%)
16(1.70%)
16(1.70%)
17(1.80%)
17(1.80%)
17(1.80%)
大学英语, 18(1.91%)
学习者, 19(2.01%)
教师的专业发展, 22(2.33%)
中小学教师, 23(2.44%)
教师发展, 23(2.44%)
教师培训, 24(2.55%)
教师自主学习, 26(2.76%)
教师角色, 29(3.08%)
专业发展, 32(3.39%)
大学英语教师, 34(3.61%)
学习者自主, 35(3.71%)
自主发展, 43(4.56%)

教师自主, 143(15.16%)
教师自主发展, 89(9.44%)
教师专业发展, 72(7.64%)
自主学习, 71(7.53%)
教师专业自主发展, 48(5.09%)

图 1-2 教师发展与学习相关类别占比饼状图

一、国外关于教师自主内涵的研究

国外研究由于视角各异而产生了许多不同的定义。经归纳，大致可分为综合取向、权利取向与能力取向。综合取向从多视角对教师自主进行定义和研究，如 Little 认为教师自主是自我导向的专业行动能力，即自主的专业行为，包括教学选择能力、对教学的反思和分析能力，以及强烈的责任感、强调能力和职业意识。Friedman 认为教师自主体现在教学和组织两个层面，将职业能力和发展能力内涵扩展到教师的人际交往等方面；Aoki 将内在动力、个人意识和能力相结合，强调教师自主的核心能力是教学决策能力、自由和责任心。权利取向多强调教师摆脱外部控制和干预的教学权利和自由。如 Benson 把教师自主视为"摆脱束缚获得自由的权利"。Kreis & Brockopp 认为教师自主是教师对教学和学校工作的控制感和权利。权利取向研究将教师置于不平等的被动地位，从社会和机构管理层面强调教师要摆脱外部控制和束缚，追求专业自由和权利，但忽略了教师的个体特质和主动性。能力取向受教师专业化影响，将教师自主视为职业能力。Lamb 认为教师自主是批判性反思的能力；Shaw 强调教师自主就是控制自己教学的能力。他们从教师的职业责任及能力两个方面概括教师的自主能力，观照了教师个体素质和职业要求，但过分强调个体能力，未将教师与教学环境和社会文化等主客观因素综合研究，因而单一和片面。教师自主被视为老师有效教学的基本条件，国外教师自主的含义主要强调了两个方面：教师控制和支配教学情境或环境的权力，教师自己控制自己的权力。

二、国内关于教师自主的研究

国内在学习和引入国外关于教师自主的研究基础上，形成自己的观点。广义上的教师自主包括教学自主和发展自主两个方面，狭义的教师自主等同于教学自主。广义层面的研究关注教师的职业行为和专业发展的权利、意识、能力和行为，而国内更多的研究关注狭义概念的教师自主，即教学自主，其内涵的界定以知识和能力为主。如李四清认为，教师自主有课程自主和教学自主之分，而教学自主是教师可以实现的内在的自主。高吉利、李秀萍从课程和教学环节界定自主权利、意识和能力，其定义与教学环节密切相关且可操作性强；陈颖将大学英语教师的教学自主定义为在有限教学条件下调控教学、调动学生兴趣、营造互动气氛的过程和手段，以及调控外界对教学束缚的能力和权利。

三、教师自主发展

教师自主发展是实现协助学习者自主和个人专业发展的要求和条件，而职业责任、专业目标、对教师自主发展起决定作用。

1. 教师的职业责任

教师在培养学习者自主性方面承担多重角色和责任。裴希山认为，教师有责任为学生自主发展提供环境支持。国内大学生自主学习观念调查显示，他们对教师角色的期待超出"主讲者和知识传授者"。这些研究从学习者利益角度阐述了教师的职业责任，申明为学习者提供帮助、促进其自我实现是教师义不容辞的职业责任，并对教师的职业角色和目标提出了明确要求。刘红、高志英也证明，自主学习环境下教师对学习者的授权、师生协作互动的对话关系对于实现教学目标、培养学习者自主能力和提高学习成绩有积极作用。目前，计算机网络与外语课程的整合形成了"主导—主体"的双主式教学结构，无限的学习和教学资源拓展了教师自主的内涵和外延，改变了教与学的理念和方式，因此，教师的角色"要重新定位和构建，以适应自主学习的现实和要求"。而且教师角色和作用的改变促进了教师和学习者彼此的自主。学生的自主性很大程度上依赖于教师的自主性，但学习者自主也是教师实现自主的依据和条件。教师在协助学习者自主的过程中提升自身的专业能力，而学习者持续增强的能力对教师提出更高要求，教师不断学习和发展成为必然。因此，教师必须实现更加自主的教学和更主动的专业发展，即教师的全面自主。

2. 教师的自主发展目标

Freeman 指出，外语教师的专业发展是以教师自我发展需要为动力，在教学实践中通过不断学习、反思、提升专业素质和完善信念系统的动态过程，强调教师的自主发展的连续性、自主性和反思性内涵。吴寒和刘洋结合自身价值追求和教育教学需要，将教师自主发展具体到"积极、自觉和主动确立目标，制定计划、调控进程、提升专业素养、开发自身潜能的创造性"的行为，兼顾了教师的个人价值体现和职业需求。教师"自觉主动地在实践中求索，不断完善自我、挑战自我的成长过程"，突出了自主发展的创造性所在，奠定了培养学习者创新能力的基础，因而具有可持续性。教师通过自主发展，实现培养学习者自主性和创造性的目标，因此，自主发展是教师自主的前提和手段。

3. 影响教师自主发展的因素及对策

魏薇、陈旭远认为"教师专业自主"是教师在专业规范约束之下，不受外力的干预和外在的压力，根据自己的专业知识对其教学、学校或组织的决策与任务，独立地作出专业判断和决定的意识和能力。在对"教师专业自主"进行界定的基础上他们提出激发教师专业自觉意识，构建良性专业发展的支持性环境和教师的"赋权增能"是教师专业自主超越"自在"限制并达到"自为"境界的基本路径。

现实中诸多因素影响教师的自主发展。部分学者总结，影响教师自主发展的自身因素主要有自主发展意识、科研能力、职业兴趣、信息素养，以及自我价值取向，而这些因素都与教师的自我效能感有关。自我效能感是教师自主发展的重要内在动力机制。王国良对国内外高校英语教师教学效能感的实证研究表明，自我效能感高的教师在对待学生态度、课堂教学自主性，以及个人自主发展的主动性方面都呈现积极主动的倾向。上述研究从自主发展意识和能力的内在视角，研究影响教师自主发展的因素，但未重视确保教师自主发展良性循环的外部引导和支持因素。吴宗杰从政治文化视角考察了特定文化和社会背景下，语言形式的权利符号抑制教师自主性的情况；何永成则运用话语分析法研究学校在课程与课程理解、组织结构、价值观，以及学术体制化等多方面对教师自主的影响。教育体制化和制度化下的教师工作压力大、教学任务繁重、缺乏心理授权和培训进修机会等因素与教学自主性和自主发展有着紧密联系。同时，外界对教师的授权、学校管理的形式化和简单化忽视了教师的个性差异与发展需求，严重制约着教师的教学自主和发展自主。

四、教师在线自主发展

1. 国内教师在线发展研究

（1）教师在线发展内涵和特点。

教师在线发展主要是指基于网络的、交互式的教师自身专业发展的一种经历，或教师通过网络学习提高自身专业发展的一种经历。它是指教师通过在线学习或网上互动实现专业提高的活动，通过建立一个虚拟学习社区或学习者共同体来实现教师个人或群体的专业发展目标。教师在线发展的核心是为教师提供基于网络的学习机会和学习环境，并构建教师共同参与的专业共同体。信息化已经成为现代教育的一种趋势，它赋予外语教师在线发展新的内涵，包括教师信息与通信技术素养、网络元评价能力和网络教育叙事研究能力。

（2）教师在线发展模式

在线发展模式主要有两种：结构化且有组织的在线学习和自主的有选择的在线学习。自主的在线学习又包括自主发展、协同发展、实践反思、成立教师网联等四种模式。除此之外，国内学者还提出了个人导航模式、专家引领模式、实践共同体模式、交流与通信模式、咨询服务模式、合作研究模式、评估和反思模式等。谢海波总结在线发展模式包括自主学习、交流协商、专题讨论、协作研究和评价反思在内的 5 种适合教师专业发展的模式。这些模式核心都是自主、合作与反思。

2. 国外教师在线发展研究

关于教师在线专业发展的内涵，美国国家研究委员会在 2007 年进行了界定："教师在线专业发展通常指那些基于网络的、交互式的专业发展经历"。卡特尔认为教师在线发展就是教师在线进行的专业发展，具体是指教师利用网络及其相关工具进行学习和进修活动。美国对教师在线专业发展的理论研究成果是较为全面和深入的，涉及了教师在线专业发展的内涵、体系结构、影响因素、在线专业发展标准等多个方面。在实践方面，美国也建立了 10 种主要的、较为成熟的教师在线专业发展项目，并且有了专门针对学科新任教师专业发展的 eMSS 项目。

Chris Dede 等对近年来教师在线发展的 40 个高质量的实证研究文献进行了回顾分析，发现当前教师在线发展的研究问题主要集中在项目设计、有效性、技术和学习者交互 4 个方面。其中，研究方法占了最大比重。Chris Dede 指出教育者如何利用在线技术支持更为广泛的专业发展，在《教师在线专业发展：浮现模型和模式》一书中还提供了 10 个案例研究模型。George Melinda 认为在线专业发展在可访问性和负担性、有效的技术设计和内容、在线专业发展支持教学和导师制等方面优于传统的专业发展。Lock Jennifer V 在《新观念：在线共同体促进教师专业发展》一文中认为以在线共同体帮助教师专业发展，并给出了一个在线共同体的建构框架。Barnett Michael 在《在线学习共同体》中提供了一种基于网络的专业发展系统，为职前教师的专业发展，尤其在课堂教学方面给予了帮助。Shironica 在《在线学习促进教师专业发展》一文中主要描述在线学习如何支持发展教师和教育者的专业知识，问卷探讨在线学习究竟能够带来什么好处和带来了哪些挑战等问题。

第二章　教师专业发展的因素

第一节　教师专业发展的主要理论

1972 年，英国发布《师范教育和师资培训调查委员会的报告》（即《詹姆斯报告》）之后，美国也相继发布《明日之教师》《准备就绪的国家》等系列的报告，国外开始对教师专业发展提出全面构想和实质性的建议。1980年 6 月，美国发表一篇题为"救命，教师不会教！"的文章，引起了公众对教师质量的担忧，由此拉开了以提高教师素质、促进教师专业发展为核心的教育改革序幕。2001 年，中国教育部师范司组织编写的《教师专业化的理论与实践》一书发行，为教师的专业化实践提供了指导；同年，首都师范大学在国内建立了教师专业发展学校，率先使大学与中小学进行联姻。这两个从理论到实践、从政府到学校的重要举措，直接推动了国内教师专业发展研究热潮的兴起。教师专业发展逐步进入国内研究者的视野中。教师的专业发展主要在以下几个方面。

一、教师专业发展的概念

学者们对教师专业发展概念的阐述不尽相同。如认为教师专业发展是一个过程；对教师专业发展的内涵和基础进行讨论；融合课程思政、在线教学等理念进行探讨；教师专业发展既是过程又是发展的结果；等等，以下从五个不同角度来介绍已有的教师专业发展概念。

观点一：认为教师专业发展是一个过程

英国学者霍伊尔认为，"教师专业发展是指在教学职业生涯的每一个阶段，教师掌握良好专业实践所必备的知识和技能的过程"。国内学者叶澜等在对西方学者提出的教师专业发展概念进行梳理的基础上，提出自己的观点，即"教师专业发展是促进教师专业成长或教师内在结构不断更新、演进和丰富的过程。"卢乃桂等则理解为"教师专业发展是教师不断成长，不断接受新知识、提高专业能力的过程"。

观点二：对教师专业发展的内涵和基础进行讨论

朱旭东认为："教师专业内涵包括教会学生学习、育人和服务三个维度，教师专业发展的基础包括教师精神、教师知识、教师能力。"

观点三：融合课程思政、在线教学等理念进行探讨

王雪梅认为："新文科、课程思政、在线教学的新常态下，教师专业发展更加注重融合式理念，强调知识、能力与情感的发展。具体而言，针对新文科需求，教师应建构基于问题导向的跨学科或者超学科知识，促进知识融合；针对课程思政需求，教师应将社会主义核心价值观理念融入课程设计理论与实践，提高课程设计能力；针对在线教学需求，教师应将 TPACK 与师生共同体的认同感相融合，提高课程互动能力。"

观点四：教师专业发展既是过程又是结果

赵兰信认为："教师专业发展已转向新的模式，即教师作为发展主体，在职业生涯各阶段依据自身及外在态势的需求，审视、更新、延续其对教学的职业心理承诺，自觉对专业理论知识进行系统学习，并在实践活动中不断完善专业发展的实质性内容。因此，它在本质上既是发展的过程又是发展的目的。"

观点五：教师专业发展分层次讨论

贝利等人则将教师专业发展分为两个层次：一个层次视教师为一般人的发展，另一个层次将教师作为从事教育这一特殊职业的专业人员的发展。教师专业发展主要指后者，即教师通过接受专业训练和自身主动学习，逐渐成为一名学者型和专家型教师。也就是说，一个教师从职前教育、入职教育和在职教育，都需要不断的学习和研究，逐步走向专业成熟的境界。

从以上观点中可以归纳出教师专业发展的两个特征：一是教师专业发展的最终目标是走向专业的成熟；二是教师专业发展是一个过程。这样，可以将教师专业发展定义如下：教师专业发展是教师经过专业训练及自身主动学习，逐渐走向专业成熟的过程。

二、教师专业发展阶段理论

教师专业发展贯穿其职业生涯全过程，关于教师专业发展阶段的划分，不同学者根据不同的标准，形成了不同的阶段理论，从而形成了不同的教师类型。有些人以生命的自然老化过程和周期来看教师的职业发展过程，如费斯勒的研究和休伯曼的研究；有些从心理结构改变的角度来看教师专业发展阶段，如利斯伍德的研究；有些将教师作为一个社会人，从其个人需要、能力、态度与学校环境的相互作用来考察教师专业发展过程与阶段，将教师专业发展看成一个专业社会化的过程，如莱西的研究；有些则从教师关注的变化来考察教师专业发展阶段，如福勒的研究。

观点一：富勒的教师教学关注阶段论

富勒是最早关注并研究教师专业发展阶段的学者之一，她通过广泛的访谈，编制了《教师关注问卷》，通过研究她将教师专业发展分为四个主要阶段，即任教前关注阶段、早期求生阶段、关注教学情景阶段，以及关注学生阶段。富勒的研究重点在教师职前培养事情，这套理论对之前教师教育研究有一定的参考价值。具体阶段及特征简述列于表 2-1 中。

表 2-1　富勒的教师教学关注论构成

发展阶段	表现特征
任教前关注阶段	此阶段的教师还处于学生时期，没有任何教学经验，只关注自己，对教师所具备的职责和行为没有清晰的认识，以及对教师持有评判的态度，甚至对教师怀有敌意
早起生存关注阶段	此阶段的教师处于实习阶段，他们更关注自身的生存问题，担忧自己是否有能力胜任教师这一职业。因此，教师侧重于教学课堂的管理、学生与同事对自身的评价，以及自己的教学方式是否能得到学生认可等方面
教学情境关注阶段	此阶段教师逐渐适应教学环境，更加关注如何将所学的知识、教学技能运用到教学技能中，更加注重自身的教学表现。这阶段是教师快速发展的重要时期
关注学生阶段	此阶段教师将关注的重心由教学任务转为学生，会注意学生的学习、需求与发展。了解学生之间的差异，并且能做到因材施教

观点二：教师职业生命周期论

休伯曼依据教师职业生涯发展理论，又将教师专业发展的周期分成入职前（1~3年）、稳定期（4~6年）、歧变期（7~18年）、保守期（19~30年）、准备退休期（31~40年）五个阶段。具体阶段及特征简述列于表2-2中。

表2-2　休伯曼教师职业生命周期的构成

发展阶段	从教时间（年）	表现特征
入职期	1~3	缺少基本教学经验，对教学生涯缺乏信心，可能得到教学对象的肯定和同行的接受对工作表现出积极热情
稳定期	4~6	逐渐适应了学校常规，对所承担的专业有了相当的了解，初步形成自己的教学风格，对自己职业生涯有一定的信心
歧变期	7~18	积累了相当丰富的经验，试图对自己的现状加以改变；这种改变有两个不同的结果，一种是不断改进，使得专业水平达到完善，另一种则是对教师职业产生倦怠而离开教师队伍
保守期	19~30	对教育教学工作轻车熟路，对专业的热情逐渐消退，可能依靠资历平稳地从事教育教学工作，也可能对滚滚而来的教学改革产生抵制的心理
准备退休期	31~40	面临专业生涯的结束，任何改变都显得不太现实，于是从容平静的接受或是失落的等待教学生涯的结束

观点三：费斯勒的教师生涯循环论

费斯勒认为影响教师专业发展的因素主要包括个人环境和组织环境两个方面的原因，个人环境包括家庭、关键事件、个人性格、业余爱好等方面的因素，组织环境则包括校长的管理风格、成员间的信任度、专业组织等方面。具体阶段及特征简述列于表2-3中。

表2-3　费斯勒的教师周期的构成

周期	特征表现
职前阶段	教师的培养期，也包括教师接受新角色时的培训期
入职阶段	从时间上来看是进入教学职业的最初几年，从表现来看努力学习教学的日常工作，努力寻求学生、家长、同事和领导的认可
能力形成阶段	具体表现为努力拓展自己的教学技能，积极寻找新的教学方法和策略，提高教育教学能力

周期	特征表现
热心和成长阶段	此阶段热爱工作，不断追求进步，持续创新、改进和丰富自己的教学风格，有较高的职业度
职业受挫阶段	从时间上来看通常在职业生涯的中期：具体表现在因工作上接连地遭遇挫折，使得职业满意度降低，甚至怀疑自己当初职业的选择
稳定和停滞阶段	工作上满足于达到基本要求，会努力做好分内之事，但不愿多做额外的工作，不再追求自身成长和发展
职业倦怠阶段	在离开教师岗位前，有些教师可能因成功而感觉愉悦和满足，部分教师则因被迫离开或自动想离开而产生苦涩感
职业退出阶段	离开教学岗位之后的时期

观点四：司德菲的教师生涯发展模式论

司德菲依据人文心理学派的自我实现理论，较为完整地、真实地揭示了教师专业发展历程，为教师培训活动提供了有价值的理论参考。具体阶段及特征简述列于表 2-4 中。

表 2-4 司德菲的教师生涯发展阶段

发展阶段	特征表现
预备生涯阶段	此阶段主要包括初任职的教师，或重新任职的教师。初任教师通常需要三年时间，才会进展到下个阶段，而重新任职的教师则能很快超越此阶段。在此阶段的教师，具有以下几个特征：理想主义、有活力、富创意、接纳新观念、积极进取、努力向上
专家生涯阶段	此阶段的教师已具有较高水平的教学能力与技巧；能够进行有效的班级经营和时间管理；对学生都抱有高度的期望，也能在自己的工作中，激发自我潜能，达到自我实现的目的；同时，还具有一种内在的透视力，可随时掌握学生的一举一动
退缩生涯阶段	初期的退缩表现为教师在学校的表现不好不坏，很少致力于教学改革，跟随别人，消极行事，绩效平平。持续的退缩表现为教师出现倦怠感，经常批评学校、家长、学生，甚至是教育行政部门，有时对表现好的教师也妄加指责，抗拒变革，人际关系往往不和。深度的退缩表现为教师出现无力感，甚至有时还会伤到学生，不认为自身有缺点，具有很强的防范心理
更新生涯阶段	此阶段的教师在一开始出现厌烦的征兆时，他们就采取了较为积极的应对措施，如进修课程、加入教师组织等。虽然在此阶段的教师，不再对教学工作感到新奇，但肯吸收新知识、进取向上，致力于追求专业成长
退出生涯阶段	到了退休年龄，或由于其他原因离开教育岗位，一些教师开始安度晚年，而另一些可能继续追求职业生涯的第二春

尽管由于研究者研究视角的不同，对教师专业发展阶段提出不同的理论，对间断的划分侧重点不尽相同，但共同点是教师专业发展是一个动态的过程，不同的教师发展阶段不相同；时间并不一定会带来经验，经验与成长也不总是相关；教师的专业成长跟作为一个人的教师的所处的环境有很大的关系。

教师专业发展阶段理论对于教师实现自身的专业发展，以及外部设计教师专业活动具有十分重要的意义。从教师自身来说，专业发展阶段理论有助于教师认清自己发展目标，制定专业发展计划，促进教师对自身专业发展的反省认知。另外，教师专业发展阶段理论也为教师专业发展活动的设计供了一个重要依据，有助于根据处于专业发展阶段的教师的不同需求、不同特征和不同发展目标来定位、设计教师专业发展活动，从而更有效地促进教师的专业发展。

第二节　教师专业发展的影响因素

从 1966 年联合国教科文组织提出"教学应视为专业"至今，教师专业发展取得许多成就。在教师专业发展的影响因素方面，国外的相关研究起步较早，也相对比较成熟。

早期的研究主要是围绕着教师专业发展阶段展开的，分析在教师发展的不同阶段影响教师专业发展的因素。

美国学者费斯勒在其著名的动态教师生涯循环理论中，对影响教师发展的因素作了系统的论述与详细的说明，尤其强调了各种社会的、个人的影响因素对教师发展所产生的积极和消极作用。具体影响因素简述列于表 2-5。

表 2-5　费斯勒动态教师生源循环理论影响因素

影响因素	具体因素
个人环境因素	家庭因素、积极的临界事件、生活的危机、个性特征、业余爱好和生命阶段
组织环境因素	学校规章制度、管理风格、公众信任、社会期望、专业组织和教师协会

格拉特霍恩则从三个方面论证了影响教师专业发展的因素：个人因素、情境因素和与教师工作生活相关的因素。具体影响因素简述列于表 2-6。

表 2-6　格拉特霍恩影响教师专业发展的因素

影响因素	具体因素
个人因素	认知发展、生涯发展、动机发展
情境因素	情境影响
与教师工作生活相关的因素	社会与社区、学校系统、学校、教学小组或院系、教室、促进教师发展的特殊介入活动

凯尔克特曼认为教师专业发展是个体教师与情境交互作用的结果。这种情境可以从空间和时间两个维度来考虑。具体影响因素简述列于表 2-7。

表 2-7　凯尔克特曼教师专业发展影响因素

影响因素	具体因素
空间情境	教师所处的社会、组织和文化环境
时间情境	教学生涯、教师个人生活经历

我国关于教师专业发展的研究从 20 世纪 80 年代末期开始逐步成为教师教育的核心任务，1998 年，在北京师范大学召开的"面向 21 世纪师范教育国际研讨会"明确提出了"师范教育改革的核心是教师专业化问题"。中国教育有自己的传统和现实情况，主要有以下的观点。

从教师专业发展的阶段这个角度来看，教育部师范教育司编写的《教师专业化的理论与实践》指出教师专业发展受着多种因素交互作用的影响，可以分为师范教育前的影响因素、师范教育阶段的影响因素、任教后的影响因素。具体影响因素简述列于表 2-8。

表 2-8　教育部师范教育司编写的教师发展因素

影响因素	具体因素
师范教育前	幼年及学生时代的个人经历和经验、人格特质、重要他人、教师社会地位与待遇、个人家庭经济状况
师范教育阶段	任教学校环境、正式课程、潜在课程
任教后	学校环境、教师的社会地位、教师的生活环境、学生、教师的同辈团体

从成长过程分析教师专业成长的影响因素，吴捷认为影响教师专业成长包含内在因素和外在因素。具体影响因素简述列于表2-9。

表2-9 吴捷划分的教师专业发展因素

影响因素	具体因素	具体表现
外在因素	社会环境	教师的专业成长是随着社会对教育的要求和期望不断提高而逐步形成的
	工作环境	教师成长中必须有完善的管理制度与措施，有系统的继续教育计划
	教育教学实践中的特定事件	教学中的特定事件为教师的专业成长提供契机
	职后培训	职后培训能促进自我导向性的学习活动，并充分满足教师在其专业成长和发展方面的特殊需要
内在因素	职业精神和职业理想	职业精神和职业理想是教师专业成长的精神支柱
	自主意识和自主能力	自主意识是教师真正实现专业成长的基础和前提，自主能力是指教师在教育活动中不断调整、改造自己的知识结构、心理状态和行为方式的能力
	研究案例，善于借鉴	案例学习可以使教师很好地掌握相关的理论，案例学习可以使教师很好地掌握相关的理论

内在因素包括职业精神和职业理想、自主意识和自主能力等。有的研究者认为教师专业成长有赖于教育观念的完善和更新、专业知识的掌握和专业技能的形成、教育研究能力的提高等。

从综合分析的角度来看，台湾学者吴清山将影响教师专业发展的因素归为四类：个人因素、家庭因素、学校因素和社会因素，并认为学校因素对教师专业发展的影响最大。傅道春认为教师发展影响因素有：社会因素、家庭因素、个人因素、组织因素。饶见维认为教师发展影响因素有校内因素和校外因素。具体影响因素简述列于表2-10。

表2-10 饶见维划分的教师专业发展因素

学者	影响因素	具体表现
饶见维	校内因素	学生、教师、教学资源、教育目标与课程教材、辅导与班级活动、教学活动、校长与学校行政、学校的人际网络与组织文化
	校外因素	教育行政机构、社区、相关制度与政策、相关人员对教育的基本理念、社会情境与文化

李存生分析了将教师专业发展视为由内外因共同作用的结果，从内部动力和外部动力两个维度对如何促进教师的专业发展进行分析。具体影响因素简述列于表 2-11。

表 2-11　李存生划分的教师专业发展因素

影响因素	具体因素	内涵
内部因素	教师角色的再确认	对教师角色的根本思考、教师是专业发展的主人
	教师个体的主动发展	在教育实践中体会发展、对知识的完善与管理、成为反思性教师和行动研究者、形成个人的教育哲学、建构完整统一的世界
	教师之间的交流合作	哈佛大学的资深教师项目、教师同伴指导
外部因素	建构发展性教师评价制度	在没有奖惩的条件下，通过实施教师评价，达到教师与学校共同发展、个人与组织共同发展的双赢结果
	社会支持	经济保障、资格证书、教师的职业组织
	逐步改变社会的现实	社会日益严重的实用主义现象遮蔽了教育本来的面目

中国教育有着自己的传统与现实，探讨教师专业发展的问题必须建立在这个基础上。归纳以上观点这些因素可归纳为两大类：内因和外因。促进小学教师专业发展的主要内因有：教师角色的再确认、教师的自主发展；主要的外因有社会支持、学校制度与文化、教师合作与交流、关键事件、家庭因素等。

一、影响教师专业发展的内部因素

（一）教师角色的再确认

在现代，人民将教师视为"园丁""蜡烛""春蚕"等，这虽然是在歌颂教师，但也忽视教师生命存在的意义和价值。这个观点将教师看作是应当无私奉献而不考虑自己的人。教师角色的再确认，其重要意义在于能够将教师放到情境中去理解并且使教师本人对自己的选择和教师有清晰的认识和立场，才能努力去"做最好的自己"。

（1）教师角色定位中人本理念的内涵

教师在角色定位中需要清楚认识到自己在教育中所特有的身份和地位。教师应以"人"在教育中的地位作为依据，认清自己在教育教学中所处的位置，根据"人"的具体需求，培养其教育教学技能。人本理念是教师思维模式内在表现。人本理念不仅体现在思想上，还要让教师把为了人、塑造人的价值取向落实到角色定位上。

人本理念是一种行为方式。在角色定位中，教师要选择合适的行为方式，今天的教师不仅要在思想观念上，更要在角色上进行转变，重新进行角色定位，方能适应新的教育发展。而人在教育中的重要地位，决定了教师在教学工作和与学生交流沟通中必须采取人本的方式及方法，不独断专行，尊重人的主体性，把教师角色定位中所遵循的价值观念落实到实际行为中。

在角色定位过程中，要将人本理念落实到实际的教育教学中去，即在人本理念理论的指引下，选择恰当的方式在行为方式上重新定位。比如在教育管理中，教师都会碰到厌学的学生，这时候作为教师往往会跟学生讲学习如何重要，要对自己前途负责这些大道理，收效甚微。从人本理念出发，先建立真诚、平等的师生关系，只有实现了师生之间真正推心置腹的沟通交流，才能让教师走进学生的内心，并实现思维的碰撞。本着欣赏每一位学生的工作作风，进入他们的世界观，用他们的观点看待世界，用"显微镜"寻找学生的闪光点，树立学生的自信心。这样才能寻找到学生厌学的原因，做到有的放矢，从根本上解决问题。

（2）教师角色定位的偏差

有些教师在理解人本理念的时候，容易出现的偏差之一是"人本理念只是以学生为本"。在角色定位中，有些教师注重了学生在教育中的主体地位，认为人本理念中的"人"等同于学生，显然，这种观点忽视了教师在教育教学中的不可替代的作用，因为"教学活动是师生共同参与的双边活动，所有教师和学生在教育教学活动中同样重要，不能在肯定一方的重要性时回避另一方。因此，教师在角色定位过程中，要全面把握教育活动中双方参与者，要认识到以人为本中的"人"不仅是指学生，其还包括教师自身。只有解构学生的"人"和教师的"人"才能真正达到以人为本。

教师在理解人本理念的时候，还容易产生教师角色转变的偏差。教师在教育过程中，应当以促进学生个体发展，培养其多方面的能力及专业素质，并最终完成学生价值的自我实现为宗旨，开展教学活动。在教学中将自己作为教学的组织者、学生人生的引路人，让学生能够积极、主动地参与到课堂中来，进而为学生终身学习打下基础。与现代教育相比，传统教育更多的是将教师视为工具性的存在，教师机械地重复着社会所规定的角色，完成其工具性使命。而当下多数的在职教师就是在传统的方式下接受教育或者在向现代教育过渡中发展成长的，对这种工具性的教学记忆已经根深蒂固，这就使得他们习惯性地把过去的教育理念、态度、方式等沿袭下来。因此，在现代教育中，教师的角色转换也面临着一个考验，能否打破这个定势，有效地从工具性的角色转换到现代教育所需要的教师角色。

（3）人本理念下重新定位教师

教师是学习者。人本理念中的"人"不仅指的是学生，还包括教师本身，也就说以人为本在教育教学中就是以师为本和以生为本的结合。教师将自身定位在学习者才能真正理解人本理念的内涵。在教育过程中，教育对象千差万别，教育情境又包罗万象，经常会出现新情况，决不能用固化的思维，固定的模式去解决。教师作为学习者，要经常用学生的心态提醒自己，学会换位思考，走到学生的心里，根据学生的特点，制定适合的学习方案，营造良好的课堂氛围，激发学生的学习兴趣，增添课堂的吸引力与趣味性。教师作为学习者，也是以"师"为本的必然趋势，这也符合教师自身成长，一个优秀的教师，在接受师范院校的职业教育后，要紧跟时代潮流，用新理念武装自己，主动向能者请教，自我提升。教师将自身定位在"学习者"，也就是不仅要考虑学生主体的地位，更要自身不断提升，才能最大限度发挥自身优势，从容应对教育教学中出现的各种问题。

教师角色的转变。人本主义的教育理论家在以下几个方面达成了共识：教育应该促进认知与情感的综合发展，教学应以学生为中心；教师与学生之间要建立积极的关系；教师应具有信任感、真诚感和自信感；教师应信任学生，激励学生发现自己的情感体验，发展他们明确的自我概念，帮助学生认同他人，与他人分享情感，使学生意识到自己的态度和价值并且做出相应的行为。教师要改变"家长式"管理方式，更应该对学生主动性地培养，保证教育教学互动的成效性。教师在不同教育环节中角色要不断的转变。在课堂中强调教学任务，课后教师与学生和谐共处；考试前教师是心理咨询师，调整放松学生的心态，在班级活动中教师是多面手，活动育人处处显身手。

（二）教师自我主动发展

教师专业发展是一个综合素养提升的过程，从本质上来说，这个过程是一个内在的过程，也就是说教师专业发展最终依赖于教师个体的主动发展，一些外部条件的创造和外力的推动最终是要作用于教师个体，并且通过教师个体的内化而发挥影响，因此，教师个体的主动发展是教师专业发展最核心的意义。当然个体的专业发展并非最终的理想，最终的理想是形成群体的专业发展的氛围并达到更高的水平。教师在专业发展过程中，看到自己的成长与进步，才能提高自信心和继续参与学习的热情，它对教师本人的发展具有重要意义。谁能意识和感受到这种变化？只能靠教师自己，正所谓"得失寸心知"。教师如果能够随时感受和审视这种变化，为之努力，那么教师就是在敏锐的感受中不断地自我成长了。对教师来说，成长的感觉是什么，就是教学越来越有意思，当教师的感觉越来越愉快，意义感越来越明显。但是，谋求真正的主动发展又谈何容易，在心灵疲惫不堪，习惯于自己的工具性价值体验，主动性的体验和愿望被长期搁置乃至遗忘，怎样的理念和策略才能真正打动教师，唤醒他们的内心？作为教师个体，必须时时刻刻叩问自己的心灵——"我究竟想要过怎样的教师生活"，必须深深体味教师的欢乐和痛苦，创造的喜悦和价值。

1. 教师专业发展的教学模仿行为

教学模仿贯穿了入职教师到资深教师的各个阶段，教学模仿在不同阶段有不同动机和标新，教学模仿有助于理解教师教学经验的生成机制，促进教师专业成长的正向推动。

（1）新入职教师针对教学规范性的模仿

对新入职的教师而言，为了迅速适应教师角色和学校环境，模仿规范性的教学情境是新手教师专业成长的基本途径。在这个过程中，新手教师学习的目标是形成教学规范，即"学会教学"的过程是新手教师教学模仿的内核。要注意的问题是新手教师在适应教学阶段时除了要正确理解所授学科知识、熟知教学程序及基本策略外，还应主动投入和积极承担教学责任，迅速完成从学生到教师的角色转换。新手教师的专业成长定位强调模仿者自身经验的卷入，不能一成不变地还原前辈教师的教学过程，要在模仿的基础上反思教学行为、方法背后的意义，由"倾听者"和"观察者"转变成"思考者""创新者"，思考"他为什么这样教？""怎样的教学适合我？"这就要求新手教师对前辈教师的教学技能和策略保持敏感性，从他人的教学经验中解放出来，不只停留在教学外显形式上，还要敢于质疑，勇于深究。另一方面新手教师要准确诊断自身的专业教学能力，新手教师如果没有经历此环节，模仿教学就丧失了发展性学习的意义。因此，新手教师不但要多听课、多模仿，还要多反思，通过教学反思，教学日志等方式将每次课的教学亮点、不足、特色逐一列出，诊断自身教学活动的不足与遗漏。

（2）胜任型教师对名教师的模仿

胜任型叫专业成长意愿强烈，会根据自身需求去挑选合适的模仿对象，通常表现为名师模仿。而名师出于推广自身教学理论、教学成果的需要，也乐于开发具有特色的课堂实录等。但模仿的前提是揣摩和深入地思考，名师的课堂实录并不一定适合自己的学生。因此，胜任型教师的教学模仿常常需要二次加工，结合学生学情和自身教学风格，完成对课例的重构，这个过程也揭示了胜任型教师专业成长要应对继承性与创造性的矛盾。

在继承方面，胜任型教师在教学工作方面已有自己的经验，也有自己的"一技之长"，但要将"技"提升到"术"，将是一个巨大的考验和挑战，模仿名教师的课堂实录就是在"术"层面的继承。名师教学课例容易被模仿的根本原因在于其教学程序和结构的使用环境稳定，胜任型教师对此类经验的继承是以"仿课"的形式来完成，但在创造性方面往往弄巧成拙。在二次加工过程中，对名师的课例知识内化生成与外在展现的逻辑转换机制都提出了要求，很容易出现教学模仿的认知偏差。就这个意义来说，胜任型教师对名教师的模仿是包含了第二次加工的有效的学习行为。

学会模仿比创新更重要

　　几乎每个老师的心头都曾涌动过把名师佳课搬回来再上一次的强烈冲动，我也不例外。作为一个青年教师，有幸借各级培训机会听到的好课越多，这种冲动就越强烈。但从"想搬课"到"试着搬"，继而到"学会搬"，路上却是高峰横亘，崎岖盘旋。

　　入行头三年，对"搬"一字，我曾经历了一段从"不屑"到"敬畏"的岁月。学会模仿比创新更重要，这个道理一开始我并不懂。还记得从教第一年，我嫌之前的课件太土，兴致勃勃地重做了一份，往课件上加了许多花哨的卡通画，使它们变得花花绿绿，又在原有的课堂设计上删去了一些我觉得死板的内容，加上了自以为能充分吸引一年级学生注意力的游戏，满心期待着孩子们在轻松欢快的氛围里识字。那时的课堂是热闹的，教室里充斥着掌声、笑声、惊呼声……我沾沾自喜，却被来听课的师父陆老师一声喝醒："该有的环节被删去了，目标的达成无法落实，她们说得很开心，你被她们牵着走，嘻嘻哈哈之后，孩子们在这堂课结束时，学会了什么呢？"原来，我曾认为精彩纷呈的旁征博引，反倒是漫无目的填鸭，而我以为无聊透顶的识字教学，却是实实在在帮学生打好基础的基石，半点都轻视不得。

　　从"看到"到"看懂"，看得懂课这一步非常重要。我选取了薛法根老师的《三打白骨精》一课来模仿他的组块教学，依照薛老师的要求，我先尝试根据课堂实录还原教案，之后照搬他设计的几个版块完成课堂教学，不出意外，效果并不好。搬课仿课，不能停留在"把砖头捡回家"，若是不懂得建造的原理，没打好坚实的地基，高楼不可能平地而起。搬好课的前提是识好课，看懂一堂名师好课到底好在哪里，是仿课的基础。譬如《三打白骨精》这一课，薛老师在第一环节把词语放到具体的语境中了解，一是为了落实生字新词的教学，帮助学生准确理解词义。二是串联故事内容，为后面的简要复述做准备。除了练习复述，薛老师还把握了这一课独特的文体特点，对含有"三"这个字的文章的读法进行了指导，将阅读类似文体的方法迁移到其他读写活动中。可以说，这堂课的设计，是紧紧围绕着教材的特点和要求、学生的能力和潜力来进行的，而这也恰恰是我在之前的仿课中所忽视的。名师的教育著作里往往蕴藏着他的育人理念，是育人理念决定了他课堂的走向。一堂课，是以花样纷呈的形式来哗众取宠，还是让学生拥有实际的收获？这是由教师如何看待一堂课的价值所决定的。读薛法根老师的《为言语智能而教》之前，我只知道薛老师的组块教学有特色，其他人学不来，但并不明白他为什么要这么教，背后有些什么样的理论支撑。到读完以后，我才明白他的组块教学其实就是在重组、整合散落在文本中的语文知识，以此来破解语文教学"高耗低效"的顽症。我对他所提出的七大策略中的"陌生文本"最有感触，他提到，文本中有些学生能读懂的语言，很容易"滑"过去，如果老师能进行追问，将熟悉的文本变陌生，引起学生的思考，则能起到独特的凸显语言价值的效果。明白了这一点，就能想通他在一些课例中独特的设计是从何而来，如果不读他的著作，只是听课，绝不会有如此深入、透彻的感悟。

我渐渐明白，仿课贵在从"仿形"变为"仿神"——要有所得，研读理论比光看实录有效，青年教师仿课，要学会透过"形"，看到背后的"神"。研读了薛法根老师的理论著作之后，我对如何模仿组块教学总算有了些心得，以字词版块为例，不再照搬他选出的词串，而是用他的思路，结合教材与学生的具体学情，选择合适的教学内容。如《半截蜡烛》中，我先借助简笔画理解词串：烛台、烛芯、烛光、烛焰摇曳，快速把学生引入情境，又组织学生结合课文内容理解词串：秘密、绝密、绝妙；危机、厄运；从容、镇定。这几个词串的设计并没有照搬薛法根老师原有的教案，但效果还不错，不仅帮助学生积累字词，也包括了对故事背景的介绍，加深了学生对故事内容的理解，为后文的概括进行了铺垫。

由此，我有了新的感悟——仿课时不必刻意追求与原课完全一样的，根据情况，当变则变。归根结底，其核心还是如何正确解读语文教材，研制适合学生的教学内容，选择学生需要的教学方法，所谓"山一直是山，水一直是水"是也。"神"已在，"形"有变，又如何？青年教师学仿课，首先要有正确的示范，然后要有正确地模仿、勤奋地练习和不断地反思。

（3）资深教师共识性知识形式的教学模仿

教师专业成长的每一阶段都少不了教学模仿，对于资深教师而言，教学模仿行为不再是学习和借鉴，而是组织层面的教学共识达成与科研合作层面的教学成果普及。具备对教学预案执行的四度调整，具体来讲：一是通过相互观摩调整个人教学构想，使之与集体构想能够兼容；二是对集体预案有序推进的层次性进行调整，使之符合个人教学需要；三是对集体预案的活动性框架展开差异化学生对象的调整，使之具备相互区别的学习效度；四是保持其操作模式基本不变，完成对集体预案成果的取舍和尺度调整，便于教师后续设计。此外，资深型教师科研合作层面的教学成果普及也离不开教学模仿。可见，资深型教师的专业成长建立在发挥集体智慧之上，要先有共享智慧，才有个性张扬，其教学模仿以教师相互协作的知识交往为出发点，不断寻求自身经验与他人先进经验的有机整合，以知识交流、理解、对话协商等包含教师责任的组织承诺来完成共同教学愿景和教学文化的追寻，其对社会一脉相承的知识继承和演变做出了贡献，成就了教师专业成长的终极价值。

2. 对知识的完善与管理

教师的专业素养要求教师拥有多种知识，这些知识包括广博的科学文化知识、丰富的学科专业知识、系统的条件性知识和丰富的实践知识。教师必须拥有强大的知识背景，才能真正承担起教师的责任，为自己的专业发展和学生的成长做出更大努力。知识的完善和管理，在信息社会逐步显示它的重要性。

（1）对知识的完善

广博的科学文化知识。教育是一个特殊的研究领域，它面对的是活生生的人，是一个直面人生、直面生命的伟大事业。教师专业化的特点之一就体现在对各种不同知识和理论进行选择、组织、开发、传递和评价，并在这个过程中进行知识创新和增值的专业能力。教师只有具备了广博的科学文化知识，才能够融会贯通、得心应手，使自己更好地理解所教学科知识，并把所教学科与其他学科有机地结合起来进行整合；才能够有效地激发学生的求知欲和学习兴趣，满足每一个学生的探究兴趣和多方面发展的需要；才能够帮助学生了解丰富多彩的客观世界，为学生获得多方面的知识创造机会；才能够帮助自己更好地理解教育学科知识，使自己的教育教学更加丰富多彩，促使学生素质的全面发展和提高。

当代学生兴趣广泛，求知欲强，学生获取知识的渠道广泛，所有这些都要求教师要有广博的科学文化知识。主要包括以下几个方面：一是人文类知识，如哲学、社会学、人类学、经济学、政治学、伦理学、历史学、地理等方面的知识；二是科技类知识，如一般的自然科学常识，关于文理学科交叉的知识；三是工具类知识，如外语、数学、计算机、文献检索、应用文写作等方面的知识；四是艺术体育类的知识，如体育、美育、卫生保健、书法、音乐、舞蹈、戏剧、摄影、绘画、文学欣赏、影视等知识；五是劳技类知识，如一般的劳动生产知识，现代工农业生产的基本原理等知识。

丰富的学科专业知识。要建设一支高素质专业化创新型教师队伍，专业教师拥有丰富的学科专业知识尤为重要。要具备学科专业，即教师应当在了解学习科学的基础之上，掌握系统的学科知识，具有较强的学科能力，理解学科本质，运用跨学科思维和知识，开发课程内容。要具备教授专业，即能基于学生的学习规律和学科内容，形成指导、引导、辅导、启发、帮助学生学习的教导路径。具备全专业属性的专业化教师是新时代教师队伍建设的必然要求，特别是在信息化、智能化、数字化的教育现代化过程中，教师的学习专业和教授专业被凸显，基于复杂教育教学情境中的专业判断与决策能力要求教师具备实践智慧，即教师要懂得"如何做"，这一过程也是教师对自身所知教育教学情境进行分析、判断，从而转化为自身心智图式的过程。

系统的条件性知识。教师所具有条件性知识是指教育教学应具备的教育学和心理学知识，主要包括教与学的知识，学生身心发展的知识和学生评价的知识。有些教师认为，自己在走上教育岗位前都接受过比较全面的、系统的教育理论学习，条件性知识是没有问题的。但实际上并非如此，教师在岗前学习的这些知识是静态的，而教育是不停地向前发展的，条件性知识会随着教育的发展而不断变化。由于缺乏学习，很多教师的条件性知识并没有随着时间的推移、经验的增加而不断地丰富，反而是不断地在弱化。这时候需要构建"教育学思维"，其中，包括全面驾驭现代教育理论、熟悉教育法律法规、掌握现代教育技术、了解中外教育历史。教师要增强"心理学意识"，包括熟知基础教育心理学、通晓发展心理学、精通教育心理学、学会心理辅导技能。教师要提升教学法水平，包括采用教学法知识指导教学、通过教学法来积累教学智慧。

丰富的实践性知识。林崇德认为，教师的实践性知识指教师在面临实现有目的的行为中所具有的课堂情境知识，以及与之相关的知识，或者具体地说，这种知识是教师教学经验的积累。热爱教育事业、深入研究、勤于写作、积极反思、善于学习是教师实践性知识发展的关键因素。教师在教育教学中表现出对学生及职业的强烈喜爱之情，这就是热爱教育事业，这种情感是教师实践性知识发展的内在动因。研究和反思是更主动、更深入的学习过程，它们是基于自身教学实际问题的思考、质疑、探究和发现，是双向的、理论与实际结合的、原则与案例碰撞的、选择与效果比较的过程。所以，研究和反思对教师实践性知识的发展更为重要。写作既是研究和反思的载体，也对其起到促进作用。

（2）对知识的管理

教师对显性知识的管理。教师的显性知识包括教师的理论性知识和教学实践中实际使用的一些知识，如学科内容、学科教学法、课程、教育学、心理学和一般文化等原理类的书本知识。

教师对隐性知识的管理。隐性知识是指那些还没有经过头脑的思维活动整理成条理性的东西，无法直接进行相互交流和传播的知识。如教师个体的思维模式、教学经验等。

传统的教育观念将教师角色定位于传递理论知识的"中介者"，而不是像"知识的主动建构者"和"知识的创造者"那样容易忽视教师的知识管理。甚至有些教师认为隐性知识不能用文字表达、交流和共享。但实际上隐性知识并非不能表达，它只是零星的、个性化的，甚至是随意的，所以，有必要对这些片段化的知识进行管理，以便及时捕捉、显化、编码、系统化和保存，促使教师多角度反思教学实践、增强教师的教学实践智慧，促进教师的知识创新。

3. 学会反思和成为行动研究者

反思型教师既是教学的实践者又是教学行动的研究者，相对于传统教师，反思型教师总是会将教学理念、教学方法、教学内容等加以改革、加以改进。

（1）成为反思型教师

反思型教师的内涵，学界有不同的界定。舍恩曾指出，反思型教师就是"反思型实践者，就是超越了技术性教学实践的把反思和实践结合起来的教育实践者"。布鲁克菲尔德从批判理论的视角出发，认为反思型教师是"反思水平达到了对教学的社会和伦理、道德意义进行反思的批判式思考者"。结合上述研究，反思型教师是以专家型教师的教育教学实践、教育教学理论等作为参照，对教学的优劣进行辨析，并寻求解决方案、付诸行动以促进自身专业发展的教师。

成长为反思型教师不是一个一蹴而就的简单过程，需要长时间地学习和变化。反思型教师成长机制包括入职教育、团队反思、个体独立反思、教师在职培训等要素，这些要素相互作用，共同促进反思型教师的专业成长。培养反思型教师需要从教师的入职教育开始，通过入职教育让新手教师了解和初步体验教学反思，为他们后面的教学反思提供指引和帮助。在团队中，教师可以对其他教师的教学活动进行讨论、评价，进而提出相应的策略，同时，能分享自己在教学反思活动上的心得。新手教师在参与活动的过程中逐渐形成了反思的意识，培养了反思的能力。此时，教师想要进一步成长，需要自己独立地完成教学反思，并在长期的反思实践中依据自身特点形成独特的教学反思风格。而在职教师培训是指从专家的视角指导被训教师对他们的教学实践进行反思，使他们的反思方法和策略得到应用，使他们的反思能力和水平得到提高。

（2）成为行动研究者

20世纪80年代以后，教师专业发展成为教育改革的中心议题，英国课程专家斯腾豪斯提出教师即研究者的观点，呼吁一线教师结合教育实践开展教育研究，随后这一观点为广大教育研究者和教师接受。随后，英国教育家埃利奥特呼吁"教师成为行动研究者"，指出教师应该在实践中进行自我反省和研究，这一论断为一般教师迅速成长为优秀教师指明了一条切实可行的途径。

对教师来说，行动研究的侧重点不是在理论研究上有多少突破，而是为了解决教育教学中的实际问题，研究是为了改进教育教学质量。发现问题是行动研究的起点。教师在解决问题的探索中往往会遇到某种障碍，在排除这些障碍的过程中又会发现新的问题，而这些"新问题"才是教师在行动研究中需要解决的真正的问题。没有理论指导的实践是盲目的。教育理论与实践的密切联系是教师发展的基本手段，教师要加强专业理论学习，将所学理论与教育实践有机结合起来，而不能像以往那样仅仅依靠经验进行教育教学。需要指出的是，在行动研究中的教师是带着实践情境中的"问题"进行理论阅读的，他们通过与作者的对话来寻求解决问题的更有效的办法，进而实现理论与实践的视界融合。

（3）成为反思性实践者

20 世纪 80 年代，美国麻省理工学院前哲学教授唐纳德·A.舍恩在批评技术理性的基础上阐述了他的"反思性实践"思想及"反思性实践者"概念。舍恩主张包括教师在内的实践者要从技术理性的桎梏中解放出来，在实践中反思和探究，树立"反思性实践者"的专业形象。之后，在行动科学和教师教育领域相关研究（尤其是对教师反思的研究）的推动下，教师成为"反思性实践者"的理念日益深入人心，培养教师的反思意识与能力、提升教师实践品质，成为教师教育改革的重要内容。

反思作为实践的限定词，凸显了教师的主体性，突出了教师的个人经验和反思能力在沟通公共知识与个人实践性知识方面的功能。消除教育实践中理论与实践的二元分离。教育反思、教育研究既不是专家所特有的，也不是教师的专业，而是所有实践者的一种基本生活方式。反思是一种植根于教师内心的、致力于不断完善教学实践的强大力量。打破教育知识的专家权威和精英主义。

4. 形成个人教育哲学

教师个人的教育哲学是教师个人在长期的学习与实践的基础上积累而形成的对教育的基本看法，是教师的教育理想、信念的集中与浓缩，是全部教育工作的出发点与归宿。它对一个教师的教育行为或教育生活起着重要的制约和影响作用。是教师根本的教育观念，是一个教师从事教育工作的灵魂所在，个人教育哲学的建构，可以使教师在专业水平上达到一种全新的境界。

教师个人教育哲学包含三个层次。第一层次是教育理念，他是指一个教师对教育的根本看法和对教育的终极追求，是教师全部教育行为理论上的基本出发点。不同的哲学世界观指导下的教育理念是不同的，这就需要教师在哲学层次上确立自己的信仰，从而有意识地选择自己认同的教育理念，并通过自己的教育行为来体现自己所追求的教育理念。教育过程实际上是一个教师实践和履行自己的教育信条的过程。没有教育信条的教师，从来就不是一个自觉的教师，而不过是一个通过此种职业挣钱养家糊口的教书匠而已。第二层次是教育观念。教育观念是教师在哲学层次的教育理念影响下形成的一系列对教育问题的看法，对教师的教育行为起具体的指导和影响作用。教育观念主要包括教师个人所持有的发展观、学生观、知识观、质量观等，这些教育观念影响着教师对教育行为的选择。第三层次是教师形象。教师个人的教育哲学的第三个层次是教师对自己作为教师形象的认同，并在个人的教育行为和教育生活中去追求、去实现对自我形象的塑造与建构，是教师实现个人价值的理想目标。

教师个人教育哲学素养可以通过认真读书、接受培训，反思实践和潜心研究等途径形成。只有读书成为教师最喜欢干的正事、乐事的时候，才有可能滋生教师个人的教育哲学。促进教师专业发展的有效途径是对教师进行培训，在培训的方法上要加大改革力度，丰富教师职后教育形式。教师通过反思性教学等方式，不断提升自己的实践经验和智慧。教师通过研究，可以转变教育思想观念、提高理论水平，提高教育教学和研究能力，使自己走上自主发展的道路。

二、影响教师专业发展的外部因素

虽然教师专业发展是一种内源性的过程，但终究会受外部因素的影响，这些外部因素来源于三个方面：社会支持、学校文化与制度、关键事件。

（一）社会支持

教师的专业发展不是独立存在的，它与社会支持是密切关联的。教师专业发展需要有良好的政策、专业的发展方式、多样的发展平台，以及合理的评价方式，这些都需要由学校和社会来满足。政府出台的政策是导向也是保障，一方面可以鼓励教师积极进行专业发展，为教师指明一条提升自身专业的通道；另一方面可以从法律层面保障教师的权益，免除教师的后顾之忧，安心进行专业发展，这对于激发教师专业发展动力无疑是一针助力剂。

（1）政府出台的政策

20世纪80年代，随着教师教育由专注职前教师向关注终身发展转变，教师专业发展问题开始成为中国教师教育研究者，以及政策制定者关注的重点和热点，并且在三次全国教育工作会议（1985年、1994年、1999年）上逐步确立了重视教育、重视教师、重视教师培训的工作思路。1994年颁布实施了《教师法》，对教师的资格、任用和培训作出了规定，规范了教师的学历要求和教师教育形式。1995年颁布的《教师资格条例》对《教师法》中关于教师资格和能力的要求进行了补充。

教师专业标准决定着教师专业发展的方向，是教师专业化建设的重要组成部分，对教师能力的提升和学生的发展都有着至关重要的作用。我国教育部于2012年2月下发了《小学教师专业标准（试行）》《中学教师专业标准（试行）》，这两者按照学校层次对我国的教师专业标准进行了规定，共同构成了我国基础教育阶段教师专业标准的内容体系。这是我国第一次以"专业标准"的名义对教师的专业素质做出权威性规定。相对于以前的教师教育政策而言，《专业标准》无论是在形式上还是内容上都更具权威性、全面性与前瞻性。2021年教育部颁布《中小学教师专业标准》。专业标准是提高中小学教师队伍整体素质的重要保障，是教师教育教学活动科学有效的重要指导，是教师专业发展的重要依据，为专业发展提供明确的努力方向和目标。

在中小学教师专业发展的信息化水平提升方面政府出台了一系列的政策。1999年颁布的《关于深化教育改革全面促进素质教育的决定》，从学生的课程教学过程，以及教师培养两个方面分别强调了教师信息化发展的内容和必要性，拉开了教师信息化指向的专业发展序幕。2002年，国家先后颁布了《关于推进教师教育信息化建设的意见》和《中小学教师队伍建设"十五"计划》，明确指出应将教师教育信息化建设的工程置于教育信息化的大背景之中，认为教师教育应广泛应用现代远程教育和网络教育，以适应中小学信息技术教育发展的需要。2004年3月，教育部发布《2003—2007年教育振兴行动计划》，其目的之一是提高中小学教师应用驾驭技术的能力。

（2）经济保障

教师的经济待遇不仅影响现有教师队伍的稳定性，也会对教师后备力量的培养产生作用。提高教师经济待遇，必须建立教师待遇保障机制。自 1977 年，党和政府正式提出规定，要按照 40% 的提升标准和规格来调整教职工工资待遇；到 1977—1981 年间，国家又先后四次调整了教师基本工资，但是总体工资水平依然偏低。到 1985 年教育部正式制定了教师奖金津贴制度，其内容包括新任教师的班主任津贴、优秀骨干教师的教龄津贴、不同学科教师的课时酬金制度等。制度正式实行后，1989 年教师的平均工资为 1 903 元，与 1978 年的 599 元的平均工资相比，增长了足足有 2.4 倍。到 2006 年出台的新修订的义务教育法又再次重申，教师的平均工资水平应当不低于或者高于国家公务员的平均工资水平。随后，国务院通过了《关于义务教育学校实施绩效工资的指导意见》。要求从 2009 年 1 月 1 日起，开始在全国义务教育学校实施绩效工资，确保义务教育学校的教师平均工资水平不低于或相当于当地公务员，同时开始对离退休人员发放工资补贴。

政府和教育行政部门应定期联合组织开展教师经济权益保障专项督查，把教师经济待遇的落实与提升作为定期督查和问责的一项重要内容，确保教师特别是中小学教师平均工资收入水平不低于或高于当地公务员平均工资收入水平。

（3）教师培训制度

教师培训是提高教育教学质量，促进教师专业发展的主要手段。在 2008 年国家就已经出台了正式的"国培计划"，由教育部办公厅连续两年印发了《中小学教师国家级培训计划》的通知。此时的"国培计划"尚属国家教育行政部门体系内部的管理行为，培训目的主要围绕着"加强教师队伍建设，重点提高农村教师素质"展开。2015 年，首次确定推行集中面授、网络跟进研修与课堂现场实践相结合的混合式培训，是对提升培训质量、保障培训专业化的积极尝试。"国培计划"产生一系列的创新性贡献，例如，形成自上而下的金字塔形权责分配和运行结构，涉及部门包括教育部和财政部、省教育厅和财政厅、市（州）、项目县，以及培训实施机构形成了以课程资源提升教师专业能力的项目管理制度，也形成了基于课程标准的培训内容设计取向，《"国培计划"课程标准（试行）》成为培训课。也就是说，政府部门在"国培计划"发展过程中，担当了主力军、先锋队角色，把教师培训纳入国家战略发展体系中。

（二）学校文化与制度

教师发展既关涉教师作为"人"的发展，也关涉教师的专业发展，是以促进教师专业的、学术的、人格的发展为目的的文化生态演进过程。社会文化环境特别是学校文化生态对教师发展起着决定性影响。

1. 学校精神文化

学校精神文化是学校文化生态基础的基本精神、显著特征和发展趋势的高度概括，是形成其他文化的基础，它主要包含学校的价值观念、办学理念和教师文化等。学校精神文化是在个人价值观基础上逐步凝练共同的愿景，融入教师个人的教育信念于学校愿景中。而教育信念是教师内心深处对教育价值的最高默许，是教师的精神向导，直接影响着教师的行为，并决定着教师个体成长与发展的方向和效果。这样，学校管理者由监控教师变成与教师一起为共同愿景而奋斗。

学校作为一种特殊的社会组织，因为具有比较突出的自组织性特点，所以为自行营造内部良好的教师发展环境提供了前提。在具体做法上，应引导教师正确认识到"团结互助"是学校工作的基本内涵和重要职责，更是促进教师专业成长的重要手段和途径。要给教师创造"团结互助"的活动平台，力求将"团结互助"的工作方式和要求渗透到学校各项工作的具体要求中，让教师在最感性、最熟悉的日常工作中增强"团结互助"的实践体验，提高"团结互助"的深刻认识。还可以树立典型的"团结互助"案例，起到经验启示和榜样激励的双重作用。为此，学校可以有意识地重点指导树立典型，努力让他们的工作成为成功的案例、有效的经验，成为其他教师效仿、学习的范例和榜样。

2. 学校制度

学校制度主要是指学校要求师生共同遵守，按照一定程序从事教育教学、科研、学校、生活的规章制度和管理条例等。可以分成听评课制度、教师评价制度、教师培训制度和教育科研制度。

（1）听评课制度

听课与评课是学校教学管理的一项重要内容，学校通过开展听评课活动，不仅给教师的教学提供反思和提高的机会，而且能激发教师教学改革的热情，有利于教师的专业发展。然而，在现实教研活动中，听评课活动存在过程过于体现权威意志，把专家的评课标准作为唯一标准，普通教师没有发言机会，活动由于形式化、程序化，过多关注教师上课外在形式和行为表现，很少考虑现象背后所包含的教育观念等现象；导致教师对听评课活动提不起兴趣，对制度停留在完成任务指标上；在评课过程中说客套话、奉承话，起不到交流、促进、学习的作用。如此听评课制度，对教师的专业发展不但起不到促进作用，反而是一种阻碍。

学校要及时修订和完善听评课制度，规范组织听评课活动，要改变以往的"证明式""鉴定式"评课，积极倡导多向互动、平等交流的"探究式""建议式"评课。在评课反馈的过程中，可采用美国斯坦福大学教授阿伦的"2＋2"重点反馈方式，即每个人提出2条表扬意见和2条批评意见或2条改进建议。然后，在此基础上，由专家总结出2条表扬意见和2条批评意见或2条改进建议。一线的教师既要承担繁重的教学任务，又要处理各种纷繁复杂的事务性工作，有时很难在同一时间将教师召集在一起充分地评课，这时候学校可以发挥网络平台的优势，创新多元评课的方式，校园多媒体网络视频直录播系统，实现网上的教学观摩、评估，建立各种专题资源库，开设学校博客，创建听评课论坛等。

（2）教师评价制度

教师评价制度是学校层面对教师教育教学工作的各种评价规定及专业发展奖惩的各种约定。

合理的教师评价是提高教师专业素养，促进教师专业发展的有效手段。现行教师评价制度可能存在的弊端主要表现在以下几个方面。一是评价主体的缺失。学校对教师的评价权主要掌控在学校中层手里，有些学校甚至是校长说了算，而对教师的专业发展有影响的同行评价、学生评价和自我评价不能得到充分的体现。二是评价的标准不科学。现行的评价标准以学生的学业成绩为主，而对与教师专业发展密切相关的创新精神、责任感、研究能力等极少关注。三是评价方法过分强调量化。量化的优点是评价程序简单易操作，对日常的备课、上课、批改等制定量化表，用数字说话有说服力。缺点也很明显，对教师的态度、情感等不易量化的发展指标不适用。四是评价功能定位不准确。学校通过评价制度对教师进行打分后，把教师简单地分成优秀、良好、合格、不合格四档；在此基础上进行奖惩，没有对教师的发展提供反馈和咨询，帮助教师改进教学过程，提高专业水平。

学校要适应时代变革，不断改进教师评价内容和方式，以期激发教师参与评价的自主性和积极性，促进教师专业发展。一方面从单一评价主体转向多元评价主体。教师的评价主体从学校管理层转向多元评价，教师同行、学生等都参与到评价中，在评价过程中为教师赋权，强化教师自主评价，让教师与学校管理者共商专业发展规划，邀请校外专家开展课堂观察与指导，以激励教师反思改进、促进形成共识，增加评价结果的可接受性；另一方面从强调教师奖惩转向多元激励。学校针对教师发展意愿，多方面、人性化激励教师自主发展，将教师的发展与学校的目标管理相统一，为教师设计多种职业发展通道，激励教师基于资深特长、兴趣爱好和自主发展需求，激发教师的专业发展内驱力，满足教师在职称晋升、业务发展等方面的需求。

（3）教育科研制度

教育科研是促进教师专业发展的动力和有效保障，教师通过参与教育科研活动，不断解决教育教学中出现的问题，提升专业素养，加速迈向专业成熟的进程。建立健全的学校教育科研制度，规范和引导教师的教育研究，为教师参与科研活动提供支持。然而，目前中小学教育科研制度存在制度缺失或不健全、学科科研组织不完善和教师缺乏研究意识等问题。

学校科研制度的建立和完善，是中小学做好科研管理工作的重要前提，是学校教研活动顺利有效开展的保障。只有制度健全了，学校科研工作的开展才能有条不紊，才有明确的目的性和针对性，教育科研的引领、服务功能得以发挥，通过制度导向调动教师的研究潜能，通过科学研究促进教师的专业发展。

完善学校科研组织。教师的研究愿望和研究需求各不相同，教师的研究能力和教育教学经验千差万别。学校可以根据需求，建立科研团队。进行系统地规划和引导，这样可以避免教育研究的重复和不够深入。

为实现中小学教育科研水平的整体提高，学校制定制度推进专家引领，提供专业支持。通过高校的专家团队深入基层学校、建立专家与基层学校组成合作联盟等形式，为学校提供教育科研咨询等指导服务活动，共同解决教育教学中的一些问题，共同完成课题的研究任务，从而真正实现教育科研理论与实践的有机结合，促进学校教育科研水平的切实提升。

（三）关键事件

关键事件是指在教师专业发展中的重要事件，教师应该根据这一事件做出一些重要性的决定，它促使教师选择可能加速其专业发展方向的行为，关键事件的本身可能意味着个人思维逐渐走向清晰化的过程。关键事件的五个特征：第一，它会对教师个人的教育教学工作有重大作用；第二，它经常出现在教师职业生涯的关键转折期；第三，它会引起教师个人认知和行为的改变；第四，它需要经过教师个人深刻的反思；第五，研究发现关键事件可以是有意识的，也可以是无意识的。

案例：

申报小课题：促进科研能力发展

2010年我教三年级，那阵就没有人做课题，小学老师都是中师，谁做课题呢？课题需要强大的理论背景啊，然后学校没有人做，我又年轻，还算是比较积极的老师。当时的主任就说："你今年就做课题吧"我说："不会做，怎么做？"然后他说："哎呀，好好思考，看看你的书，选一个点吧！我看你们这个学期不是在上童话，就大概给我一个方向。"然后我说："那好吧，我回去尝试一下。"

我记得特别清楚，那天上完童话课的时候，孩子都感觉小鸟就是会说话呀！大树会怎么样呀！然后练习册上有道题，我记得好像是扩句，大树长出枝叶，然后让孩子去扩句。然后你就会发现孩子通常是什么样的大树长出什么样的枝叶，大概都是这样的。我突然间发现这个单元明明是在教童话，为什么孩子写出来的句子和其他的单元学习是完全一样的，没有特点，第一个我觉得思维定式，第二个我当时就意识到，既然是童话单元，那么在教童话的时候，老师要有童话意识，那么所有这个单元配套的练习题应该用童话的意识去引领孩子去做，这道题我就专门去班里讲了，孩子们写出来的特别好，特别有特点。后来我隐隐约约记得班里的孩子写的是大树会说话，它长出茂密的枝叶，在树下梳理自己绿色的头发。这个时候，孩子思路一下打开了，它就完全不局限于原来就是很简单的扩句，就会发现和前几课是完全不同的。孩子去做的时候它是用童话的眼睛去看这些习题。我那一刻就觉得，如果要是这样去学习，孩子就会觉得好有趣，很开心。根据这个问题的发现我就确定了《小学中段童话阅读教学的策略研究》的课题，当时写了申请书立项，然后要求还特多，又要写开题报告，然后阶段性报告，还有收学生的资料。我的教案，最后虽然得了个三等奖，但是那次的课题研究，因为自己在做就开始去思考问题了，怎么把童话教得像童话，实际上那是最早的问题意识的觉醒。你看，你从我自己做课题的过程中，发现其实真的不是形式，你要静下来去思考，你要阅读大量的书籍，你要自己去找理论依据，找到支撑。

"怎么把童话教得像童话"这次课题研究成为她专业发展的关键事件，一是增强了自己的信心，K教师作为年轻教师而且是中师毕业，第一次独立做课题就获得了三等奖的荣誉，无形之中增强了自我效能感。二是提升了研究的兴趣，这个课题本就是在课堂实践中产生的困惑，没想到可以将它转化为一个研究问题，激发K教师问题意识的觉醒，最重要的是促进了她科研能力的发展，在进行课题研究的时候作为一个思考者需要撰写报告，需要收集分析资料，需要寻找理论支撑。正如李吉林老师说："实践是一个过程，只是独自探索可能只会停留在表面，只有将教育理论知识与实践相结合，才会有更深入的认识，在这个基础上再去指导实践，如此反复课堂教学才会越来越有底蕴。"

第三节　教师外部驱动与自主发展之间的关系

在教师专业发展中，外部驱动与自主发展是不可替代的两大方面，它们在教师成长过程中，共同促进着教师的专业发展。越来越多的研究认为，在教师专业发展中，要重视内外因的结合，即将外部驱动式专业发展与教师自主发展结合起来。传统教师专业发展大多强调教师专业发展的外在目的。教师本位的教师专业发展，既重视教师专业发展的外在目的，又强调教师专业发展的内在目的。教师本位的教师专业发展的目的是外在目的与内在目的的统一。教师专业发展的内在目的是教师个体人格的完善，为了教师自我价值的实现。在专业发展上，许多教师都表现出被动性，将发展寄托在外部培训上。即使有发展，也只是对外部要求的自发适应。这使得教师逐渐丧失了自主发展的需要和动力。

外部驱动式专业发展和教师自主发展的重要性分别是怎样的呢？为此，在对校长的问卷调查中，本研究专门设置了这一问题。近一半校长认为自主发展更重要；在另外一半校长中，大部分认为二者都很重要，应结合起来，共同促进教师专业发展。只有 3 位校长明确表示"外部驱动重要"，认为："外部驱动重要，没有外部驱动，自主发展会比较乏力。"另外 3 位校长没有作出明确判断，只是表示："目前状态是外部驱动多，教师自主发展愿望不强烈。"真正有利于教师成长的外部驱动，是每个教师都希望的。外部驱动是需要的，指导性，不可缺少的，但学校发展更有针对性。

一、外部驱动发展对教师自主发展的促进作用

外部驱动式专业发展能够有效激发教师自主发展的意识。一方面，外部驱动式专业发展通过强迫的办法迫使教师参与专业发展活动，在专业发展过程中慢慢生发出自主发展的意识；另一方面，外部驱动式专业发展通过引导的方式激发出教师自主发展的意识。前者带有一种强迫性，教师处于被动地位；后者教师更具有主动性。

我的进城之路

我是一个刚毕业的大学生，毕业分配在一个革命老区的乡村中学，那个学校到城里坐中巴车要2个多小时，中巴车一天只有一个班次，没有准确的开车时间，要等司机拉到他认为满意的客人数才开车。车子开到村口，还要穿过一座古老的廊桥和一段弯弯曲曲的小巷子。说是乡级中学，连校门都没有，有几头猪在操场中央的池子里晒着太阳。那时候的乡村中学只有9个班，除了几个快要退休的老教师外，绝大部分就是与我同一年分配到该校的刚毕业的大学生，还有5个比我们长几岁的教师，正规师范院校毕业，又有一定的当老师经验，可惜没有一个是数学学科教师，5个中有2个是英语老师，另外3个分别是社会、语文、科学教师。在这样的环境下，我的内心是有一些绝望的，一定要在3年后考到城里的学校，离开这个看不到希望的学校。

为了提升自己的教学水平，什么样老师的课我都去听，在老教师的课堂上除了学习教学经验外，我还学会了当地的方言；在英语老师那里学习多样化的课堂组织形式，在科学老师那里学习生动活泼的教学风格。在一个和煦的冬日下午，我照常在班级里上课，无意中瞥见一个中年大叔倚在后门听我讲课，一会儿工夫出去了，等我讲完一个例题让学生做练习的时候，那个中年大叔又搬来一张小板凳，坐着安安静静地听我讲课。下课后，中年大叔问了我许多问题，无非是哪年毕业、哪里毕业，以及对初中数学课程教学的理解等。事后才知道，那个中年大叔是市教育局的局长，当时是带着一帮人过来谈教育扶贫的，偶尔经过我的教室，被我的课所吸引，听了大半节课。过了一段时间，市里有一个城乡学校交流的教研活动，我被推荐为乡村代表去城里的实验中学上课。为了上好这堂课，我向区教研员F老师请教，F老师给了我许多建议，又推荐我到城里学校听当时最有名的数学前辈的课。在这个过程中，我像一片干海绵，贪婪地吸收来自各方面的养料。由于得到名师的指导，公开课上得非常成功。从那以后，各类公开课经常会让我去上，我得到了许多的锻炼机会。为了提升自身的教学水平，我除了平常上好每一节课外，还订了许多的杂志，参加各类培训班。三年后，以专业成绩笔试第一，面试成绩第一，总分第一的成绩考到城里，走向了更广阔的平台。

从上述案例中可以看出刚开始是外部糟糕的环境刺激着教师想离开这所乡级中学，激发了教师的自主发展意识。在自主发展意识的推动下教师认真备课、抓住一切可以学习的机会学习，在一次偶然的机遇中被推到更大的平台，在这个平台通过引导的方式进一步激发了教师的自主发展，教师想要上好公开课，就得好好进行教学设计，向教研员、有经验的、知名的教师请教。上好了第一次公开课，有了一定的影响力，就会有第二次、第三次的机会，在上公开课的过程中，发现许多教学问题非常值得研究，促进教师进一步地学习和思考，通过订杂志、外出学习的机会进一步学习理论知识，走向研究型教师之路。

学习与超越

经过十年的拼搏与努力，我参加过国家级、省级的优质课评比，而且都取得二等奖以上的成绩。主持了省级基础课题研究，获了三等奖。突然有一天我觉得看不到目标了。这时候听了 L 校长的一篇硕士学位论文开题报告，突然觉得教育教学有那么多的理论是我闻所未闻的，也想着如果能继续去读教育硕士，那该有多好。经过半年的备考，如愿考上 C 师范大学教育硕士，视野一下被打开了。许多想当然的教学现象背后有那么高深的理论在支撑。回过头看看过去十年的教书生涯，更多的是关注学生的成绩，关注学生的课堂效率，很少从学生发展的角度思考问题。知识传授是点状的，没有从学生的素养角度进行教学设计。在这期间，还参加了省"千万工程"的培训，一百位专家，一千名学科带头人，一万名骨干教师。在这里见识了教育教学的名家的风采，觉得教学灵感来了，思维活跃了。所以，眼界对于一个教师而言是多么的重要啊！

从上述案例来看，进一步的学历提升和参加省"千万工程"是这位教师成长的"催化剂"，两年的学习使得教师的视野开阔了，明白教学的意义所在，使教师的理论和实践融会贯通，教育教学理念得以更新与提升。

二、外部驱动发展对教师自主发展的抑制作用

如果外部驱动发展运用不恰当，反而会对教师自主发展起到阻碍、抑制的作用。主要体现在一是外部驱动式专业发展挤占了教师自主发展的时间和空间。教师可以利用的时间是一定的，如果教育行政部门和学校组织的专业发展活动填满了教师的课外时间，教师也就没有自主发展的时间了。二是外部驱动式专业发展的要求干扰了教师的自主发展。三是外部驱动式专业发展的形式化阻碍了教师的自主发展。

关于培训和学习

教师关于培训与学习往往有不同的看法。有些老师认为教师职业发展应该根据自身特点做规划，但自身的规划与教研室、学校的要求的培训有冲突。有些老师在抱怨由于教研室要求每两周培训一次，培训太多，没有更多的时间投入到教学中，而且有些培训是重复的，纯粹在浪费时间。老师们认为一线的教学任务已经很重，自身有教师发展规划，但是被要求培训太多，时间和精力都不够。

关于学习，现在非常流行在线上学习，有关教师学习的情况省教研室还有排名。刚开始教师觉得学习平台上的内容很多值得一看，到后来，越来越形式化，平台资源更新也不及时，但是省教研室考核市教研室，市教研室把任务压到学校，迫使老师们每天都要刷分。李老师说："我本人自主发展的意愿非常强烈，也非常喜欢教学工作，我本身是非师范专业毕业的，但最终选择了当老师，也是因为真心喜欢这份工作。我以前经常在网络教研中写帖子，与大家交流，但是由于网络教研形式化严重，使得我非常反感，所以不但不再主动写帖子，而且还经常刷屏。虽然网络教研这种形式的真正意图是为了减轻教师的负担，节省教师的时间，这也得到了教师们的认可，但是由于本身存在的问题，以及缺乏监督机制，现在只能沦为形式主义的刷屏换学分。原先我有比较强烈的自主发展意愿，现在我觉得很失望。而没有自主发展意愿的教师乐得每天刷刷分。"

从上述的案例来看，由于外部驱动式专业发展是由教育行政部门和学校组织的，那就很容易产生功利化的要求，而教师的自主发展却是教师从自身情况出发自然而然生成的，是自发、自觉的，二者的性质不一样，很容易产生矛盾。又由于外部驱动式专业发展的强势地位，自主发展肯定要服从外部驱动的要求，这就必然会对自主发展产生阻碍和抑制。

三、转化与超越

自我激励是帮助教师形成职业内驱力的有效方法。教师的职业自主感意味着按照自己的意愿行事，并感觉到自由。自我决定的理论认为，当按照个人意愿独立行事时，人们喜欢做他们所做的事情，并怀着兴趣和决心完全沉浸在做事的过程中，他们的行为是其自身真实感受的结果。所以，真正的内在的动机取决于人们想要成为自己行为的本源，而不是通过外力来操纵。所以，要想教师有持久的专业自主发展，要将外部驱动式发展转化为教师的内驱力。

做一个幸福的教师

我当英语老师许多年以后，觉得没有成就感。课文都非常熟悉，不用拿教材就可以上课，不论哪一届的学生，今年我讲的内容跟上一届并没有不同。学校也经常组织教师参加各式培训，我觉得都快退休了，参加这些培训没什么意义，也就没有参加。学校本着尊重老教师的原则，也没有太多地为难我。我还是每天按部就班地上课，感觉日子就是一成不变的，我感觉非常厌倦这样的日子。学校到30年工龄就可以退休，我就毫不犹豫地提交了退休申请。退休以后才发现，一个人在家的日子实在太难熬，于是来到上海投奔女儿，女儿整天要上班，没时间陪我，为了打发时间，我又去了上海的一所私立学校当英语老师。为了适应上海的英语教学，我被要求参加培训，在这次培训班里，我认识了一个纽约来的M女士。M女士今年已经72岁，一头银发，整天乐呵呵地，非常开心。我向她请教快乐的秘诀，她说，每天学习，把自己的感想和孩子的有趣事情记录下来，就这么简单。于是，我也开始尝试着做起来，每天都写，有时候是学习体会，有时候是上课的感悟，还有班里小调皮们的可爱日常，就这样学习和记录了大半年时间，突然发现自己彻底地爱上了这种生活，觉得太阳每天都是新的，小孩子们每天都会给我带来惊喜。在后来的日子，我积极参加各种培训，乐于接受新事物。一年后我获得一个去澳大利亚学习三个月的机会，回来后将国外的教学理念运用到教学中，学生非常喜欢我的课堂，感觉自己浑身都是劲。3年后，我获得上海市优秀教师，这在以前是想到不敢想的事情。真的非常感谢拥有这样的学校、这么可爱的学生。现在我正整理我的教学反思日记，打算正式出版。

从上述这位老师前后的转变可以看出，当教师对外部驱动式专业发展完全无视的时候，外部驱动起不到任何作用，只有发自内心地将外部驱动式的专业发展加以利用，变成一种内驱力，教师才能尝到职业幸福感，更加积极地参与专业发展活动，使得工作三十多年的她仍然有很高的积极性。这得益于这位教师将外部驱动和自主发展融为一体了。

第四节　教师专业自主发展的主要特征

2012 年 2 月 10 日，教育部发布《小学教师专业标准（试行）》，指出：小学教师是履行小学教育教学工作职责的专业人员，必须经过严格的培养和培训，具备良好的职业道德，掌握系统的、全面的专业知识和技能水平，也要有"学生为本""师德为先""能力为重""终身学习"等方面基本的现代教育理念。小学教师专业自主发展指不借助外在压力的推动，小学教师有发展的动机和意识，通过主动学习、探究、创新、反思、实践等，提高自身的专业发展能力，最终实现自我净化、自我完善、自我革新、自我提高成长的过程。在现实中，小学教师专业自主发展存在如下几个方面的问题。

一、教师的专业理念与师德松懈

专业理念是教师对教育工作的理解和所形成的教育理念。教师所具有的专业理念是教师对教育、学生、学习等的看法，指导着教师的教育教学行为，影响教师专业知识和专业能力的掌握。可以从教师观、学生观、教育观来了解教师的专业理念，从而进一步了解小学教师的专业理念所存在的一定偏差。

（一）教师的职业认同感低

教师职业认同感指教师发自内心地认为自己所从事的职业有价值、有意义，对其产生兴趣并能从中获得快乐，提高教师的职业认同感对于提高教师的教学水平有着重要的作用。教师的职业认同感低不外乎教师个人、学校方面和社会方面的因素。

1. 教师个人因素

教师个人的因素主要包括入职动机、教师与同事之间的关系、教师与学生家长之间的关系。

教师入职动机受家庭环境、成就感等方面的影响。家庭成员尤其是父母想让孩子从事教师这个职业，如果教师本人不喜欢这个职业，一旦被迫选择，心中难免产生对这个职业的排斥，一旦受到挫折，从生理上很难产生认同感。如果是受他人影响，从小对教师职业充满憧憬和期待，真心热爱教师这个职业，有较高的认同感，这样在工作中即使受到挫折，也能坦然接受且想方设法去解决。

教师与同事之间的关系。教师之间的关系整体是好的，但也存在一些教师之间的关系很微妙甚至不和谐，究其原因，有思想表达方式的不在同一个层面。比如有些老教师性格内向，教书育人有一套，但不喜欢主动跟年轻教师交流，而年轻教师思维活跃，在办公室有说有笑，聊的话题老教师插不上话，久而久之产生疏远感，导致关系一般。同事之间不愿意交流教学心得，缺乏共享资源意识，导致同事之间有隔阂。

教师与学生及家长之间的关系。学生和学生家长对教师的认可程度直接影响教师的成就感。教师跟家长之间的关系绝大部分是好的，但也存在一些问题，尤其是年轻教师跟家长之间不是很好。年轻教师自认为已经尽心尽责对孩子进行教育，但家长不太配合导致学生的成绩不够理想，家长觉得教师太年轻，经验不足，教学方法有问题才导致学生成绩不理想。

上述这些问题如果处理不当，教师将产生的问题都归因于自己，就可能导致教师自我效能感降低，怀疑自身的教育教学能力，质疑自己的职业选择，进而产生职业倦怠，影响教师对职业的认同感。

2. 学校方面

学校是教师工作的主要场所，是教师心灵的家园，校园文化氛围和工作任务都会对教师的职业认同感产生深远的影响。

教师是学校群体中重要的一分子，其所处的校园文化氛围对他们的职业认同感有导向性作用。有些教师原先是因为父母的要求选择教师这个职业，但内心不是很认同教师这个职业。到了学校以后办公室的每个老师对新教师都很关心，尤其是传帮带的老师，更是事无巨细地关心关爱着新教师。学校领导对新教师从生活上、教学上、学习上都给予关心关照，使得这位新教师很快适应了新环境，越来越喜欢学校且爱上教师这个职业。从上述例子中可以看出，这位年轻教师入职动机不强，但和谐的校园文化氛围使得她有被爱和归属感，进而加强了自己的职业认同感。

小学教师的工作任务繁重。小学教师日常的工作有备课、上课、批改作业、教育和管理学生，参加各种教研活动。还要应付各种形式的各种检查。现在各小学生就餐都在学校内，小学教师还需要轮流到教室管理学生。"双减"政策下，学校下午放学后还需要管理晚托班，每天的工作时间超过十小时。这样的工作强度和时长，导致教师疲于应对，从而降低了小学教师的职业认同感。

3. 社会方面

教师的社会地位有待提升。大部分教师对自己的社会地位不满意，甚至有些教师认为自己的社会地位很低。一方面社会上有一种现象是人人都觉得自己是教育家，对教师的教育行为指手画脚，一旦教师的教育行为与自己的想法有冲突，就来指责教师，而这种冲突如果升级，教师一些微小的不妥行为就会被无限扩大，教师成为口诛笔伐的对象。导致教师成为弱势群体，见谁都怕，怕领导、怕家长甚至怕学生。另一方面，小学教师的薪酬待遇与劳动付出不相匹配。一些教师因为收入低对教师的职业感到失望。教师的薪酬主要依据劳动价值来体现，但从劳动力的复杂和繁重程度来看，小学教师在经济上应享有更高的待遇。

媒体对教师群体的影响。近年来，网络媒体对教师的负面报道屡见不鲜，媒体为了浏览量，过分夸大甚至捏造事实。在这些报道中教师被贴上"变态、禽兽、体罚者"等标签，使教师的形象受损。一些小学教师心思细腻，受到这种公众言论的影响，对自己的职业产生困扰，从而影响教师的职业认同感。应对网络媒体对教师负面报道上：一方面，教师要增强公关意识，积极运用多种媒体反击不实报道；另一方面，要增强法律意识，运用法律武器维护教师应有的尊严和教育职责。

（二）教师观陈旧

教师观是教师对自身的素养、地位和作用的认识。然而有些小学教师的专业理念中教师观陈旧，认为教师的作用就是把知识传递给学生，完成教学任务，在课堂上采用填鸭式的教学模式，夸大了教师在课堂中所起的作用。要树立明智的教师观，摒弃做"教书匠"的想法，重在对学生学习的指导、做学生人生的引路人。

还有部分教师认为自己已经教了几十年书，已经具备了足够的知识和能力，只要将课本知识教给学生，而小学的知识都非常浅显，不需要再学习。"严谨笃学，与时俱进，活到老，学到老"是新时代教师应有的终身学习观。教师只有经常更新知识结构，才能对新知识保持长久的敏锐，才能不落后于时代。还要做一名研究型教师，在教育教学中不断发现问题、分析问题，运用先进的教育思想方法指导实践并解决问题。研究型教师具有职业敏感性、合作精神和科研意识，主动吸收教育科学理论和同行经验，提出切实可行的改进方法，不断改进自己的教育教学工作，这样才能做有思想的老师，追求有思想的课堂，培养有思想的学生。

（三）学生观固化

在应试教育的压迫下，学校之间和校内评比的依据依然是成绩，学生在教师心目中衡量的标准也是成绩。要摒弃落后的以分数为核心的学生观，充分突出学生在学习活动中的主体地位。

学生是有巨大潜能的。要相信每个学生都有成功的愿望，相信每个学生都有成功的潜能。有了这样的信念，在教学中才能善于发现学生的闪光点，要抓住闪光点，给予学生激励与帮助，促进学生不断进步。教师还应该对每个学生都有期望，而且通过各种办法把这种期望传递给学生，让他们感受到被期待，即使结果不尽如人意，依然要对他们充满信心。在这个过程中还要使用多种教育方法，真正做到因材施教，根据每一个学生的特点，研究一些适合他的教育方法，帮助他取得成功，树立信心。

新任课代表

问题学生是哪个班都会有的，就看你要怎么把握他，今年这个班有一个学生，他是大家公认的表现特别差，所以我先观察，观察这个学生确实比较特别，上课都不怎么听，下课会跟同学之间有摩擦，然后我就叫他做一些事，比如说我叫他给老师当助手，每天下课要记得帮忙收作业，那你就是数学课代表，每次到办公室，我都会跟他进行下交流，这样久而久之他对我就有种信任感，那我就注意到，明显地就可以看出他的数学成绩进步非常大，上课也能坐得住，比如说这次期末考，他就考了高分。所以说要给学生认可，要给他自信，我给他课代表当，表示老师对他很关注，他能为老师服务，慢慢地他就有自信，他有了自信就容易好好学习。今年他四年级，明年五年级，但是明年我调走了，就没有教这个班。非常舍不得，跟这些学生也建立了一种感情，所以总的来说就是每个学生的方法是不一样的，要用正确的方法，灵活地处理每个学生的事情。

要尊重学生，跟学生讲民主。学生的成长需要人文关怀，哪怕学生有细微变化和点滴进步，都要加以引导和表扬。人与人之间是平等的，要树立教育民主的思想。成功的教师是学生的良师益友，真心诚意地与孩子沟通交往，让他们感受到老师的真诚，学校的温暖，从而健康快乐地成长。

要乐观看待学生的天性。学生之间既存在共性，也存在个性，要乐观地看待学生的天性。教师要用发展的眼光来看待学生，看到每个学生发展的可能，当学生进步了，要用欣赏之词赞美他，当学生出现问题了，用诚恳的语言引导他发现错误，且耐心地帮助他们改正错误。当学生沮丧时，是知心朋友，细心开导，耐心劝解，当学生成功了，高兴着他们的快乐。只有这样，教师的教育教学才能焕发生命的活力。

二、专业知识结构不平衡

教师知识一词首次于 20 世纪 70 年代出现在盖奇主编的《教学研究手册》中，自此国外开始了对教师知识的研究。随着教师专业化的提出，教师逐渐专职化。由此，人们将教师知识称为教师专业知识。舒尔曼对教师专业知识的研究是概念性和分析性的。他特别关注后三种知识即有关学生的知识、有关教育情境的知识和其他课程的知识。他还区分了教师知识与学科专家知识，提出了学科教学知识概念。2013 年，教育部教师工作司关注小学教师专业发展，从小学教师这一角度划分了小学教师专业知识的维度，自此国内对小学教师专业知识结构的划分有了较为标准的依据，将小学教师专业知识分成小学生发展知识、学科知识、教育教学知识、通识类知识，以教育部的标准进行讨论。

（一）学生发展类知识需要拓展

小学教师存在对与小学生有关的政策法律法规知识缺乏了解的现象；小学教师要对学生进行全方位教育，不仅要教授学生科学文化知识，还要促进他们健康成长，维护学生的合法权益不受侵害。小学教师了解法律法规知识，不仅能杜绝侵犯学生利益的事件发生，也是告诫教师要知法守法、规范言行、依法执教。对小学生身心发展规律的掌握不全面，只有深入了解小学生的学习特点，才能做到有的放矢，培养小学生正确的学习动机和学习态度。特殊学生的特殊需要知识匮乏。比如多动症儿童和认知发展障碍儿童是两类比较常见的特殊儿童，教师们对此类儿童的心理知识掌握的情况不尽如人意。

小学生安全防护知识需加强。安全，是人类的本能需求。对于小学生来说，只有满足了小学生安全方面的最根本需求，才有可能使他们创造世界，改造世界。据不完全统计，跟小学生学习和生活有关的安全隐患有 20 余种，包括食物中毒、溺水危险、火灾火险、交通事故、触电危险、疾病传染病危险、体育运动损伤等，作为教师必须具备小学生安全防护知识，才能教育学生如何避免遭受危险。

（二）学科知识不系统

教师的教育教学工作最终体现在教师的学科教学上。因此，教师为了完成教学任务，必须具备与自己任教学科一致的专业理论知识。教师只有系统精深地掌握了学科专业知识，才能对自己所教学科进行系统的把握，在教学中通观全局地处理教材，使知识在教学中不只是以符号形式存在，以推理、结论方式出现，而且能展现知识本身发展的无限性和生命力，把知识"活化"，在教学中真正灵活运用。

小学教师的学科专业知识掌握一般，在课堂教学中教师会传输学生知识，很少阐释知识的来龙去脉。在科学课上，小学教师给学生上课基本上是描述科学的事物，很少阐释原因，使学生形成被动地接受知识，而不能形成"十万个为什么"的好问求学心理，这与教师的学科专业知识中的不够系统有关。因此，教师要认识到自身在专业知识领域的不足，重视自主学习，积极参加教育培训，让专业知识系统化。

进入 21 世纪，知识更新速度明显加快，学科知识更新周期缩短，这就要求学生具备终身学习能力，基础教育正由本位知识时代走向核心素养时代，课程是在学校教育系统中培养学生核心素养的基本载体。小学教育阶段是基础教育的起点，直接对学生的能力、品格发展产生影响，这就决定了学生核心素养由小学的课程教学来落实。学生的核心素养是通过不同学科课程培养的共同素养，具有明显的跨学科性、综合性，因此，小学课程的设计与实施应该顺应时代要求，对课程内容与结构进行优化整合。在实际的小学教学过程中教师运用自己所教学科与学科之间的联系、学科与社会实践中的联系，但十分有限。他们的这种联系多表现为以某一学科为本位，整合相关学科知识、概念、方法等，实施跨学科教学。例如，以语文学科为中心，选择"黄河"这一主题，整合地理学科中有关黄河的人文地理知识、历史学科中有关黄河的起源与发展知识等。无法做到以多个学科之间的共性为线索，提取整合新的元素，开展跨学科教学或者最高层次——完全打破学科界限的融合性教学，也就是综合性的跨学科教学。

（三）教育教学知识不扎实

小学教师的教育教学知识通常存在零碎、不系统的现象，知识的获取途径一方面是通过职前教育职后培训获得；另一方面是从自己的日常工作经验中总结出来的，但这部分知识在许多教师眼里是无用的理论，对自己所在的学校教学缺乏指导性。总体来说，教师们的教育教学知识非常不扎实，具体表现如下。

德育理论知识不足。社会上流行这么一句话：智育不好出次品，体育不好出废品，德育不好出危险品。学校呼声越来越高的是德育教育，而小学阶段是对学生实施德育教育，培养良好行为品质和习惯的重要时期。而小学教师对小学生品行的规律和特点不了解，无法按照科学规律制定方案、无法针对个体差异选择不同的方法，涉及小学生品行养成的理论——"皮亚杰道德阶段论"和"柯尔伯格道德阶段论"的正确率只有 61.3% 和 50.7%，远远低于德育的方法和德育的步骤这些实践性强的知识。

认知发展规律掌握不到位。经常会听到这样的抱怨：为什么学生到了后半节课注意力就不集中？为什么对我说的话总是一只耳朵进一只耳朵出？为什么我一再强调的重点内容学生还是掌握不好？这跟学生的认知发展规律有关。小学低段学生注意力不稳定、不持久，且常与兴趣密切相关。这个时候教师在教学设计时要尽量采用一些学生感兴趣的辅助手段，如教学挂图、多媒体等来辅助教学。同时小学生的记忆最初以无意识记、具体形象识记和机械识记为主。因此，教学过程中要形象生动，多运用肢体语言吸引学生的注意力。

教育研究知识掌握情况不乐观。对于教师来说，科研方法的掌握情况直接决定了科研工作能否顺利开展，影响着教师科研工作的效率和成果。调查显示，有 50% 的教师能够掌握某一个理论体系中的一些观念和概念，35% 左右的教师能够掌握某一个教学理论的基本框架和体系，13% 的教师能够掌握系统的理论知识，并将其用于实践研究，但仅有 2% 的教师能够熟练地运用系统的理论知识阐述教育问题，并提出相应的解决策略。在交谈过程中，许多教师表示自己只是在大学的时候写过毕业论文，当老师以后为应付检查和要评职称才硬着头皮去写论文，基本格式和规范也记得不太清楚，对于研究方法，都是模仿别人的论文，创新性就更谈不上了。

课程标准知识知之甚少。课程标准体现的是国家的课程意志，无论是对新手教师还是成熟教师来说，教育教学都离不开课程标准的指导。但是通过访谈，所有教师都无法说出自己所任教科目的课程性质和阶段目标，只有一位教师只可以说出主科熟悉的阶段性目标。并且在教师们眼中看来，熟记课程标准只是为了应付职前的相关课程考试和入职前的教师资格证考试，认为在职后课程标准是没有意义的。

三、专业能力仍需加强

教师的专业能力根据教师专业标准，分为小学教师的专业能力，划分为教育教学设计、组织与实施、激励与评价、沟通与合作、反思与发展五个方面。这些能力贯穿于教师的教育教学全过程。

（一）教育教学设计缺乏针对性

对于正处于起步阶段的小学生而言，心智不够成熟、自律意识不强，但有很强的求知欲和好奇心，小学教学的重点在激发学生的学习兴趣、学习习惯的培养、思维激活、能力提升等方面。而在部分学校，教师的教学设计主要采用教师用书上的提纲，罗列条目重点，而不是为了学生而教，没有针对学生的特点设计教学。"互联网＋"时代的发展使得教育领域发生了全方位的变化，也要求教师不能局限于书本知识，要整合各种资源，以激发学生兴趣，开阔学生视野。另外，根据教学需要，教师在教学设计中应灵活引入一些辅助媒介资源、生活素材等，对教学设计予以拓展与延伸，切实降低教学难度，让学生的学习充满乐趣，使教学设计更具有科学性、针对性。

（二）组织与实施

教学的组织与实施包括创设适宜的教学情境，根据学生的反馈及时调整教学方法；采用有效方法激发学生的学习兴趣，教学中运用多媒体等技术手段凸显重点、突破难点等。在学校教学过程中，教师虽然会使用不同的教育和方法，但在创设情境、运用启发式等教学方法上，运用现代教育技术上比较欠缺。这就要求教师将信息化教学方式与传统教学方式结合起来，充分发扬技术化教学方式的优点，弥补缺点，在教学过程中根据班级实际情况和授课内容，有效运用现代化信息技术，从而实现高效教学。

（三）激励与评价

课堂是学生学习和成长的主要场所，也是师生相互影响、互相交流的地方。教师正确的评价、适宜的激励，是激发学生学习动机的重要手段之一。

在当前小学课堂中，激励与评价存在的问题主要有评价客体单一，整个课堂中的评价活动基本上限于教师对学生的评价，评价的语言贫乏。这就要求教师要把握评价的时机，在挫折中激励。当学生学习有困难的时候，教师及时引导，激励学生转化"失败者"的心态，使之尽快在克服挫折中获得勇气和力量。提倡学生间互相激励。在传统教学中，评价是教师的"专利"，学生处于被动的位置。教师在评价中"让权"给学生，变师生评价为师生、生生共同评价。"对于小明同学的回答还有补充吗？""你同意小爱的意见吗，为什么？""你觉得谁的介绍更棒呢？"通过让学生参与评价，使教师与学生在课堂上形成一种互评互析的伙伴关系，使评价成为一种双边活动，使学生真正体验到自己的进步与不足，学会相互尊重，促进共同进步。

还有一种存在认识上的偏差，评价上只强调正激励，在教学过程中无论学生是否回答到位，都一味地肯定与表扬，而忽略了适时的反馈与引导，从而使评价肤浅化，会把学生引向思维的误区。在实际教学中，只有做到奖优罚劣、奖勤罚懒才能使先进学生受到奖励，后进学生受到鞭策，真正调动学生的积极性。所以在注重正激励的同时，也要适当地结合负激励，使学生既能快乐地接受又能明确改进和努力的方向。

意想不到的晨读

七点四十晨读的铃声准时响起，我们不约而同地打开《笠翁对韵》，一如往常，我先领读三遍，同学们看书跟读，巡视中我发现王禹贺的书合放在桌面，眼睛始终注视着我，跟读声音异常洪亮，于是，我走到她跟前问："王禹贺，带了书怎么不看？就这样随声附和地读，三遍后你能背下来吗？"王禹贺站起来说："老师，这些我妈在家里已经让我背下来了，明天和后天的我也背完了！"话音刚落，刘烨站起来说："老师，我也背下来了！""我也会背！""我也会！"……在王禹贺的带动下，全部同学居然提前五分钟完成了今天晨读的内容。

我对王禹贺今天的表现大加赞赏，又对她说："如果我想请你来做第一周的晨读小老师，可以吗？"王禹贺犹豫了一下，答应了。这一周，王禹贺每天都来得很早，事先把课文都背诵下来，再带领全班朗读。带来的变化还有上语文课表现得特别积极和主动，期末考试语文成绩从中等偏下水平提升到中等偏上，关键是人也变得自信、开朗了。

（四）沟通与合作

沟通与交流是建立良好师生关系的前提，教师与家长的沟通同样重要。在学校中存在与同事学生合作交流融洽，但与家长的交流不够深入的现象。教学因为工作任务繁重，大部分时间花在上课、批改作业、管理班级，忽视了跟家长的沟通与交流。也有时候教师在与家长进行沟通之后没有及时反馈，没有制定相应的解决措施，只是告诉家长孩子身上存在什么问题，没有跟家长齐心协力寻找解决问题的办法。在这样的情况下，教师要先转变教育理念，要意识到家校合作的重要性，要不断提升自身的教育水平，掌握一定的沟通技巧。在沟通内容方面不仅要关注学生的学习成绩，更要关注孩子的身心健康、综合素养、道德观念的发展，促进孩子的全面发展。教师要花费一定的时间与精力放到跟家长的沟通与合作，更全面地了解孩子，使学生健康快乐地成长。

（五）反思与发展

教学反思与发展是教师通过收集各方面的资料，不断总结经验，从而改进教育教学工作。包括善于发现教育教学中的问题、并不断探讨和分析存在问题的原因、提出解决方案、制定职业发展规划、不断提高自身素质，等等。小学教师的工作复杂，需要解决和克服的困难比较多，教师需要对教学工作中所遇到的困难进行归纳总结，找到解决方案，乡村学校教师习惯于打着教学条件差的"幌子"进行归因，很少从自身找原因，也没有对自身职业有一个长远的规划，缺少对自身的职业发展的认识。

第三章 发展规划：教师自主发展目标确立

国家把教育摆在优先发展的战略地位，重点强调教师的专业发展，而教师的专业发展是一个过程，教师职业生涯规划与管理能力在这个过程中起到调控的作用，是教师专业发展稳步推进的重要保证。教师职业生涯规划是指教师规划自己的职业发展目标，设计具体的步骤，并通过有效的方法和手段去实现目标。完善、系统、准确的职业生涯设计内容是教师职业生涯成功发展的基础。教师职业生涯规划与教师专业发展是相统一的，教师的职业生涯应由教师自主规划，教师的专业化也应由教师自主发展，要引领教师规划职业生涯，促进教师专业自主发展。

一、促进教师自身发展和终身学习的实现

教师的爱岗敬业、奉献的精神和意愿，以及相关的能力是决定教育质量的主要因素，因此，教育必须要有自主发展的意识和自我发展的需要。职业生涯规划有助于教师确立发展的目标，有助于教师评估目前的职业状况，有助于教师顺应社会需求和未来竞争所需要的能力，有助于教师发挥潜能。随着社会的发展，知识呈几何级数增长，只有树立终身学习的理念才能顺应时代的发展。教师的职业要求教师要终身学习，如培训进修、探讨新知、技能实训。终身学习和教师职业生涯规划是分不开的，教师职业生涯规划有利于终身学习的有效贯彻，是对终身学习的深化和改善。

二、有助于学校合理配置人力资源

学校组织教师制定职业生涯规划，可以充分了解教师的职业发展规划，有利于发挥人力资源在学校人力资源管理中的作用，可以充分使用内部人力资本，减少师资的流动性，有助于增强学校的凝聚力。学校结合教师职业发展规划，为教师提供有利于实现目标的岗位，可以最大限度地发挥教师工作的积极性和能动性。

第一节 树立崇高的职业理想

新时代我国教育事业进入全面提升教育质量的新阶段，需要解决基础教育的师资队伍问题，需要更多的教师树立崇高的职业理想，把教师职业视为终身奋斗的崇高事业。教师的职业理想，直接关系到"办好人民满意的教育"这项伟大工程的实现。

教育发展，需要大力培养造就一支师德高尚、业务精湛、结构合理、充满活力的高素质专业化教师队伍，需要涌现出一大批好老师，并提出了广大人民教师要努力做"四有"好老师，践行"四个引路人"的明确要求，这为广大教师自身发展提出根本遵循。

一、坚定政治信念，强化爱国主义

苏联著名教育家苏霍姆林斯基认为，教师的职责就是创造真正的人，要让每个人都成为热爱自己的祖国的爱国主义者和真正的人。教师队伍必须认清自身肩负的责任与使命，要教育引导学生热爱祖国和人民，热爱中国共产党，要教育和引导学生心中要有国家和民族。教师要努力培养自身的爱国品质，这是教师从业的政治前提和重要基础，这其中包括爱国认知提升、爱国情感培育、爱国意志锤炼，并能自觉将爱国主义情怀转化为爱国主义行动。深刻认识自己作为教师的特殊角色定位，始终高扬爱国主义旗帜，着力培养爱国之情、实践报国之行，使爱国主义成为自身的坚定信念。

中国梦是内涵丰富的价值体系，而教育强国梦是中国梦的重要内容和应有之义，同时也是中国梦实现的重要基础。优秀教师队伍建设是实现教育强国梦的基础与关键。要理性地认识教师职业在实现中华民族伟大复兴的中国梦中的特殊作用，正确认识职业倦怠和职业压力，提升坚守教师职业的信心和勇气，将教育强国梦内化于心，外化于行，在实践努力中将梦想变为现实。

二、提高教师职业认知能力

教师职业认知主要包含教师职业职责认知及教师职业评价认知。

教师职业职责认知主要有对教育事业及教师职业整体发展状况的认知及教师职业的目标与任务认知等方面。教师要充分认识到我国基础教育发展现状，虽然取得可喜成就但还存在与人民期盼的教育有差距的现实状况，尤其是在广大乡村基础教育还存在设施不完善、优质资源短缺等问题。在教师职业政策方面要了解国家相关部门制定的系列政策法规。如《中华人民共和国教育法》《中华人民共和国义务教育法》《中华人民共和国教师法》《中小学教师职业道德规范》《中华人民共和国未成年人保护法》《教育部关于实施卓越教师培养计划 2.0 的意见》《小学教育专业师范生教师职业能力标准》《小学教师专业标准（试行）》等。正如《小学教师专业标准（试行）》所要求的，要培养大批师德高尚、教育教学能力和自我发展能力突出的高素质专业化小学教师。

教师职业评价认知主要指对教师职业的待遇、发展空间及社会地位的认知。教师职业的特殊性在于工作的对象是具有主体性的人，是社会未来的建设者，是祖国的未来，特殊的工作对象导致教师的职业具有挑战性、艰辛性，工作难以量化，薪酬水平跟付出很难匹配。即便如此，教师在师生沟通和交往中能体会到乐趣与幸福，看到学生健康成长感受到成就感和价值感。

三、增进教师的职业认同感

教师职业认同指的是"教师对其职业及内化的职业角色积极的认知、体验和行为倾向的综合体，它是教师个体的一种与职业有关的积极的态度。"增进教师职业认同是基础教育教师专业发展的核心内容之一，只有提升了教师职业认同，培养对教师职业的深厚情感，才能拥有内在的源泉和持久动力。

要认识到教师职业是专业技术性很强的职业，需要扎实的专业素养做支撑。教师在教师生涯中要树立终身学习的理念，努力通过教育培训、教科研活动等习得各项知识和能力，不断适应新时代教育教学的发展。教师要深刻认识和感悟教师这样的特殊社会价值，立志成为一名"四有"好教师。深刻剖析自身在专业发展方面的优势，体会教师岗位的特殊性和超越性。

四、培养教师职业情感

情感使人的认识带有某种倾向性，对行为有发动或抑制的作用，教师的情感必须符合教育的要求。教师应当是一个热爱教育事业和学生的人，一个愉快从教的人，一个能从育人活动中体验到无穷乐趣的人，一个能主宰自己情绪的人。教师的获得感从根本上说就是教师各种精神需求得到满足，对基础教育的教师而言，更多的期盼是寻求归属感和价值感等精神层面的满足。教师的职业兴趣是实现教师职业理想的心理基础和行为动力。教师在日常教书育人过程中充分感受教师岗位带来的乐趣，做到心甘情愿地坚守教师岗位，感受教师岗位的崇高性与挑战性，培养教师的使命感。教师职业的特殊性、重要性决定了敬业精神在教师生涯中的重要性。我国当前基础教育环境尤其是乡村教育环境仍然比较艰苦，这就需要基础教育教师能够耐得住孤独，具有百折不挠、坚韧不拔、自警自励的意志品质，对学生耐心热情，努力做学生的朋友和人生导师。

五、坚定教师从教信念

有好的教师才有好的教育。时代需要一支师德高尚、业务精湛、充满活力的高素质专业化的教师队伍，这样的教师必须要有坚定的终身从教的职业信念。坚定的从教信念来源于内心的自觉性和主动性。一方面用伟大的中国梦、教育强国梦做指引，为学生成长成才保驾护航；另一方面通过学习科学定位人生职业选择，认识到教师职业选择所具有的奉献社会的意义，以及对自我人生崇高境界提升的双重意义，从先辈的光荣事迹、朋辈教育中汲取养分，激发内生动力，提升奋斗的意志品质，形成持久的从教意愿，经得起时间和困难的考验。

第二节　教师职业生涯规划概说

教师资源是学校教育资源中最重要也是最具有活力的资源，教师资源的合理开发和科学利用是现代学校管理的核心问题。教师职业生涯规划是从教师职业生涯发展的角度，探讨教师个体主动和持续发展的理论，分析影响因素及实践路径，旨在最大限度地开发和利用教师资源，促进教师个体自主发展与学校整体发展的和谐统一。

一、教师职业生涯规划的基本概念

（一）职业生涯

1. 职业的概念

职业是指一个人所从事的行业或一个人所长期从事的稳定工作。职业是个体参与社会分工，利用专门的知识技能，为社会创造物质财富和精神财富，获取合理报酬作为物质生活的来源，并满足精神需求的工作，是一个人的权利、义务的集中表现，也是一个人社会地位的一般表征。

2. 生涯的概念

学者们对生涯观念的阐述不尽相同，如认为生涯是从事的工作及非职业活动，生涯涵盖了三个重点，等等。以下分别从四个不同角度介绍。

生涯是一个人一生中所从事的工作，其承担的职务、角色，但同时也涉及其他非工作职业的活动。

麦克法兰德强调生涯囊括了一个人所有的职业或职位，韦伯斯特则认为生涯不仅包括了个人的职业，还包括社会与人际关系，是个人终身发展的历程。

美国学者舒伯认为，生涯是生活里各种事件的演进方向和历程，它统合了一生中各种职业和生活的角色，由此表露出个人独特的自我发展组型。一个人一生中所扮演的角色包括儿女、学生、休闲者、公民、工作者、配偶、父母、退休者等。对于生涯的概念，本书比较认同舒伯的定义，一是从生物学角度来看，它是单向的，出生—成长—死亡是不可逆的；二是生涯整合了个人一生中经历的各种角色和职业，包含了生命的整个历程；三是随着不同生命阶段的不同追求，个人将不断获得成长与发展；四是个人作为生涯的主动塑造者，每个人的生涯都是独一无二的。可见，生涯具有统整性、持续性、发展性、独特性等特征。

3. 职业生涯

"职业生涯"一词，来源于英文单词"career"，原有"道路"的意思，也指一个人一生的道路或发展途径。

整体来说，职业生涯可以从以下几个角度来理解。

一是阶段论。萨帕萨帕在研究过程中将人的职业分为五个不同的阶段，也就是职业生涯探索期、职业生涯建立期、职业生涯成长期、职业生涯维持期，以及职业生涯衰退期。而国内程社明认为，每一个人在其职业生涯中，也许都会经历以下时期：探索期、进入期、发展期、适应期、瓶颈期、转型期、突破期、阶段性成功期、平台期、反思期、危机期、倒退期、重振期、退出期等。而探索、适应、发展、转型、突破、反思、重振等期，都可以称之为成长期。

二是职业生涯是工作历程。美国学者威廉·J·罗斯维尔以及亨瑞·J·斯莱多认为，职业生涯是指一个人在其一生中，与其工作有关的行为、活动、态度、价值观、愿景的有机结合。韦伯斯特指出：职业生涯是指一个人在其一生中有关职业、社会和人际关系的总和，也就是其个人终其一生工作发展的历程。美国组织行为学家道格拉斯·T·豪尔则认为，职业生涯是每一个人在其一生工作中所涵盖的一系列活动和行为。麦克法兰提出了不同的见解，所谓职业生涯，是指一个人根据他本人心目中所规划的目标所形成的一系列自主的选择，或者与此有关的教育活动，以及训练，职业生涯是一个人有计划的职业发展历程，也是终其一生所经历的所有的工作历程。

三是含义说。职业生涯的定义应包含6种基本含义：一是职业生涯是指个体的行为经历；二是职业生涯是一种个体所经历的毕生的经验方式，这种经验方式与每一个个体的工作经历有一定的关系，包括每一个人所曾经做过的职位，以及职务经验和工作任务；三是职业生涯是个体毕生与工作有关的行为、态度、价值观等的有机整体；四是职业生涯是一个连续性的、分阶段、分等级的时间观念；五是职业生涯是一个动态和发展的概念，蕴含着具体的职业内容；六是职业生涯分为广义和狭义两种形式。广义的职业生涯，一般是指由培养兴趣渐渐地到获得相应的各种能力，一直到最后个体退出职业生涯的整个劳动过程。而狭义的职业生涯，则是指个体直接从事职业工作的整个时间。

四是分类说。美国学者埃德加·H·希恩把其划分为内职业生涯和外职业生涯两种类型，这种划分法是目前学术界认可度较高的一种划分方式。所谓职业生涯，是指每一位从事一份职业的人所必须具备的主观经历，它涵盖价值观念、知识积累、心理素质等方面，是每一个人依靠个体内在的素质，所获得的社会地位或者所获得奖赏荣誉的综合体现。内职业生涯的获得主要是通过个体的努力获得，受外部影响较小，因此内职业生涯有其稳定性，也不是他人可以剥夺或收回的。外部职业生涯指的是个体所处的环境中的、客观的经历，主要指的是所从事的职业所处的各种外部环境，如工作环境、职务、薪资待遇、晋升渠道与速度等，是职业生涯的客观过程。由此也可以看出，内职业生涯更多关注个体内心情感和体验，外职业生涯则重点在于客观的物质条件，外职业生涯的发展是以内职业发展为前提的，二者又相互影响。具体见表3-1。

表3-1 内职业生涯与外职业生涯特点对比表

类别	含义	涵盖方面	获得途径	稳定性	侧重点
内职业生涯	从事一项职业的人所必须具备的主观经历	价值观念、知识积累、心理素质	个体努力	稳定	个体内心情感和体验
外职业生涯	个体所处的环境中的客观的经历	工作环境、职务、薪资待遇、晋升渠道与速度	外部环境	不够稳定	客观的物质条件

本书采用埃德加·H·希恩的分类说，而且职业生涯是一个动态的过程，指一个人一生在职业岗位上所度过的、与工作活动相关的连续经历，不论从事什么职业、不论职位高低，每个工作者都有自己的职业生涯。

（二）教师职业生涯规划

针对教师职业的特殊性，教师职业生涯规划是指教师以自身心理、智力、技能、价值观念等潜能开发为基础，以工作内容的确定和变化、职务职称、薪资待遇的变动为标志，能够促进自身有计划的、可持续发展的预期性、系统性地自我设计和安排。

二、教师制定职业生涯规划的意义

目标小而言之是任务，往大说是梦想。古人云：有志者，事竟成。"有志"，是成功的动力源泉，是前进的目标和方向。作为教师，更应该懂得制定职业发展目标的重要性，正如坐车乘船有目的地，盖高楼大厦需要有个蓝图。教师职业生涯规划能起到标准化导向、调节和激励的作用，具体而言概括为以下几方面。

帮助教师理清思路，如何从职前教师到新手教师再到成熟型教师，经过不懈努力成长为一名专家型教师。在职业成长的道路上，随着自身专业素养的不断提升，每每实现一个规划的目标，教师都可以得到自我认同，获得无与伦比的满足与自豪，从而获得幸福感。

支撑教师共同体的专业发展。教师的专业发展不仅是个体的发展，还指向作为教师共同体的发展。教师职业生涯规划旨在帮助教师共同体围绕教师专业成长，使得共同体成员在教育理念、教育教学能力通识性知识、教育科研能力等方面获得整体的发展与提高，从而提升教师成长共同体在社会的认可度。教师共同体的发展需要进行有效的规划。

适应当代社会对人才培养的诉求。当代社会飞速发展，竞争激烈，对人才提出了更高的要求，如要求人才具有进取精神、有独立的个性、创新的思维，以及较强的抗挫折能力。教师作为培养人才的人才，自身的发展应满足当代社会对人才的需求。而要达到这样的要求不是一蹴而就的，应该要有严密的规划。只有自身具备个性独立、富有创造性，才有可能培养出具备这些特质的人才。因此，当代知识经济社会要求教师加强自身综合素养的不断提升，这就需要严谨的规划、再根据规划严格地实施。

满足终身学习的需要。当今时代社会分工日趋复杂，知识爆炸性增长，要想跟上时代步伐，唯有不断学习，这就需要树立终身学习的理念和具备终身学习的能力。如果一个人只会停留在原有的知识，不会学习，就不能解决社会纷繁复杂多变的问题，也就无法适应和应对当今社会的发展。而要获得终身学习的能力，就需要教师进行职业生涯规划。

引导教师走出职业倦怠的困境。职业倦怠是由于外界对个体的要求与内心产生矛盾而产生身心疲倦的状态。教师是职业倦怠的高发人群，每个阶段都会产生职业倦怠。在职前教师阶段，大学的教育与社会的实际需求有巨大矛盾，在职业生涯初期，对教师职业缺乏了解，与学校、家长和学生的期盼的矛盾。在职业发展中期，职业发展的瓶颈与自身的追求之间的矛盾。在职业发展后期，教学水平与能力的"高原现象"与个人成就之间的矛盾都会使教师产生职业倦怠，怀疑自身选择的正确性，对工作的热情减退。而教师职业生涯规划可以指引教师逐步走出职业倦怠。职业生涯规划能让教师树立正确的职业生涯观，认识到职业生涯是一个动态的、发展的、螺旋式上升的过程，认清各个阶段的任务和困难，做到心中有数，做好心理和身体上的准备，从而从容应对，逐渐走出职业倦怠。

三、教师职业生涯规划的制定原则

教师作为一种特殊的重要职业，其职业规划与职业发展具有独特的模式，对该领域的研究对教师个人职业的发展、学校的管理及人力资源的开发都具有重要的意义。同时，教师职业生涯规划与其他职业生涯同样遵循一定的规律。

目标性与系统性原则。教师职业生涯的目标性明确有利于教师的专业发展与职业能力的提升。教师凭借各种信息与评估工具，了解自身对教师职业的认知与不足，评估当前的状态与目标之间的差距，从而制定职业的起点，设计发展的途径。只有这样，教师才能适应现代社会日益复杂的教育结构，让教师职业具备多种功能。

主体性与主动性原则。教师的职业特点要求教师积极参加学校的各项教育教学活动，并且将教师个人的职业发展与学校的事业发展相结合，与学科的发展、学生的发展相结合，因此，教师需要积极参与职业发展的各项活动，作为职业生涯规划的主体主宰自己的职业生涯，既客观地评价自身的职业发展水平，又信心满满地为实现规划而努力。

动态性与可调性原则。在不同的社会条件下，对教师的职业能力要求是动态变化的，因此教师要树立终身学习的理念，将自身的发展置身于同时代的课程教学改革之中，根据课程改革的要求动态地调整教师职业生涯规划，保障教师职业生涯目标的实现与教育事业的进步同频共振。

多元化与多主体性原则。由于教师职业对象是学生，因此对教师的职业评价是复杂和不确定的。在教学方面，如何准确衡量教师在学科质量提升、学生能力发展都十分困难；在科研方面，科研成果的量也鲜有标准。对教师的职业活动既有教师的自评，又有来自外部的评价，对二者的统一直接影响到教师的职业认知。

第三节　教师职业生涯规划的编制

实现教师专业的可持续发展，职业生涯规划是一种有效的手段，教师根据自身的特点，对所处的学校环境和社会环境分析，制定教师职业发展的构想与计划安排与发展路线。

一、客观地认识自我

中国老子曾说，"知人者智，自知者明。胜人者有力，自胜者强。"尼采也曾说，"认识了自己就懂得该成为怎样的自己"，科学合理地认识自我首先要做到勇敢地面对自我。每个人都会对自己有这样或那样的不满意，对于这些缺点，找到发生的根源，并有针对性地加以改进，才能使自己朝着理想迈进。

认识自我，不仅仅是指对外表的认知，更多的是个人的人格、兴趣、智力、特长、情商、气质与价值观。只有正确地分析自己的优缺点，才能对自己的职业发展作出正确的判断。下面介绍几种自我认知的方法。

（一）"乔韩窗口"理论

"乔韩窗口"理论是指美国心理学家乔和韩瑞对于"自我认知"的多年研究，提出：每个人的自我，根据我自己知不知道，别人知不知道，可以分成四个部分：盲目的自我、秘密的自我，公开的自我和未知的自我。下面用表格说明四个自我的含义及具体实施的方法。

表3-2　四个自我的含义及认知的方法

	含义	认知的方法
盲目的自我	别人知道，你却不知道的自己	匿名调查的方式：匿名调查可以帮助认知盲目的自我
秘密的自我	别人不知道，你却知道的自己	反省的方式：在纸上，写20句"我有……不为人知的一面"，用三天对照自己言行，删掉10句最不像的10句，换10句不重复的，三天后再换10句，再过三天，根据言行挑出前5句
公开的自我	别人知道，你也知道的自己	公开调查的方式：公开调查身边的朋友、同事、闺蜜（兄弟）对本人的看法
未知的自我	别人不知道，你也不知道的自己	评测的方式：这部分可以借助一些专业的测评工具来了解，例如用智商量表测量智商、MBTI性格量表测量性格等

（二）自我省察法

所谓自我省察法，是指个体通过各种信息来确认自己的兴趣、个性能力、价值观和行为取向的一个认识自我和了解自我的过程，通过对自己进行全面分析而对自己做准确的定位。教师只有"自躬自省"，才能对自己的未来做出正确的判断，对自己的生涯目标做出最佳抉择。

正所谓每个人都要有两面镜子，其中一面用来看清自己的脸庞以及穿衣打扮，另一面"镜子"就是省察内心的"内视镜"。通过这面镜子，人们可以认识真实的自己，完整的自己，认知自身的动机、恐惧、冲动、感觉、嗜好等，从而反思自己的行为，以及后果，并从中总结经验教训。

（三）360度反馈法

360度反馈法，又称360度反馈评价法，也称全方位反馈评价或多源反馈评价。提起评价，想到的往往是由被评价者的上级或上司给予评价，而 360 度反馈评价则是由与被评价者有密切关系、了解被评价者的上级、同事、下属和客户等对被评价者的评价，还包括被评价者对自己的评价。对教师而言，可以请学校的校长或年级组长、父母、同事、学生，以及学生家长对自己进行全面的评估，通过评估反馈，教师可以获得来自多层面的群体对自身素质、能力等的评估意见与建议，从而更全面客观地了解自身的个人特质、优缺点等，并作为自己进行职业生涯规划的参考。具体如表 3-3 所示。

表 3-3　教师综合评价表

方式	评价内容	评价标准
自我评估	1. 对教师的职业选择是否满意 2. 选择教师职业自己的才能是否能充分施展 3. 对自己的职业发展状态是否满意 4. 对自己的学习、工作、生活状态是否满意 5. 对处理职业生涯发展与他人活动的关系结果是否满意	根据个人的价值观念及个人的人格、兴趣、能力
家庭评估	1. 是否能够理解和肯定 2. 是否能够给予支持与帮助	根据家人的反馈意见
校长（年级组长）评估	1. 是否能胜任教师这个职业 2. 与他人的关系处理得如何 3. 是否取得了长足的进步 4. 是否各项能力都得到了提升	根据行为表现及综合素养
教师同事评估	1. 是否能融入教师群体 2. 是否在某些方面树立了榜样	根据行为表现及同事感受
学生评估	1. 是否获得学生的喜欢与认可 2. 是否因为你而喜欢这门学科 3. 是否存在一些缺点	根据行为表现及学生感受
学生家长评估	1. 教学水平是否获得家长的认可与好评 2. 是否存在一些缺点	根据行为表现及家长感受

由于每个个体成为教师的理由和出发点不尽相同，大部分教师是出于个人的兴趣志向所在，而少部分教师是因为其他的原因而走向教师这个岗位，这些人更应该依据这些评估反省自身的职业选择是否正确，如果职业选择出现偏差则需要及时地调整或改变。

二、外部环境分析

外部环境对于个人职业生涯规划的影响是显而易见的，人作为社会的一员，一方面要顺应外部环境的需要，分析外部环境的具体状况，根据环境的情况寻找机会，不断调整自己的计划，趋利避害、因势利导，最大限度地吸纳各种资源，为我所用。另一方面，根据客观环境的变化，及时调整自己的状态，以积极的主动的心态应对各种困难与挑战。

（一）社会环境

社会环境分析需要清楚以下基本问题：你处于一个什么样的时代？当代社会的政治、经济、文化、科技有什么样的特点？这些特点对你的职业和工作提出了哪些要求？提供了哪些有利的条件？提出了哪些挑战？给目前的工作和发展带来了什么样的机遇？本地区的社会环境有什么特点？对自己的工作发展有什么样的影响？

（二）学校环境及发展机会

学校环境主要包括学校文化、学校的管理制度、学校领导者的素养与价值观，学校的办学水平与发展前景等。

从学校的文化方面分析，学校的文化直接影响教师的职业选择与职业发展方向。工作在一个纪律严明、积极进取、锐意改革的教师群体中，教师同样会做事有规划，纪律意识强，紧跟教学改革步伐，积极投身到教育教学改革中。

从学校的管理制度而言，教师的职业生涯发展归根到底要依靠管理制度来保障，包括学校的晋升制度、考核制度、奖惩制度、培训制度、科研制度等；学校的价值观往往通过制度的形式来体现。如果学校的制度制定得不完善、不合理，教师的职业生涯的发展会受到相应的影响，同时，教师的职业发展也影响学校的制度文化。

学校领导素养与价值观直接影响学校的文化及制度的制定，也影响着学校的办学水平。教师的职业发展与学校的发展密切相关，同样水平的教师在不同的学校教学，经过若干年的发展，差距会逐渐拉大。选择好的学校固然重要，但充分利用学校现有的资源同样重要。

案例：

教师——我的职业理想

一、职业兴趣：我的职业兴趣是当一名教师。

个人特质：我的性格比较有耐心，有强烈的责任心。我选择教师这个职业一方面是受家庭的影响，我的妈妈也是一名小学教师；另一方面是想锻炼与他人交往的能力，尤其是与不同个性的学生交流的能力。

二、职业价值观：无论从事什么样的职业，我觉得最重要的是喜欢并能够胜任这份工作。

我认为教师这个职业非常适合我，我喜欢单纯的工作环境，喜欢校园这样一个工作场所，喜欢学校浓厚的学习氛围。我认为在这样一个氛围里，我也可以始终保持一颗进取的心，积极向上，不断充实自己，实现人生目标。

三、胜任能力

1. 优势：教育教学基础扎实，专业能力强，上课条理清晰，富有感染力，责任心强，有很强烈的上进心。

2. 劣势：不擅长与陌生人沟通；缺乏实际工作经验，脾气有些急躁。

四、行业与职业分析

1. 行业分析：教育事业在国家发展中起到至关重要的作用，其发展状态是积极向上的。当初选择教育事业作为自己的终身职业，也是考虑到它的社会地位和发展前景。

2. 职业分析：教师这个职业的工作环境不复杂，非常适合思想单纯的我；对教师的专业技能要求高，社会地位和待遇逐年提升。

五、环境分析

1. 社会环境：我国已围绕实现现代化建设的第三步发展目标，描绘出全面建成小康社会的宏伟蓝图，确立了"科教兴国"和"人才强国"的国家发展战略，加速提升国家综合实力和国际竞争力；在这样的背景下，对我国的教育事业提出了新的要求，同时提出了历史性机遇和挑战。当今社会非常重视教育，也对教师的专业化、信息化提出了更高的要求。

2. 学校环境：学校是当地非常有名望的私立学校。各门学科均有市级以上的学科带头人，教研氛围好。学校规章制度完善，奖惩分明，一年做得好的教师与其他教师收入差距大，校长本身就是市级语文学科带头人，对教育教学很有研究。学校绝对不养懒人，家长和学生对学校的期望值很高，教学成绩压力大，加上自身成长上的压力。

六、职业目标定位

职业生涯目标的确立，是职业生涯规划的核心。目标反映了一个人的理想、胸怀、志向、价值观，决定教师的职业生涯规划的方向。

如果一个教师没有目标的引领，那么这位教师做事是盲目的，没有追求的。

职业目标定位主要包括两部分：一是职业生涯发展路线的选择，这个路线可以分成教书育人方面有影响力，或是教育教学研究方面有所建树，还有向行政管理方向发展，或者是几方面兼而有之。不同路线的选择要综合考虑自身的特点，所处社会和学校的环境以及这些环境条件为教师的发展可提供和可利用的条件。二是职业目标的选择从阶段上来看，教师职业生涯的目标可以分成近期目标、中期目标和长远目标。三个目标是整体的，彼此关联的。作为教师长远的目标可以成为高级教师、特级教师或者是正高级教师，这些都是每一位教师孜孜不倦追求的目标。中期目标是成为市县一级的学科带头人。短期目标可以更加具体、行动明确。例如，学会电子白板的使用，班级的成绩进步等。从性质上，可以将其分为内职业生涯目标和外职业生涯目标。内职业生涯目标包括观念目标、工作能力目标、工作成果目标和提高素质目标。外职业生涯目标包括职务目标、工作内容目标、工作环境目标、经济目标等。无论怎样的目标，要注意设置目标的 SMART 法则。具体包括五项原则：S（specific），具体的；M（measurable），可衡量的；A（attainable），可以实现的；R（relevant），有相关性的；T（time-bound），有时限的。在制定目标时要遵守 SMART 原则，才能使目标更科学合理。

七、职业发展策略的拟定与实施

职业发展的目标确定后就要考虑如何实现这个目标，也就是采取的策略，生涯的实施策略是指为实现职业发展目标所制定和实施采取的各种措施和行为。这里的具体措施，例如，为了达到工作目标，教师计划采取哪些措施提高工作效率，在教育教学方面、人际关系、知识技能等方面采取哪些措施来实现目标。能够促进教师专业发展的行动有很多，例如，培训、学历进修、教育行动研究、课堂观察、校本研修和撰写教学反思等。职业发展目标的实现，需要付诸实际行动，在实施过程中，要注意各项活动的整体配合。

八、职业规划的评估与调整

评估与调整是指在实现职业生涯目标的过程中，根据实际的效果不断地评估，界定目标是否合适，根据情况的变化作出动态的调整。俗话说："计划赶不上变化。"影响职业生涯规划的因素很多，其中有的是可以预测，有的是难以预测的，所以要使自己的职业生涯规划行之有效，就需要根据实际情况，审视内外环境的变化，不断调整自己前进的步伐，同时也为下一个职业目标的实现提供参考依据。如果感觉工作效率低，原定从教五年要成为区一级的教坛新星，现实没有实现，这时候首先要考虑自己的动机水平是否足够，也就是成为教坛新星的愿望是否强烈；其次考虑这个目标实现的难度，如果教坛新星的评比每两年一次，入选率非常低，自身又处于乡村学校，参加区一级的教研活动机会很少，综合考虑，实现目标的难度非常大，这个时候可以适当调整目标，改成五年内开设区级公开课等。如果不是目标过难，则应该进一步细化实施步骤，更加努力，使自己尽快回到既定的职业轨道，以免长期偏离，使职业规划成为空谈。

第四节　不同生涯周期教师的职业规划与发展

教师职业生涯计划的实现需要一生孜孜不倦地去追求，在这个过程中将教师分成三个阶段：职业成长期，这个时期的教师可以称为新手教师或初任教师，是完成从职前教师到教师的过渡，真正进入教师角色的重要时期；职业成熟期，这个时期的教师已经逐步形成自己的教学风格，有一定的教学经验，高度认同教师这个职业，是自身专业发展和业务提高的关键时期；职业超越期，这个阶段的教师具备先进的教育理念、拥有丰富的教研成果，在教学界有一定的声望。处于职业生涯不同阶段的教师职业发展特征不同，建议实施不同的生涯规划。

一、新手型教师的发展与职业规划

初登讲台的年轻教师活力四射，蕴藏着无限的发展可能，他们虽然缺少社会经验，但他们朝气蓬勃，精力旺盛。作为新手教师，他们又有哪些特点，该如何做职业规划呢？

（一）新手教师的特点

新手教师一般是指刚参加工作五年之内的教师，这个阶段是职业生涯的适应期。

1. 个体发展特征

大多数的新手教师都是刚刚大学毕业，年龄在二十多岁，他们处于人生的黄金时期，青春有活力，兴趣广泛，由于这个年龄段绝大部分是独生子女，许多新手教师未曾离开父母独立生活；他们有强大的后援保障，没有家庭的束缚和牵挂，有大量的时间和精力投入工作中。另外这个时期的教师刚刚踏入社会，很有冲劲，少了一些人情世故，更容易创新。跟学生有共同语言，师生关系好。

2. 专业发展特征

作为刚踏上工作岗位的新手教师而言，拥有的知识结构往往来自大学所学的专业理论知识，对实践知识的了解和掌握较少。新手教师在课前会详细地制定教学计划，写教学设计，严格按照要求制定教学目标，设置教学重难点，规划教学内容的落实，很难预设到课堂的突发事件，在上课过程中对课堂纪律的把控、突发事件的处理缺乏灵活性。往往根据课前的预设按部就班地完成教学，很少关注学生的学习状况，使得课堂教学效果大打折扣。有些新手教师按照预设自顾自地讲课，学生的学习状况根本不放在心上。在课后反思阶段，往往关注到自身课堂的一些细节，对教学过程的整体把控则很少关注到。对学习的"学"关注更少。

（二）新手教师面临的主要心理问题

1. 角色转换引起的心理问题

作为刚刚走出大学校门的新教师，从受教育者变成教育者，开始步入社会，独立地承担社会责任，独立面对生活和工作的种种问题，这些都容易产生新教师心理上的焦虑和不安。一方面，角色定位的差异会使新教师产生心理失衡。在学生时代，一路上都有自己的父母和老师保驾护航，到了大学时期，尤其现在很多大学都提出"建设最关爱学生的大学"，班主任、辅导员、任课教师、分管学生的副书记无时无刻不在关注大学生的成长，可以说是众星捧月。而到了学校，新教师缺乏教学经验，其才干和能力还没被充分地发掘出来，加上中国传统有论资排辈的观念，新教师处于相对较低的地位，这种角色和地位的反差往往使得新教师很难被认同和接受。另一方面是多重角色引起的不适应。新手教师在家里还是非常依赖父母亲，像没长大的孩子，而到了学校，要独当一面，做班级的管理者，要当学生的良师益友，既要跟同事、校领导打交道，还要跟学生家长处理好关系。以上种种，都需要新手教师具有较强的自我调控和角色转换能力。

2. 期望与现实的落差带来的心理不适

新教师满怀教育理想走上教师岗位，期待用自身所长实现教育理想。但现实的情况是一天中大部分时间用来管理学生的日常，处理跟同事、家长之间的关系，真正用于教学的时间很少；理想中的教育工作变成了成绩的 PK 台，一切分数说了算，同事之间的关系远没有同学之间那么纯粹；互联网时代，跟家长的沟通交流还得小心翼翼，生怕一不小心言行就成为家长手里的把柄而变成"网红"教师。

3. 自我效能感低引起的心理问题

美国学者班杜拉对自我效能感的定义是指：人们对自身能否利用所拥有的技能去完成某项工作行为的自信程度。由于新教师参加工作时间短，制定的教学目标往往与学生的实际情况相脱节；在课堂中更多考虑的是如何讲解知识点，很少考虑学生的兴趣，这导致学生不喜欢新教师任教的学科从而产生挫败感。新教师由于育人技能欠缺带来的认知障碍而产生心理恐慌。他们担心个别调皮的学生破坏课堂纪律，影响正常教学的开展；害怕学生不按照自己的要求去完成各项任务。经验的缺乏还导致新教师班级管理没有章法，在班级各项评比中往往处于劣势而产生对自身能力的怀疑，自我效能感低，自信心严重不足；遇见问题，只求应付，无法静心考虑问题解决的最佳方案。

（三）新手教师的自我心理调适

1. 调整认知，树立正确的自我认知观

哲学家曾说，人类不是被问题本身所困扰，而是被他们看问题的看法所困扰。新教师要客观地看待"现实中的自我"，合理地设计发展目标，认同自己的职业角色，理性地对待外界对自己的评价，不断寻找有效的沟通方式，与学生建立融洽的师生关系，对自己提出合理的要求。

2. 控制情绪，适度地合理宣泄

在教学中遇到挫折时，要保持平和的心态，也就是要有一颗"平常心"，面对挫折不避不让，不急不躁，不烦不恼，从容不迫。恰当地宣泄情绪的方法有笑一笑、喊一喊、跳一跳。喜欢美食的新教师就放开好好地吃一餐，然后美美地睡一觉；游戏也能很好地转移注意力，可以玩几个网络小游戏，不去想那些不愉快的事情；有氧运动也是不错的选择，可以打打球、爬爬山、跑跑步、游游泳，通过这些有效的运动，让不良情绪得到及时宣泄。

3. 营造良好的人际关系，提升亲和力

融洽的人际关系是心理健康的标志。因为在融洽的人际关系中，个人会得到更积极客观的评价，在受到挫折时，会得到周边人们的心理支持，从而消解挫折带来的消极情绪。

新教师与领导交往时，要尊重领导，支持领导的工作，即使有不满情绪，也不当面顶撞；同事之间的交往要以诚相待，要有集体意识，顾全大局，不要特立独行；与学生交往要避免正面冲突，严慈相济，要善于发现学生的长处，真诚地赞美学生；与家长交往要懂得沟通技巧。

总之，新教师要找到适合自己的心理调适方法，保持良好的心态，以便尽快度过入职的适应期。

（四）新手教师生涯规划要点

1. 正确分析自我，树立正确的目标

作为新手教师，在职业成长期需要在全面分析自己的基础上，寻找自我发展的突破口，找到适合自己的发展方向，明确发展的目标。如果没有，那一切行动就没有努力的方向，做事情很可能无功而返。因此，作为新手教师在进行职业生涯规划的时候，不妨静下心来想想。

（1）我希望从小学教师这个职业中得到什么？

（2）我希望成为什么样的小学教师？是教学名师、科研能手还是优秀的管理者？

（3）要成为这样的小学教师，我需要在哪些方面提升自我？

（4）要成为这样的小学教师，我的优势在哪里？哪些方面是我的劣势？计划要多久实现目标？

（5）在我身边，哪些人比我优秀？从他们的身上，我可以学习他们哪些优点？

在认真思考上述问题后，人生目标就比较清晰。

2. 尽快熟悉环境，选择优秀导师

进入新学校后，为了保证工作的顺利进行，新手教师要尽快熟悉学校的环境，可以做好以下几个方面的准备：一是通过互联网等方式了解学校的办学特色、办学历史、办学条件、发展目标等；二是熟悉学校各项规章制度，如考勤制度、教师手册、班级管理制度，关于上课、备课、作业批改、辅导、课外活动、班队课、考试等各项常规；三是了解任教学科的相关教材、课程标准、班级管理等；四是了解任教班级学生的基本信息，包括姓名，模样、性格特征、家庭状况等，重点了解特殊情况的学生；五是尽快熟悉学校同事，了解同办公室的同事、同年级组的教师，遇见了同事主动打招呼，尽快融入群体中。

新手教师想要在短时间内适应教学生活，向有经验老教师虚心学习显得尤其重要。学校有成熟规范的导师制，那是再好不过。如果没有，新手教师可以向两方面的导师学习，一是向校内的优秀教师学习。刚开始可以先听导师的课，然后备课，让导师提建议修改后再去上课；导师听课后提教学建议，这样进步会非常快。二是向外校优秀的同行学习。这就要求新手教师要多争取外出学习和培训的机会，例如教学观摩课、教学示范课，向这些优秀教师学习如何系统、创新设计教学思路，还有对课堂的整体把控。

3. 积极参与科研，注重实践

教师不仅是教学活动的实践者，也是研究者。参与科研是教师专业成长的必由之路。新手教师参与科研跟高校教师不同，应更注重解决实际教学中遇到的问题，注重研究的实践应用性。在教学过程中，将遇到的具体的问题进行记录、积累，经过一段时间的思考，结合国家政策导向、课程标准的要求，归纳出教学困境，指出研究要解决的问题，再写出课题的申报书。在研究过程中，以行动研究、案例研究为主，将理论落实到实践，在实践中检验理论，从而提升自己。

4. 坚持学习，做好反思与总结

终身学习是新手教师继续发展的有效保证，新手教师的学习包括专业知识和教育教学知识的学习。学习的途径一是阅读教育教学理论书籍及专业杂志报纸，提升专业素养；二是虚心向同行请教，可以是同专业的教师，也可以是跨专业的教师；三是参加学校的集体备课、教研活动和各种教育培训活动；四是通过网络学习，互联网上有许多教育名家、特级教师的工作室、微博，只要你愿意，都可以通过网络远程咨询请教研讨。

课后反思和总结是一个很有效的学习习惯，如果新手教师能养成这个习惯的话，将终身受益。例如，你听了导师讲解《年月日》这一节课时，让学生自学手中的一张年历，通过观察，说一说有什么发现？学生思考后经过小组讨论，再归纳出整个小组讨论的结果，最后派代表分享成果。课堂气氛热烈，学生在讨论发现中巩固了知识点，一节课轻松愉快，效果非常棒。新手教师照葫芦画瓢，结果课堂闹哄哄，学生讨论的时候离题万里，分享的时候发言的同学说，其他的同学在讨论，课堂毫无秩序，教学效果很差。上完了这节课，新手教师开始反思：这节课的预期效果达到了吗？学生学会了什么？为什么同样的设计导师上课效果很好，自己上的效果却差强人意？有哪些地方需要改进？通过反思，新手教师明白了课堂调控能力对课堂效果起到关键的作用。

5. 关注学生，融入学生

理解学生，关注学生，与学生和谐相处，成为学生喜爱的教师是每位新手教师的追求。关注学生的方式有很多种，可以是一个鼓励的眼神、一声温情的问候、一个轻轻的微笑、一次展示自我的机会。新手教师要走进学生的心里，就要熟悉学生的身心发展特点。融入学生，新手教师要充分利用自身优势，用青春的外表、鲜明的个性、激情的课堂让学生喜欢自己及课堂。融入学生还需要学会正确的表扬，体现表扬的多元化：除了语言表扬的多样化之外，学生在帮你做事情的时候，可以适时给学生一个大大的拥抱；学生有进步时，除了在班级给予表扬，还告知家长学生的进步，让家长再次表扬学生，让快乐加倍。培养学生还需要刚柔并济，先严后柔，新手教师在学生心目中要树立一个严格高标准的印象，无论是课堂上还是作业的要求都是不能马虎的。树立好这样的形象后，你再春风化雨，宽严相济，学生会更加认可你。

二、成熟型教师的发展与职业规划

成熟型教师经历了职业成长期的迷茫和困惑，在教学上取得了明显的进步，在讲坛上站稳了脚跟，随着工作历练和教学经验的增长，在教坛上有一席之地，如果往好的方向继续发展，可以成为专家型教师。这个时期的教师，在茫茫的职业生涯的大海中，是做一艘劈波斩浪勇往直前的船只？还是随波逐流，顺其自然。本节将对成熟型教师的发展作进一步探讨。

三、成熟型教师的特点

国内外学者对教师是否进入成熟期有多种说法。国内学者对教师是否进入成熟期主要以思想成熟、业务成熟、身心成熟三个标准来衡量，具体表现为：教师必须具有献身教育事业的理想，具有高度的社会责任感；具有观察了解学生的能力，具有信息组织、转换和传递能力，组织管理能力，教育科研能力，能够独立地开展多项复杂工作，能够灵活地处理事情；遇到困难与挫折时，有耐受力及调节力，具有清晰的自我分析、自我反思能力。对于成熟型教师的特点说法不尽相同。

（一）个体发展特征

处于成熟期的教师一般的年龄段在 30～45 岁。在这个阶段，他们正处于事业发展的黄金期。从身体条件看，这个年龄段往往健康状况良好、精力较充沛且人生观、世界观、价值观已经定型，对事物的好奇心减退，拥有独立的思考和判断力。在家庭方面一般已经组建家庭，可以说是上有老下有小，处理家庭事务会分散一定的精力。

（二）专业发展特点

成熟型教师经过几年的教学实践，在教育教学中积累了丰富的教学经验，对课堂及教材内容相对熟悉，教学风格基本确定，备课上课的模式基本定型，这种定型一方面使得课前准备轻车熟路，准备时间缩短，另一方面使得教师的备课上课刻板化，往往课前准备没有那么充分。在上课过程中课堂把控能力提升到一定的水平，课堂显得流畅、熟练，能很好地处置突发事件，能根据学生的学习情况调整教学计划，课堂的创新性愿望不强烈，按部就班地完成每一堂课成为常态，教学能力相对稳定到一定水平。在课后评价方面，成熟型教师更加关注课堂教学的有效性，教学工作反思对如何提升学生的核心素养方面考虑不多。

四、成熟型教师成长中存在的问题及原因

成熟型教师经过多年的打磨，各方面都达到了比较稳定的状态，他们是学校的中坚力量。在职称上一般都已评上中高级职称，在荣誉上拥有各级优秀教师、教坛新秀优秀班主任等称号，如果在这个阶段教师对自己的专业发展缺乏更高的目标，非常容易到"高原期"，如果不化解，就会对从事的事业有所怀疑从而产生职业倦怠。

（一）产生"高原现象"

"高原现象"本是教育心理学中的一个概念，指的是在学习或技能的形成过程中，练习的中后期往往出现进步的暂时停顿或者下降的现象，在曲线上表现为保持一定的水平而不上升，甚至有所下降。但在"高原期"之后，又可以看到曲线继续上升。教师的专业成长有起起伏伏，很多人会出现"高原现象"，具体表现在对未来发展感觉迷茫，工作缺乏激情，在周而复始的教学中丢失了年轻时候的梦想，在教学创新上不再有所突破。

"高原现象"产生的原因有很多，一是专业发展的价值目标受挫。教师几乎都渴望在发展过程中不断地进步，例如，在职称的评定上，中学高级教师在中小学教师中基本上是最高的追求，但如果想进一步评上正高级教师，难度会非常的大，导致大部分教师在职称的评定上失去追求。有些教师追求职位的晋升、更高的薪酬等，由于社会经济发展不平衡，导致教师的这些追求往往得不到满足，于是产生失落感。还有些教师受社会思潮的影响，过度地追求地位、金钱、荣誉，忘了当初选择教师职业的初心，一旦这些物质的追求得不到满足就容易产生挫败感。二是专业知识发展不平衡。成熟型教师长期在一线工作，虽然积累了大量的经验，但这些经验没有经过提炼加工，不能上升到理论层面，再加上忙于日常繁杂的事务，很少学习先进的理论知识，导致教师在平时的教学教研中，不能站在理论的高度去分析和解决遇到的困惑，写论文时提不出自己的观点和独特的思想，影响教师的专业发展，教师只能重复单调地做着教学工作，很难更上一层楼。三是来自外部的压力。成熟型教师已经有自己固定的一套教育教学方法，课程改革对所有的教师提出了新的要求，打破了原有的平衡。意味着成熟型跟新手型教师在课程改革目前站在同一条起跑线上，由于年龄等各方面的原因，成熟型教师往往对课程改革的认可度比较低；而认知上的偏差，不仅会影响对课程改革理念的接受程度，还会在心理上产生不良情绪，进而会给教师带来消极的情感体验，严重的会导致教师对自己能否胜任课程改革产生怀疑。

（二）科研能力难以提升

科研课题研究及论文写作是教师专业成长的不竭动力。然而在现实中，很多成熟型教师竟没有做过一个完整的课题研究。有些教师写的课题方案，上报到区县一级，没有被推到市一级，就灰心丧气，也就不再写课题，觉得课题研究是虚无缥缈的，跟教学没有太大关系，也就不再去尝试。一线教师的论文写作是一个薄弱环节，教学论文可以分为理论性教学论文与案例型教学论文。成熟型教师写论文非常被动，觉得理论性教学论文写不了，案例型论文光有案例，形成不了论文。

成熟型教师科研能力难以提升的原因可以总结为以下几个方面。一是在职培训不到位。教师教学知识的发展主要来源是培训和参加专业性教学活动。而现实中许多学校考虑教学的实际困难，但省教育厅要求的培训学分又要完成，往往让教师选择县里的进修学校进行培训，这些培训很少有针对成熟型教师必要的专业知识的补充，也很少有针对专业的教育理论的专题培训；有的培训内容学科针对性不强，一般都是对全校老师集体开展的。二是专家引领力度不够。成熟型教师在科研方面需要专家引领，专家以大学的教授为主，这些教授中实实在在和一线教师一起做课题的较少，坚持引领和跟踪培养一线教师的更少，往往只是开几次专题讲座，这样离老师的实践指导还是比较远，一线教师收获有限。在新一轮的义务教育课程标准出台之际，对于新课程标准的解读、新课程标准理念下教学的改进与评价的变化都需要相关专家指导。各级教研部门、各学校确实组织了一些相关培训，甚至是要求对新课程标准通过考试。但在培训上能听到专家讲的内容有限，能参与的人数太少，大多数教师得不到专家常态化的指导。三是教师自身的原因。成熟型教师虽然有着较为丰富的实践层面的策略性知识、一定的专业案例知识，但由于知识更新速度较快，对原理规则性知识的重新学习，以及案例知识的再研究也显得有些不足。成熟型教师对自身学习的紧迫感逐渐下降，觉得不需要刻意去学习理论知识，只要按照学校要求完成日常的教学任务即可，不再主动积极地寻求专业的发展，更谈不上对专业进行规划。成熟型教师分析和解决问题已经形成固定模式，遇见问题习惯于按过去的经验办，很少去研究，也就谈不上科研的日常积累。

五、成熟型教师的心理调适与职业规划

成熟型教师在其职业生涯发展过程中，要想从"高原现象"中突围，除了改善外部环境外，其实关键还在于个体的调整与适应，也就是要正确认识和看待"高原现象"，通过自我学习和发展，全面提升职业能力和专业素质，从而获得可持续的专业成长。

（一）教师需正确认识和看待"高原现象"

1. 教师要认识到"高原现象"是教师职业发展到一定程度时可能出现

的现象，虽然并不是每个教师在职业发展过程中必须经历的阶段，但是出现的概率很大，这样教师在心态可以更加坦然地接受。要多学习有关"高原现象"的理论知识，认识到"高原现象"至少包括"身体和心理高原""技能及发展高原"两个具体维度，理解教师职业发展和成长离不开健康的身体、良好的心理、合理的归因、专业的知识和技能，还需要各方面融会贯通，合理调整和拓展，为自己找到新的发展目标和前进方向，相信通过自身的努力，最终可以克服"高原现象"，使职业发展更进一步。

2. 认识并学习消除"高原现象"的有效措施、预防策略。教师的"高原现象"的产生是教师对工作，以及与工作相关事情所产生的自觉感知导致的，源自职业发展过程中的多种困境，因此，教师进行有效的自我管理，缓解乃至消除不良情绪，保持积极向上的心态十分重要。教师要认识到压力的客观性，采取理性的应对态度。要客观地分析自身压力的来源，根据教育教学实际，制定符合学生实际、符合自身特色、符合教改要求的教学策略；要善于调节情绪，采用自我放松、自我宣泄，适度倾诉等方式疏导自己的不良情绪，从而寻找到属于自己的快乐。

（二）成熟型教师的生涯规划要点

1. 全面评估，寻找发展突破口

教师的职业规划需要根据情况的变化做出动态的调整。因此，成熟型教师需要对当前的实际状况进行评估，尤其是要客观地认识且分析自己。作为一名成熟型教师，在教育教学，以及自我认识方面都有了一定的积淀，但仍要全面地对自身的规划进行评估与反馈，修正职业发展目标及策略。正所谓"一只手上的五根指头，各有所长，各有所短"，每个教师都有自身的优势，有些教师非常擅长课堂教学，一站在讲台上，浑身充满激情，许多绝妙的思想喷涌而出。这些老师自己上课时可以放一支录音笔进行记录，课后再整理，加一些理论，一篇教育论文就有了雏形。有些教师擅长设计校本作业，让不同层次的学生在校本作业中得到适当的发展，这些教师收集整理校本作业，加上一些反思，可以作为课题研究的素材。在准确定位自己的基础上，教师可以寻找职业发展的突破口，调整下一阶段发展的目标，并让它更符合自己的理想。

2. 自我反思，不断获得新认知

美国学者波斯纳早在 1989 年就提出著名的教师成长公式："教师成长＝经验＋反思"。对于成熟型教师而言，反思可以帮助教师更好地达成发展目标。从反思的时间来看，可以发生在教学活动之前，这时候反思可以提高教师的教学预测和问题反应变能力；可以发生在教学活动之中，其有利于激发教师的临场应变与动态监控能力，还可以在教学活动后，其更有利于提高教师的经验总结与教学评价能力。从反思的途径而言，一是对自己的经历进行反思。对自己的经历进行反思，回顾和诊断个人成长，才能为未来的发展提供可借鉴的素材，促进教师的发展和进步。二是通过对学生的反馈进行反思。眼睛是心灵的窗户，教师可以通过观察学生的眼睛来感知课堂教学效果，当学生在课堂中两眼发光，毋庸置疑，这节课是成功的。从学生反馈的角度反思学习效果，来调控教学进度，教学行为，反思日常教学成效。三是从同事和家长的反映中反省。教师只有借助于别人的评判才能更加客观地认识自己，在同事的评课中，在家长的反馈中反思自己的教育教学行为。四是在理论学习中反思。系统的理论分析可以帮助教师审视那些教学中的直觉判断和缄默知识，帮助教师认识和理解自己的行为和思想，而且还可以为他们的实践提供多种可能。

3. 主动沟通，获得外部支持

中小学成熟型教师处在社会大环境中，外部力量的支持与帮助对教师的职业发展起到重要的作用。一是同行专家的专业引领。成熟型教师从事多年教育，是行业的骨干教师，在校内外积累了一定的人脉资源，这时候要主动承担教育教学任务，例如，出试卷、批试卷、做课题研究、开设公开课、开设示范课等，进一步展示自己的能力，也借此机会得到校内外专家教师的指导与帮助，以此促进教师专业发展，明晰专业发展的目标与方向。二是努力争取培训与学习的机会，只有这样才能不断提高理论修养，促使自己不断更新专业知识，学习前沿的教育理论和教育科学知识，摆脱"高原现象"，朝着更高目标前行。三是得到家人、校领导、朋友的支持与帮助。成熟型教师大多已经走进婚姻的殿堂，如何平衡工作与家庭的关系是一门学问。教师要发挥自己的聪明才智，平衡好家庭与事业的关系，当两者出现矛盾，需要在工作中投入更多精力时，要跟家人交流沟通，争取得到家人的理解与帮助；当家庭有特殊困难时，教师不要憋在心里，自我封闭，甚至把负面情绪带到工作中；此时要及时向学校领导、同事倾诉，争取得到同事朋友的理解支持与帮助。

4. 及时充电，培养成就意识

教师想要突破职业发展的瓶颈，要树立终身学习的理念，只有在这样的理念下，教师通过学习，努力培养教师的成就意识。成就意识是激发教师潜力的催化剂，拥有了成就意识，教师就会有更高的追求目标，在教育教学中更富有主动性和创造性；教师在这样的过程中参与到各种荣誉称号的评选，积极投身到课题研究，由此带来的成就使教师获得工作的自豪感和幸福感，容易忘却追求过程中的痛苦与艰辛，把发展和成就看作人生的最大的乐趣。

六、专家型教师的发展与职业规划

被誉为"专家"的教师，意味着已经突破了职业的高原期，在行业中有着良好的声望。成为专家型教师后，怎样走向事业的巅峰，如何在教育教学中取得更加骄人的成就？

（一）专家型教师的特点

专家型教师，把教学当作一种艺术，对教育事业十分热爱，他们具有稳定而持久的职业动力，他们有个性鲜明的教学风格，他们拥有专家水平的知识，他们有高效能工作方式。他们富有洞察力。在荣誉方面，往往被评为"学科带头人""特级教师""教学名师"乃至"教学名家"。处于这一阶段的教师主要呈现以下特征。

1. 个性特征及心理特征

专家型教师具有成熟的自我意识，具有很好的自我认知能力，对自己的能力非常自信，表现为敢于迎接工作中的挑战；有很强的成就需求，把成功和失败都看作学习的机会，鲜明的创造性品质，有主见，不容易受他人意见左右，倾向于自己解决问题；对教育事业十分执着，能在一段很长时间专注于教学的探索与追求；有很强的求知欲，乐于接受新鲜事物，有激情而不失理智，能很好地驾驭自己的情绪。

2. 教学特征

专家型教师在课前制定的计划体现以学生为中心，简洁、灵活，更有预见性；在上课过程中他们善于创设真实的教学情境，既能激发学生的兴趣，又能拓宽学生的视野，让学生关注社会现象；专家型教师在教学活动中，非常注重组织学习活动，注重培养学生的核心素养；在讲授中遵循启发性原则，引导学生独立思考，建构属于学生自己的知识结构。开展有效的学习互动，指引学生进行深度学习；在教学过程中恰当运用信息化手段，使得学生在丰富的环境中通过自主学习、成果展示等多种教学活动中培养自身的思维品质、语言表达能力、团队合作意识等多方面能力。注重开展及时化评价，在教学过程中一方面做到及时评价，利用及时评价来支持教学活动，注重评价的多元化，有教师评价、学生评价等。

3. 知识特征

专家型教师能积极践行先进的教育教学理论，并将其内化为自己的实践性知识，经常对自身进行反省以形成较为完善的自我意识，他们对本学科的知识重难点，以及知识点之间的内在逻辑关系了然于胸，他们能用多样化的方式呈现教学内容，帮助学生进行知识建构，能运用多学科知识支撑本学科教学，能虚心学习他人长处，并将之融入自己教学中内化为自己的知识。

4. 能力特征

专家型教师具有出色的课程设计能力及教学监控能力：他们以批判的眼光看待教材，并根据实际情况对课程进行增减与整合，在课堂中善于捕捉学生的有价值信息，有很强地解读学生的心理，并将这些转化为上课的资源，能非常得体地处理课堂的"突发事件"。专家型教师具有敏锐的洞察力。他们对教育教学中的问题，先进行问题的深度表征，找出问题的深层结构，然后才分析比较各种解决方案，选择最佳方案尝试解决问题。例如，有一道很简单的题目有三个学生都做错了，询问他们原因，回答都是"粗心"，一般的教师也就不了了之，交代一句："下次仔细一些。"就过去了。专家型教师会寻找深层次的原因，知识层次较高的学生错误的原因是认为太简单，瞄一眼就凭感觉答题出错；中等层次的学生错误原因是心里在盘算着考试的时间，一边答这题，心思已经放到下一题；知识层次较低的学生是没有理解题目的含义。专家型教师具有高水平教研水平。他们具有很强的科研意识，同样是开设了一堂具有很高水准的公开课，一般的教师上完就过去了，专家型教师会对自己的公开课录像或者录音，对课堂教育教学中的现象进行记录和反思，把这些反思通过微博、微信朋友圈、QQ 空间等形式分享，引发讨论与思考，寻求问题解决的途径。经过一段时间的积累，抽象出教育教学问题，再申报课题，立项后继续边教学、边思考、边积累，在教育教学过程中寻求问题的答案。在探究中积累了丰富的科研知识和技能，自然就拥有丰硕的科研成果。

（二）专家型教师职业规划的要点

专家型教师的职业进入超越期，他们具有显著的创新精神、个性鲜明的教学风格、稳定而又持久的职业动力，他们进入教育教学生涯的最高阶段，处于这个时期的教师就不用规划自己的未来了吗？显然不是，这一阶段的教师职业规划主要表现为以下几个特征。

1. 实现自我超越

教师的成长是一个自我超越的过程，作为专家型教师在教学过程中要超越教材，在新课程标准理念的指导下充分考虑知识本身的结构，改编偏重零碎知识和文字符号记忆的教学，强调学生手脑并用获得完整的知识和经验。实现单元教学，最难做到的是超越自我，到这样的阶段，教师要勇敢地攀越自我这座大山，不断追求高尚的精神境界和崇高的教育信念。

2. 乐于教学科研

对于专家型教师而言，工作经验丰富，教学不成问题，但随着时代的进步与发展，教育教学会涌现许多新理念，信息技术不断地更新换代；如果教师这时候裹足不前，很快会被时代淘汰。此时，专家型教师保持状态的好办法就是——不断地做科学研究。在做科学研究的过程中学习和运用新的教育理念，搜集和分析教育教学资料，对以往的经验进行反思，提炼自己的教学特色，不断地自我提升，发表科研成果为其他教师的成长起引领作用。

3. 做年轻教师的引路人

专家型教师自成长过程中得到许多专家的帮助与指引，这些专家有些掌握最新的教育理念、最前沿的动态，或者是在成长过程中某个事件或者人物的起到示范、引导的作用。现在成为专家型教师后，对年轻教师的引导是责无旁贷。方式可以主要有开设"名师工作室"，名师工作室可以充分发挥教师的示范、辐射和指导作用，实现资源共享、智慧生成、学员全面提升的作用。还可以送教下乡，乡村的教师没有太多的外出培训，专家型教师的送教给乡村教师提供一些理念，给年轻教师的心里播下一颗向上的心，起到以点带面的作用。还可以到师范院校开设讲座，专家型教师成长故事与经历，为师范生在未来的职业生涯中树立一座灯塔。

第五节 促进教师职业发展的良好习惯

在现实生活中，无论是国家元首、路边的乞丐，无论这个人的财富、权利、地位如何，都会有习惯的烙印。好的习惯使人受益终身，坏的习惯则是人前进的绊脚石。国内外诸多教育家都阐述了习惯的重要性，孔子认为："少成若天性，习惯如自然"。明朝王廷相提出"凡人之性成于习"，亚里士多德曾说"既然习惯是人生的主宰，但愿人们能尽可能培养起良好的习惯"。作为学生思想的启蒙者，个人价值观及世界观的塑造者，是学生人生道路的引领者，教师具有良好的素养是职业的基本要求，而培养良好的习惯是教师素养达成的路径。教师只有养成良好的习惯，才能保障优良的教学效果，才能促进教师的专业成长朝着良好的方向发展，最终成为一名优秀的教师。

（一）培养终身学习的习惯

联合国教科文组织在《终身教育的展望》中指出："学习和工作应该是从人出生到死连续不断的过程"物竞天择，适者生存，现今社会，知识更新的速度飞快，不学习就会被社会淘汰。作为学生的引路人的教师，终身学习更应该成为教师首选的教育理念和生活方式。

1. 教师终身学习的意义

（1）更新教师的知识体系。人类正进入知识经济和信息社会，人们接受一次性教育所拥有的知识已不足以终身受用。一方面教师要深入了解本学科的专业知识发展动态及最新理论成果；教师对专业知识了解越深刻，教学越能轻车熟路。另一方面教师教育学心理学知识都需要不断地更新和充实。学生心理有时代性的特点，只有了解当代学生的年龄特征和心理需求，掌握学生的情绪变化，才能真正做到因材施教。教师还需要广博的知识视野，多元的知识视野可以为教师提供丰富的教学资源。智能时代，学生获取知识和信息的途径非常广泛，教师只有树立终身学习的理念，不断学习，才能跟上时代步伐。

（2）提高教师的教育教学能力。社会在发展，知识领域在扩展和更新，学生的认知水平也有了新的起点。在这种形势下，教师只有不断地学习来提高自己的专业知识，改进自己的教学方法，提高教育教学能力和水平。一位坚持终身学习的教师，会不断向优秀教师取经，更关注学生的期待，根据学生的心理特点进行教学设计，使得课堂变得生机勃勃。

（3）自身发展的需要。树立终身学习的观念，会使教师的人生更有意义。宋代诗人黄山谷曾说："人如三日不读书，则尘俗生其间，照镜面目可憎，对人则语言无味。"教师在繁忙的日常教学之后，到知识的海洋中遨游，会使自己的心变得安静，找到自己当初出发的初心，思想变得丰富，心胸更开阔，觉得人生更有价值。

2. 教师终身学习的传统途径

（1）通过阅读书籍和资料学习。美国全国教育协会强调，"阅读是培养终身学习者的一个重要因素，教师需要通过不断地阅读来扩大知识面、发展能力"。该组织认为，"教师的专业发展来自于教师不断地学习，其中必读书目的确定可以保证他们学习的质量"。每一个成功者都有良好的阅读习惯，阅读是教师专业成长的"永恒路径"。教师阅读的书籍和资料可以分成以下几类。第一类是任教学科方面的。这些书籍往往专业性强，阅读起来趣味性没有那么大。教师可以建立合作式阅读小组，在群里通过分组阅读，集体探讨的方式促进阅读的有效性和深刻性。第二类是专家教师及历史人物传记。

此类书籍和资料教师可以利用休闲时光慢慢品味，在书籍中寻求前进的动力。第三类书籍和资料是能触动心灵的书。此类书籍能抚慰疲倦而受伤的心，是重重迷雾中的那束光，是茫茫苦海里的灯塔。第四类是有关时代的杂书。可以是经济学、可以是信息学等，此类书籍和资料可以触摸到时代的脉搏，感知时代前进的方向。

（2）通过传统的培训学习。教师的培训大致可以分为学历教育或参加中小学教师继续教育培训。教师学历提升一般是教师在原有的学历基础上再上一层楼，原来是本科学历，可以通过在职或脱产攻读研究生，获得硕士或以上学历和学位。教师在提升学历的过程中，积累教育学相关的理论知识，在教育过程遇见实际问题，心中有谱，再也不会手忙脚乱了；而且还会探究问题发生的本质原因，寻找问题解决的理论依据，从根本上解决问题，再也不是"头痛医头，脚疼医脚"了。通过学历提升，教师的教学设计能力、教学组织能力、教育研究能力、班级管理能力都得到提升，教师专业能力的提升进一步促进教师的专业发展。参加中小学教师继续教育培训同样能丰富专业知识，更新教育理念，提升教师的教育理论和实践水平。

（3）通过观摩研讨式学习。观摩研讨是教研中常见的一种活动形式，也是促进教师成长的重要渠道，在观摩过程中，教师客观地剖析别人的教学活动，更深刻地反省自己，促进自身的发展。为使观摩研讨更有效，可以在观摩活动之前先告知活动的主题，以及研究的问题，再将活动观察的表格发给参加活动的教师，提高观摩课的针对性和实效性，这样教师的观察点聚焦到研究问题中来。在观摩课结束后的研讨环节，尽可能给与会教师发表看法的时间和机会，鼓励教师围绕主题探讨，寻找问题解决的思路和方法，从而促进自身的专业成长。上课教师和观摩教师都要撰写听课反思，将反思得到的启示和体会转化为提高自身教学实践的具体举措。经过多次的积累，再进行课题研究，深化问题研究。

3. 智能时代教师终身学习的新形式

（1）移动学习。移动学习是数字化学习的延伸，是学习者能够在任何时间、任何地点通过移动计算设备及无线通信网络进行的学习。移动学习所使用的移动学习计算设备必须能够有效地呈现学习内容并且提供教师与学习者之间的双向交流，这样有利于移动学习的顺畅进行。移动学习的优势在于更加符合自主学习的需求。传统的培训把一群教师固定在同一个场所、在同一时间听同样的课，移动学习可以满足教师的个性化需求，而且方便灵活，无论是在机场、高铁还是在商场，随时随地打开智能手机或平板电脑登录平台或在 APP 上学习。移动学习的优势还在于更能满足终身学习的需求。信息时代要求教师终身都要学习，而传统的培训次数非常有限，移动学习可以为学习者提供广泛的服务，只要教师有需求，移动学习就可以为教师提供相应的资源。移动学习方便不同地方、不同层次的教师组成学习共同体，方便教师探讨、沟通、交流。使得教师共同进步。移动学习促进教育公平。传统的教育者资源的极度不均，导致教育失衡。移动学习可以改变教育二元化的现象，在信息时代，乡村教师同样可以获得与城市教育同样的资源，了解最先进的教育理念。

（2）无边界学习。无边界学习将关注点转向了学习的主体——学生与所有学习者，并将之置于教育教学活动的中心，进一步倡导在任何时间（Anytime）、任何地点（Anywhere）的任何人（Anyone）可以就任何内容（Any Content）进行任何形式（Any Format）的学习形态，从而使得面向每个个体的个性化、定制化教育得以可能。浙江省富阳实验小学的"无边界学习"实践则是在真实的学校教育教学环境中作出的一个有益的尝试，其做法主要是打破传统教育在学科、教育资源、学习形式、课内课外等方面设定的界限，通过课程资源的重新组织、调整教学组织形式与师生关系等，实现学生学习内容、方式的有效统整与融合，使学生在无边界学习中实现对知识、生活和经验情感的整体性理解。未来的教育必定是面向所有人的教育需求，教师在理解和践行无边界学习的同时，思考如何迎接无边界教育、无边界学习，以及由此带来的教学革命。

（二）培养时间管理的习惯

管理学泰斗彼德·杜拉克说："时间是最稀有的资源，除非能有效地管理它，否则其他的资源就更无法管理。"时间是一种资源，它是一种最宝贵的资源，它不可回溯，今天的你和昨天的你不同；它不可买卖，每人一天都是二十四小时；它不可暂停，一天二十四小时过后今天的一切都成为往事。时间管理的核心是对教师时间管理的研究。时间管理的研究在适当的时间做适当的事情，提高单位时间的效率。对教师而言，研究时间管理能够增强工作的成就感，促进教师生活品质的提高，降低职业倦怠，提升幸福感。

1. 教师时间管理的必要性

（1）对教师本身而言，时间管理有助于教师应对社会进步带来的社会压力。社会在发展进步，教师作为社会人，必然要对社会的加速发展做出回应，这就要求教师加强时间管理素养的培养，更好地适应工作节奏变快，时间不够用的现状。有助于提高工作效率。在这个讲求效率时代，教育不再是"只问耕耘，不问收获"了，教师想要在有限的时间里完成既定的计划，唯有进行合理的规划，提升工作效率。有助于教师平衡工作与生活的关系。教师是一个普普通通的社会人，除了工作之外，还要兼顾爱情、亲情和友情。因此，如何合理地分配时间就显得十分重要，善于驾驭时间的教师可以更好地扮演各种社会角色，在学校是一位好教师，在家庭中扮演好自己该有的角色，生活幸福美好，身心健康，促使教师幸福指数得到提升。而幸福的教师又可以促进教师工作效率的提高，成为良性循环。

（2）对学生成长而言。教师运用策略引导学生高效利用课堂学习时间，既提高了课堂效率，有效实施教学，又帮助学生养成良好时间管理习惯，有助于学生良好行为习惯的养成，变得更加自信。教师的时间管理的理念和自信同样对学生产生巨大的影响。正如前苏联教育家加里宁所说"教师的世界观，他的品行，他的生活，他对每一现象的态度都这样或那样地影响着全体学生。这点往往是觉察不出来的，但还不止如此。可以大胆地说，如果教师很有威信，那么这个教师的影响就会在某些学生身上永远留下痕迹。"教师的示范性很大。教师时间管理的意识和管理行为将直接影响学生的观念。

（3）对学校而言。学校管理者要时刻反思学校的发展目标如何实现，管理效率怎样提高，教师作为学校管理最直接的参与者，要提升对时间观重要性的认识，才能满足学校组织对其工作绩效日益提高的期待与要求。

2. 时间管理策略

（1）培养时间管理意识。孔子曰："逝者如斯夫，不舍昼夜！"时间是与生俱来的，但一去不复返。因此，教师树立正确的时间管理意识非常重要。时间管理的目的是更有效地运用时间，明确什么样的事情应该做、什么样的事情不应该做。要认识到时间是最容易获得的、最公平的资源，但是又有无法储存、无法倒流的特性，教师只有正确认识时间，形成正确的时间观念，才能做到对时间的合理利用。从调查情况来看，82%的教师表示每学期会制订相应的教学计划且首先考虑的是时间问题，说明教师把时间作为合理安排教学工作的一个重要因素，且有意识地作出规划。

（2）合理制定活动计划。有效时间管理首先要制订计划，它包括所要达成的目标，以及实现目标需要采取的行动。制订严谨有序的计划是教师应具备的好习惯。教师做的计划可以分为年度计划、学期计划、每月计划、每周计划乃至每日计划；在制订计划过程中要注意留出一定的时间来处理突发事件。现实教学中，许多教师计划性不强，只是按照学校的安排来工作，没有自己的计划，导致工作中疲于应付，不能主动处理事务，导致处处被动，工作效率低下，身心疲惫。另外在制定计划时候，将待办事项安排得尽可能详细，重要的事情有备用选项，这样执行起来心中不慌。例如，本周三晚上要召开家长会，计划要详细定好小王这一组布置教室、出好黑板报，小爱和小美同学主持，小好同学的家长作为代表发言，李老师作为教师重点发言。其中变故最大的可能是小好同学的家长，万一有特殊情况，让小好同学从学生角度做好发言准备等。

（3）区分重要事情。分清事情的轻重缓急是时间管理最关键的技巧。可以将一天要做的事情列一份清单，按照重要程度排序，先从最重要的事情做起，然后再做第二项，这样坚持做下去。管理学家史蒂芬·柯维提出的时间管理的理论——时间"四象限法"。

按照重要性和紧迫性分成四个象限：A类，又重要又紧急的事务。对于教师而言需要解决急迫的问题，处理危机，课堂上学生打架就属于此类事件；完成有期限压力的计划。如果教师在日常工作中以此类事务为主的，通常是比较拖拉的人。B类，重要但不紧急的事务。学生的安全教育、与家长同事建立良好的人际关系、个人事业的发展、课题研究等。日常工作以此类事务为主的教师是有计划、轻重缓急分明的人。C类，不重要但紧急的事务。接待一些客人，接听一些电话，处理某些文件，参加不重要的会议。日常工作以此类事务为主的教师一方面认为自己是受害者，另一方面又表现出不敢反抗，有着唯唯诺诺的一面。D类，不重要不紧急的事务。例如，毫无主题地聊天、煲电话粥、休闲娱乐活动等，日常工作以此类事务为主的教师比较懒散。

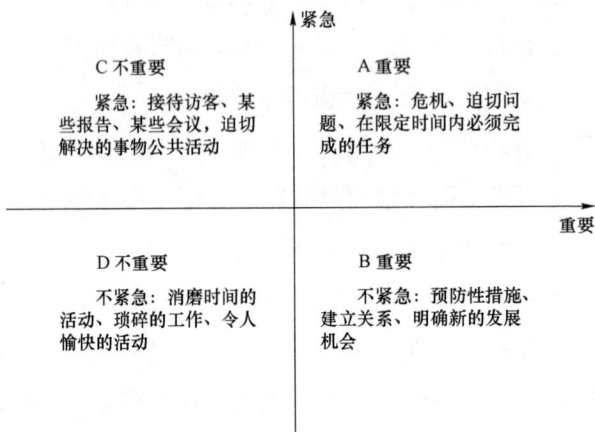

图 3-1　教师时间优先矩阵

对于上述四类事务，在没有特别紧急事情的前提之下，要按照 B—A—C—D 这样的顺序来做事，也就是说要优先处理那些重要但不紧急的事务。例如，学生行为养成很重要、学习习惯很重要，每天坚持做，学生的课堂纪律自然而然就好了，打架斗殴这样的突发事件就少了；教师的课题研究能力很重要，但不紧急，平常注意积累和加强学习，突然就要求在一周之内申报一个市级课题，而你早有准备，一周时间绰绰有余，此次事务就变成重要而不紧急了。在此类事务解决得好，那么，重要又紧急的事务就会越来越少。

（1）列出时间清单。意大利数理经济学家帕雷托提出著名的"重要的少数与琐碎的多数原理"。其大意是：在任何特定的群体中，重要的因子只占少数，而不重要的因子则占多数。只要控制了重要的少数，就能控制全局。按照时间主线进行计划，因此经常列出的年度计划、月度计划、周计划和日计划等。将年度计划分割成月计划，在每周日将每一周要完成的事项罗列出来，每天将第二天要完成的事项列出来，每种计划细致程度见下表。可以列在本子上，也可以使用手机和电脑，要定期对完成情况进行盘点和总结。

表 3-4 三种计划的侧重点

计划名称	关键点	细化程度
月计划	重点事件和次重点事件	明确目标，可具体到周
周计划	月度事件分解和月度目标的，调整纠偏	月度事件分解目标，可具体到天
日计划	重点事件分解和日常事件时间安排	具体到时间段，并预留一定的机动时间

（2）利用碎片时间。由于教师工作的特殊性，整块的时间较少，要将重要事件，尤其是需要花费较多时间完成的事情，分割成许多段，每一段都确定一个小计划，在碎片化的时间内去完成。例如，在职的教师想要提升学历，想考研究生，就可以在一天给自己制定计划，利用刷牙洗脸的时间听教育理论，在排队打饭的时间背几个英语单词，在下载文件的空隙阅读几篇文献。

要想更有效地利用碎片化时间，学习内容的准备非常重要，可以利用手机下载学习的资料和实用的 APP，手机云盘可以很好地解决资料下载和储存的问题。

3. 时间管理的小技巧

（1）番茄工作法。"番茄工作法"是简单、易行的时间管理方法，是弗朗西斯科·西里洛于 1992 年创立的一种更微观的时间管理方法。无论是教师或学生，在面对任务比较艰巨又很具有挑战性的时候，往往很难长时间地集中注意力，从而造成效率不高，对此"番茄工作法"可以很好地解决此类问题。例如，要学习一本高深的理论书籍，可以分段进行，规定以半小时为一个时间单位，完成小单位时间的阅读就站起来放松，奖励自己玩十分钟喜欢的游戏，这样大幅提升了阅读的乐趣。"工作＋放松＋工作＝高效"。

（2）减少浪费时间。逆势操作法，例如，上下班避开拥挤时段，开车的话早点上班，迟一点下班，如果等公共汽车需要半小时也许不如骑共享单车快。掌握"两分钟定律"。也就是说，即凡在两分钟能做完的事情，立刻马上去做，避免拖拉；五分钟定律，做一些无聊的事情，例如，躺在床上刷短视频、无所事事地浏览网页，绝对不能超过 5 分钟，立刻停下来。学会拒绝，学会说"不"。例如，你已经计划好晚上要写课题，一帮同事约你晚上去逛街，你又不想去，你可以委婉地拒绝，坚持按照计划执行。

（3）写日志。多做记录，多总结。记下任何容易分散你注意力的东西、灵光乍现的想法等，把它们记下来。同时，写日志还能提高教师的写作水平。科研、论文和课题的开展都离不开写作能力的培养，"能说会写"几乎已经成为一个成功教师的标配。

第四章 教育教学反思：
教师自主发展必由之路

第一节 教育教学反思的概述

一、反思的概念

"反思"始见于《礼记》。其《射义》篇有云"反求诸己"，就是自我反思，它是"反思"一词的来历。中国成语中与"反思"相关的举不胜举，如"闭阁思过""返观内视""抚躬自问""反躬自省""彻夜扪心""一日三省"等，说明中国从古至今，人们都有"反思"意识。

《现代汉语词典》第五版（2005）对"反思"一词的解释是："思考过去的事情，从中总结经验教训"。"反思"作为西方近代哲学的一个概念，得到大家普遍认可的"反思"的界定是杜威在1933年出版的《我们怎样思维》，他认为"反思"是"属于一种思维形式，是个体在头脑中对于某些问题所进行的认真、严肃的思考，以及对于各类信念所实施的积极、持续的思索"。

二、教学反思

教学反思是教师专业发展和自我成长的核心方法。教育学者叶澜认为："一个教师写一辈子教案不可能成为名师，但如果一个教师写三年反思有可能成为名师。"这充分说明反思对教师成长的重要性。国内的学者普遍认为教学反思是教育工作者对于自己的教学实践过程和结果的一种回顾与诊断及自我调控的过程。比较有代表性的有高国武、徐立华、于海波、朱建灵、关淑萍等，具体观点如表 4-1 所示。

表 4-1　教学反思相关文章观点对比表

序号	作者	文章	观点
1	高国武、朱秀英、张秀琴	《教师的教学反思辨析》	教学反思就是再认识的过程。即教育工作者在教学过程中对由教学思想及行为引导所产生的教学结果再认识的过程
2	徐立华	《教师教学反思初探》	以教育工作者自己本身的教学活动为对象，对教学结果进行分析和总结即是教学反思
3	于海波、马云鹏	《论教学反思的内涵、向度和策略》	教学反思是指教师对教学活动所关涉的种种问题进行多视角、多层面，反复、深入、认真地审视与思考的过程与行为
4	朱建灵	《浅谈教师教学反思的策略》	教学反思指教育工作者对在整个教学中的教学行为、教学过程和教学结果等进行审视和反思的过程
5	关淑萍	《谈教学反思能力在促进教师专业化过程中的意义》	教学反思是教师以自己的教学过程为思考对象，对自己的教学的行为、决策以及由此产生的结果进行审视和分析的过程

综合上述观点，教学反思具有如下特点。

1. 主体性

即反思是对自己及自己的教学活动的分析、审视、再认识，自身既是反思的主体，又是反思的客体，反思是一种自我教育。反思主体对于自身的反思活动不能急躁，不能急于求成，而应该专心致志，按照自身思维的节律来进行。外界人为的过多干预，对反思主体的反思活动是不利的。这就要求教育界的领导在指导教师的反思活动时，要尊重教师的主体性，而不能指手画脚，横加干涉。

2. 复杂性

反思是一种研究。教师对自己在教育教学实践中遇见的各种问题进行分析、评价、总结和改进，实现"以反思促研究、以研究促反思"。北美现象学教育学的领袖人物范梅南曾指出：教学是一项复杂的事业，因为教师需要想方设法让学生学会独立思考并对学习保持一种批判的态度。教学又是一项富有冒险精神的事业，为了吸引学生，教师需要在教学活动中展示自己脆弱的一面，但其结果并不总是能够预见和控制。在任何"真正的教学"时刻，教师都会面临着无数的问题："怎样才对这个学生有益？什么对这些学生合适？什么对他们不合适？"反思的复杂性表现在教学活动本身之复杂外，教育教学的思想理论也是很复杂的，因此，教师的反思活动理应涵盖教育教学的各个方面与所有环节，同时结合教学实践的动态发展而发展。

3. 实践性

教育教学活动是与实际的教育环境、教育关系、教育目的、教育手段、课程与教材、师生交流、考试与辅导、课外活动等诸多环节相联系着的，教师的反思立足于具体的教育实践，教师的反思的起点是教育教学中的"问题"。一线教师在进行教育教学反思时，只有从实践出发，才能有效取得源头活水，激活自己的灵感，有效地避免无的放矢，实践性是教师反思的根本。

4. 过程性

人类的任何活动无一不具有过程性，教育教学反思活动自然也不例外。只要一旦进入了反思活动，对反思主体而言，就意味着他进入了一个反思的过程。或长或短，或深或浅，反思活动就进入了时间的轨道。无论就一位教师一次反思活动而言，还是就一位教师几十年间的反思活动而言，二者都体现为在时间中进行的过程性。

5. 批判性

批判性既是教学反思活动的一个层次，又是教学反思活动的一个总体性的要求。是反思活动走向较高层次的必要条件。无论教师自身的教育理念和经验，还是主管部门倡导的教育思想，抑或是社会流行的教育理念，都有改善和值得反思（包含着相当成分的批判）的余地和必要性。离开了批判，一切都会陈陈相因，凝固僵化。要实现反思活动层次的跃升，理论思维内含的批判性是一项起决定作用的因素。尤其是在反思之层次的跃升上，批判性的重要意义，是很显著的。教师须知，作为反思活动最可贵之处的创造性，就主要通过批判性来实现。

三、教学反思的作用

（一）教学反思：教师专业发展的必由之路

教师专业化在本质上强调的是成长和发展的历程，是一个开放式的循环过程，而教学反思处在该模式的核心地位。

1. 通过教学反思，快速提升教师理论素养

教学理论素养是构成教师素养的重要因素。在教学实践中，教师往往受两类教学理论的影响：一类是内隐的"应用理论"；另一类是外显的"倡导理论"。前者属于教师个人化的理论，是教师个人在自己教学实践情景中形成的某种教学观念假设，带有鲜明的个人情感色彩，往往不具备普遍的指导意义；后者属于群众所追求的理论，而且具有普遍的知识指导意义。在具体的教学实践活动中，这种理解和认识的背后必然有某种教学理论的支撑。教师的教学行为受内隐的应用理论的影响，内隐的应用理论向倡导理论的转化过程正是教师理论素养提升的过程。反思性教学可以分为群体反思和个体反思，而群体反思更能体现集体的智慧。在教研活动中，教师围绕教研主题说理念、论实践、摆事实、讲道理，通过相互剖析，使得教师更加清晰地认识教学中存在的问题，提炼教学经验；在探讨辩论中思路条理化，加深了对教学反思内容的理解。反思性教学是联通教师倡导理论与应用理论的桥梁，也是提升教师理论素养的有效路径。

2. 通过教学反思，改变教师角色，真正体现以"生"为本

作为反思性实践者的教师，对学生发展有强烈的责任心和怀有深切的关怀，把学科知识转化为适宜学生学习的活动，随时捕捉教育契机并采取恰当的行动，充分发挥教师的主导和学生的主体作用，启迪学生的思维，培养学生的创新精神。要激励学生，增强其自信心，激励与肯定学生的优点，使得学生体会到成功带来的愉悦感，内心向往成功。教师要因材施教，充分尊重学生的个体差异，为不同层次的学生设置不同的教学目标，努力培养学生的成就感。

3. 通过教学反思，让教师成为研究者

中小学教师的研究活动能丰富其反思性实践。行动研究是教师反思的一种重要方法和手段。教师对自己的实践进行批判性思考和研究，以此改进和提升自己的教育教学水平。反思教学的创新之处。在课堂教学过程中，会有许多的奇思妙想，或者是学生精彩的回答，绝妙的解题方法，都需要教师的记录和反思。反思教学的困惑。无论怎样的课都不会是完美无缺的，反思课

堂中的缺憾和困惑，反思这些缺憾的原因所在，是知识掌握的问题还是课前准备不充分，记录这些困惑，再寻求解决办法。反思同行或专家的反馈。俗话说，"当局者迷，旁观者清。"当同行或专家点评时，要注意倾听，并及时记录并整，完成教学反思。当教学反思积累到一定时候，教师可以整理成课题进行研究。

（二）教学反思，有助于培养教师的反思能力，展示教师的专业特性

教师专业化是指教师个体水平提高的过程，以及教师群体为争取教师职业的专业地位而进行努力的过程，前者是指教师个体专业化，后者是指教师职业专业化。教师个体专业化和教师职业专业化共同构成了教师专业化。在此，讨论的主要是教师个体的专业化，教师个体实现专业化除了具备必要的专业知识外，还应当发展这些专业能力：娴熟地运用现代教育技术的能力；有效协调人际关系与沟通表达能力；解决问题与行动研究的能力；创新思维与实践的能力；批判性反思与自我发展的能力。从五种能力要求的关系上来看，反思能力是教师专业发展的基础。

（三）教学反思带动学校教育改革。

反思性实践是通过提高教师个体水平进而提高组织水平的一种方式，是一种强有力的、多层次的个体和组织水平变化的源头，是一个潜力巨大的促进学校改革与系统变化的渠道，是通过一个正在进行的专业发展过程来促进个体和群体发展进步的过程。反思性实践不仅能促进教师个体的水平，还是提高组织有效性的一个重要策略。

反思性实践需要良好的物质环境做保障，学校充分利用现有的实施，营造现代的、开放的环境。例如，学校可以利用校本培训，对教师进行信息技术培训，指导教师开设博客、创建个人网页、加入特级教师网上工作站，加入各类"学习共同体"，这样可以不受时间和空间的限制，开拓教师视野，拓宽反思途径，丰富反思素材。通过培训，教师掌握微课制作技巧，可以将教学的重点和难点制作成微课，作为反思的素材进行教研活动。学校还应重视文化设施的建立与健全，文化设施可以包括电视、广播、报纸、杂志等，

也包括图书馆、演讲厅、思想论坛、各种沙龙等活动场所。它们是文化传播的物质载体，学校应当使各种文化活动和设施发挥其应有的作用。

加强反思制度的建设。学校组织教师讨论反思制度的制定和修改，直至形成科学合理完善的反思制度。比反思制度制定更重要的是对制度的执行。学校要加强对反思制度的宣传和培训，提高教师对制度的认同，让教师更深切感受学校反思制度所要达到的愿景，提高教师执行制度的主动性。在反思制度的执行过程中，学校领导要作好带头作用，营造反思的良好氛围。

办学特色是一所学校靓丽的风景线，每所学校要立足学校的实际，探索出一条具有本校特色的发展道路。反思可以促进教师深入学习教育理论，探索解决教育教学中存在的问题。教师的反思推动学校的反思，使成功的经验得到总结和升华，不足得到不断地修正，更促进学校的教育教学改革，形成学校的办学特色。

第二节　教学反思的内容

教师到底反思什么？国内外学者从多方面提出了自己的观点。

美国著名教师教育学者泽克纳曾概括了教师研究者中反思的五个取向（五种传统），它们可以看作教师反思的内容取向：（1）学术取向，它强调对学科内容，以及呈现和转化这些学科内容知识来促进学生的理解的反思。（2）社会效率取向，强调对特定教学策略的应用的反思，以便更明智地使用各种教学技能和策略，这些教学策略是作为实践的"知识基础"而要求教师掌握的。（3）发展主义取向，强调教学要对学生的兴趣、思维和成长十分敏感以促进学生发展为根本。（4）社会重建主义取向，强调反思学校教育的制度的、社会的和政治的脉络，以及学校和社会中课堂行动对于更平等、公正和人性的环境的贡献。（5）一般性反思的取向，即强调反思的作用，但对反思的目的和内容没有特别的关注，该主张的基本的观点是：只要教师更加审慎地反思，他们的教学行为必然更好。英国的格里菲斯和唐两位教育者认为教学反思的内容包含以下五个维度，即快速反思、修正、回顾、研究、理论的重构。

我国学者申继亮根据教师所写的教学反思日记，以及通过与教师的访谈，将教学的反思内容划分为以下五个方面：（1）课堂教学：思考的内容主要分析、评价教学活动本身的利与弊，以及影响教学活动的因素，包括教学内容重点、难点的分析，教学方法、策略，教学技巧的运用等。（2）学生发展。分析、考虑与学生发展、能力培养相关的一些因素，关注学生的学习成绩和各种能力的培养，关注学生学习兴趣，以及学习方法的培养，关注学生健全的心理、人格发展。（3）教师发展。分析、考虑与教师自身发展、素质提高相关的一些因素。关注教师自身的专业知识和专业能力，关注教师的人格魅力与自我形象，关注教师的待遇等。（4）教育改革。关注考试制度的改革，以及当今进行的课程改革，关注宏观教育体制的改革，以及教育改革的实效性。（5）人际关系。包括教师如何与学生形成和谐的人际关系，以及如何与学生家长相处，共同教育、培养好学生，也包括同事之间的和平相处。

赵昌木认为，教师的反思主要包含四方面：信念系统指教师反思教学时要对潜在假设审核和质疑；知识系统是教师教学时进行决策和行动的基础；教学实践指教师要回顾自己的教学活动；背景因素指教师的教育信念、假设、知识和实践活动跟生活经历、文化影响、历史现状与背景紧密相关。

从上面论述来看，教师的教学反思内容是多种多样的，可以分为教学理念层面和教学实践层面。具体而言可以从教师的教学观念反思、课堂教学实践反思、学生问题反思和自身成长问题反思四个维度来阐述教师教学反思的内容。

一、关于教育观念反思

教育观念包含教师对教育教学所持有的潜在看法和假设。可以包含基础教育的价值观、人才素养观、学生观、学校教育活动观、教师观等。教学所包含的教学目标、内容、方法，以及评价都在教学反思之列，教学反思一方面可以强化教师正确、合理的教学观念；另一方面帮助教师及时审视、发现、纠正认识上的偏差。

课堂活动与学生思维

在学习"情趣与兴趣"一课时，我事先布置学生做好准备，让学生准备好自己感兴趣和擅长的才艺在课堂上进行展示。于是，在课堂上有的有演奏乐器、有的写书法、有的讲相声、还有的展示摄影作品，学生玩得很开心，在快乐中一节课接近尾声，离下课还有 3 分钟的时候还有的多学生想上台表演，看看时间来不及了，我匆匆忙忙进行总结"高雅的情趣对我们的生活有重要意义，我们要注重培养高雅的情趣"这一结论。课后总觉得少了些什么，难道自己认为的"学生感兴趣的课堂就是最好的课堂"这一教学理念错了吗？

反思：在学习了理论知识，向专家请教，终于明白思想品德课强调在教师的引导下，学生自主地进行探究学习，引导学生自己认识，自己体验，自己践行，教师必须应用活动化的教学方式，通过讨论、辩论、角色扮演、创设情境等形式，把理解空间、选择权利、锻炼机会留给学生，通过他们的直接体验，将所学的内容升华为新知识、情感和能力。同时，新教材内容的呈现方法更加新颖、活泼，主要采用问题基于生活、情境基于案例、体验基于活动等形式。可以说教材中处处有活动，时时有活动，真正体现了"内容活动化，活动内容化"。这些都为在思想品德课教学中精心设计和充分使用教学活动创造了条件，也提出了新的要求。因此，真正的课堂活动不是单纯地追求课堂的热闹，而是最终要引发学生思维的活动。学生能够谈起来、辩起来、唱起来、演起来固然好，但是教师应该重视的是这些活动背后的真正意义。而且教师应该通过分析、探讨、引导，帮助学生领会到这些意义，这才是真正有价值的活动。从这个角度来看，课堂里沉默地回味、灵动地思考、理性地剖析、瞬间地震撼、深深地感动，都是宝贵的活动。课堂上只有出现更多这样的活动，才能让学生领悟教材中蕴涵的精髓，才能实现课堂和课堂活动的价值。同时，课堂活动在"精"而不在多。一个组织精当的活动，能够使课堂熠熠生辉，能够让学生从中自然地学到合作、平等、尊重等品质，能够有效实现情感的迁移和认识的内化，使课堂活动真正实现良性互动。

二、关于学生的反思

教学归根到底是为了促进学生的发展，关于学生的反思是教学反思的重要内容。

（1）反思是否给学生创设自主探究的机会。作为一名教师，要着重培养学生的自学能力、自学习惯，教会他们怎样学习、怎样思考，提高学生分析问题、解决问题的能力。

一次函数的图像和性质

一次函数 $y=kx+b$（$k\neq0$）的图像是在正比例函数图像和性质与一次函数图象的概念之后，通过本节课的学习，要使学生学会用两点法画一次函数图像和掌握一次函数的性质，它既是正比例函数图像和性质的拓展，也为后面的反比例函数、二次函数的学习奠定基础，并为今后学习解析几何打好基础。同时，一次函数的图像和性质的学习为一元一次方程、二元一次方程组、一元一次不等式及不等式组的解法提供新的途径。本节课是学生学习"数形结合"这一重要数学思想的好素材。

教师甲

一上课就提出问题：前面我们已经学习了正比例函数图像和性质，正比例函数的图像是什么？

生：正比例函数的图像是一条直线。

师：$y=3x-2$ 是什么函数？

生：是一次函数

师：正比例函数的图像是一条直线，正比例函数是一次函数的特殊情况，因此，一次函数的图像也是一条直线。几点可以确定一条直线？

生：两点

师：以后我们只要确定两点就可以画出一次函数的图象，这种方法叫做"两点法"。

教师乙

先提出一个实际问题：在进行水的沸腾实验时，水的初始温度是 2 ℃，在加热过程中，每分钟水温升高 2℃，当加热了 x 分钟时，水的温度为 y℃，试着写出 y 与 x 之间的函数关系式。

生：$y = 2 + 2x$

师：这是什么函数？

生：一次函数。

师：学习正比例函数的图像时，我们用什么样的方法探究函数的图像？具体有哪些步骤？

生：描点法，一般有列表、描点、连线

师：我们可以用同样的方法探索函数的图象吗？

生：可以

反思：

教师甲直接将一次函数的图像是一条直线告诉学生，跟教师乙让学生去探究一次函数的图像是什么的最大区别是什么？有很大不同这就是"授人以鱼，不如授人以渔"。学生通过反复地探究，明白描点法是探究函数图象的重要方法，在探究未知函数的图像的时候，自然而然会想到这种方法。学生在此过程中经历了探究的过程，解决了问题，这个过程可能会花费更多的时间，当天教学的效果不一定非常好，但学生经历了分析问题、解决问题的过程，以后再碰到类似的二次函数的图象、反比例函数的图像，也能够自己去分析并解决。所以说，"给予"只是给死的知识，而自主探究却能激活思维活跃的源泉。

（2）反思是否真正给学生展示交流的机会。教师在上课前，尤其是在上公开课前，都会精心备课，但教师要反思如果能更好地了解学生、认识学生、研究学生，积累相关的经验，真正给学生展示交流的机会，交流相关经验，总结出更为适合的教育教学方法。

让我们选择坚强

这是一堂思想品德课，内容为"让我们选择坚强"。教师首先展示精美的课件，说明坚强的品质对人一生的重要性。然后让学生分析下列事例，谈谈这些名人如何战胜病魔（疾病或困难）① 张海迪战胜病魔的例子② 冼星海创作乐曲的例子③ 科学家霍金对抗疾病的例子④ 巴尔扎克战胜贫困和失败的例子。结果课堂的气氛十分沉闷，举手的学生寥寥无几，即使回答也是不痛不痒，没有真情实感地流露。在课后评课环节，上课的教师认为是上课的班级反应不够快，本身性格内向，活跃的学生太少。

反思：本节课虽然教师做了充分的准备，也采用了多种教学方式，但效果不佳，究其原因是话题离学生的生活太遥远，不能引发学生的共鸣，这些事例和话题看起来非常符合教学目标的要求，人物也非常经典，但由于在情感上无法与学生擦出火花，学生真正展示自己的愿望不强烈，效果自然不佳。

如果换种教学方式试一试：先放一段春节联欢晚会上"千手观音"的舞蹈，然后旁白，这样美的舞蹈的领舞叫"邰丽华"，是一个双耳失聪的残疾人，但她通过自己的努力，在 1992 年作为唯一一位残疾人登上意大利利斯卡大舞台。现任中国特殊艺术协会副主席。这个事例中的春节联欢晚会，一般的学生都会观看，精彩绝伦的舞蹈跟聋哑人之间有一个感官上的冲突，残疾人与世界顶级艺术圣殿又有认知的冲突，学生就有想展示分享的愿望。在学生归纳总结出邰丽华坚强意志的表现为自觉性、果断性、自制力与坚韧性后，再给出一组漫画。漫画的题目为"小强的烦恼"（见图 4-1）。

图 4-1　小强的烦恼

1. 举例说明你的哪些行为体现了坚强的意志品质？对你有什么影响？

2. 你存在哪些意志薄弱的行为？对你有什么影响？

一方面漫画是学生喜闻乐见的表现形式，而小强的这些行为学生身上多多少少都有，这个小强就是学生的化身，学生自然有话可说，非常想说。教师在教学中要把说话权还给学生，让学生有机会表达自己的喜怒哀乐和爱憎好恶，让学生去经历、去感受丰盈课堂的内涵，把选择权还给学生。

（3）反思是给学生总结归纳的机会。高效的课堂需要学生进行课堂小结，课堂小结是教学活动中的重要环节。它是对知识进行总结性的概括，能够帮助学生理清知识脉络，促进学习能力的提升。在课堂小结时，可以对本节课的知识结构进行归纳和整理，按照知识点之间的内在联系归纳出学习知识的线路，在归纳出本节知识结构的基础上体现与其他章节知识的联系；同时引导学生对学习方法进行归纳，最终达到对知识的融会贯通。

火烧云

编版小学语文三年级下册第七单元《火烧云》是现代作家萧红写的一篇写景的文章，作者不仅描述了夕阳西下，火烧云颜色和形状的变化，还将文中景物美和语言美有机地融合为一体，让读者充分领略了火烧云这一自然景观的绚丽多彩。文章既体现了作者热爱大自然、热爱生活的思想情感，又启发学生在观察事物的过程中要大胆发挥自己丰富的想象力。其中第3～6自然段要求背诵。

这篇课文通过对云千变万化的描写，给学生描绘了傍晚时分美心里多彩丽的火烧云景象。教师在对这篇课文进行课堂小结的时候，采用绘制思维导图的形式让学生进行知识的回顾与总结。通过梳理、整合信息，了解课文是从马、狗、狮子这几个变化把火烧云形态特点写清楚的。教师引导学生用思维导图的形式进行课堂小结，以火烧云的变化为线索，用思维导图把火烧云从出现、变化到消失的过程给表达清楚。让学生在归纳小结的过程中对文章脉络有了更清晰的认知，在对全文进行理解的时候，就会更容易去记忆。

三、关于教学实践的反思

对教学实践活动的反思包括对课程目标的反思、教学设计思路的反思、教学内容的反思、教学方式方法的反思和教学效果的反思五个方面。

第一，对教学目标的反思。教学目标是教学活动的出发点和归宿，教学目标对教学活动起着明确的导向和激励作用，并为教学评价提供依据。教师要反思教学目标是否考虑到知识与能力、过程与方法、是否关注到情感态度价值观这样的三维目标？教学目标是否依据学生的实际发展状况与要求？在教学完成后要反思教学目标的达成情况：哪些目标实现了？这些目标达成有哪些可以总结的经验？哪些目标没有达成，没有达成的原因在哪里？

第二，教学设计思路的反思。教学设计指导教师的课堂实施，在课堂教学完成后，教师要反思这节课的各个环节设计是否合理，每个环节的教学目的是什么？对教学设计思路的反思旨在寻找什么样的教学过程是最适合的。

第三，教学内容的反思。教师要思考教学内容是否跟学生已有的认知相符合？教学内容是否符合教学目标？

第四，教学方式方法的反思。教学方式方法的反思可以是上课过程中所使用的媒介，教学内容所采用的教学方式是否恰当？针对教学难点学生的学习方式是否恰当？情景的创设是否需要？是否准确？

第五，教学效果的反思。教师要考虑学生在知识技能、过程方法，以及情感态度方面的收获。教学活动对学生个人经验的影响，核心素养方面的提升。教师还要考虑教学对自身教学理念和理论的促进状况。

卖火柴的小女孩

分析：《卖火柴的小女孩》是安徒生童话的一篇经典著作，是小学语文六年级第十二册的一篇讲读课文。主要讲一个卖火柴的小女孩大年夜冻死在街头的故事。这个小女孩在大年夜，在大风雪中又冷又饿，在临死前为了暖和擦燃了一根根火柴，从火柴的亮光中，她看到了种种幻象，这种种幻象与饥寒交迫的现实生活形成了鲜明的对比，安徒生通过这个童话，表达了对穷苦人们悲惨遭遇的同情。

教学目标

（1）知识能力落实：掌握6个生字，能正确读写和理解生字所组成的词语，有感情地朗读课文，能理清课文思路。

（2）过程方法：通过朗读、对比、小组合作等方式进一步理解文本，与作者共鸣。

（3）情感态度价值观：培养学生高尚的道德情操和健康的审美情趣，形成正确的价值观；加深对"幸福"的理解；感受到社会底层人民的悲惨命运，并激发学生对小女孩和穷苦人民深切的同情，珍惜现在的美好生活。

教学过程

一、情景引入，认知冲突

大年夜你们是怎么过的？（生答）根据学生的回答再将日常过大年夜的视频播发。感受大年夜一家人在温暖祥和的氛围里吃着各式美食。接着话锋一转，展示在一个大雪纷飞的夜晚，一个衣服单薄的小女孩哆哆嗦嗦地拿着火柴在雪地里行走。

然后板书：卖火柴的小女孩。

二、初读课文、感知内容

1. 请大家留意视频画面，用简洁的言语说说故事的内容。

2. 视频太直观，要了解精彩的描写和细节，还要在课文中寻找。请同学们自由地朗读课文，注意生字词的读音，把课文读通顺。

3. 请大家读下面的句子。（生读）老师相信你们把这些句子放到课文中，会读得更好。

4. 现在，请同学们用你喜欢的方式再读课文，说一说小女孩怎样了？哪些地方的描写让你感动？在小组里交流。

三、理解课文，交流感受

以汇报的方式让学生感知小女孩的悲惨命运。

生：我从"天冷极了，下着雪，天快黑了。这是一年最后一夜——大年夜。在这又冷又黑的晚上，一个赤着脚的小女孩在街上走着。"体会到小女孩很可怜，本来大年夜是阖家团聚的，小女孩却在大街上卖火柴，多可怜啊！

生：我从"她的旧围裙里兜着许多火柴，手里拿着一把。这一整天，谁也没买过她一根火柴，谁也没给她一个钱。"知道小女孩是多么悲惨，她生活在一个人情冷漠的社会里，那里的人没有一点同情心。

……

四、课堂小结、课外延伸

1. 小结

2. 延伸：卖火柴的小女孩如此悲惨，你可以为她改写命运吗？

教学反思：

1. 教学目标的达成情况，对于情感方面，没有引导学生彻底体会作者反衬的写作手法，没有将重点放在小女孩通过擦火柴幻想的幸福上从侧面突出小女孩的命运悲惨。

2. 教学方式方面，在学生讨论后发言，教师没有及时地总结提升。对学生的过程性评价不够，要关注每一个学生的成长，把学生的长处和亮点用爱去点亮，让学生真正体会到学习的乐趣。

3. "请同学们用你喜欢的方式再读课文，哪些地方的描写让你感动？在小组里交流。"这个环节学生很快乐，课堂很热闹。要想促进学生的主动发展，在教学过程中要创设使学生能够获得成功的条件，才能有效地培养学生的自信心，才能激发学生的学习主动性。学生通过自读自悟，讨论探究，交流实践，获取了知识，发展了能力，获得了成功的喜悦。

第三节　教学反思的层次水平

一、国外关于教学反思水平的研究

1. 范梅南划分法

在反思及反思性实践的研究中，加拿大教育学者马克斯·范梅南关于反思的层次和性质的观点有着重要的影响。他基于哈贝马斯的工作，以及他的认知兴趣理论将反思分成了三种水平。

水平 1：技术合理性水平是依据个人的经验对事件进行反思或进行非系统的、非理论性的观察，往往看不到目的的存在。这种反思的焦点（关注点）是为达到预先设定的目的而采用的方法的效率和效果，并不关注既定的目的是否合理。处于这种水平的教师只注意到了教学知识和基本课堂原则的应用以获得良好的结果而看不到教学结果，以及课堂、学校和社会中的问题。马克斯·范梅南把这种水平标定为经验分析模式是反思的最低水平。

水平2：实用行动水平高于水平一，能够对系统和理论进行整合，经常认为教学事件中存在着问题但往往表现出个人的偏见。教师开始分析教育目标背后的假设、支持教育目标的信念，并对教学行为所导致的教育后果进行考虑。处于这种水平的教师开始对学生和教师的行为进行分析，以确定目标和方针是否适宜如何发挥作用。教育选择以观念为基础教育者对教学后果的解释是以他们对教学情况的主观知觉为基础的，而不只是对客观的结果进行描述。马克斯·范梅南把这种水平标定为解释学——现象学模式。

水平3：批判反思水平能够整合道德与伦理的标准。在这一阶段教师以开放的意识将道德和伦理标准整合到关于实践行为的论述中。在此教学活动（目标和手段）与环境、背景均被看成不确定的，它们是从众多可能性中做出的受价值支配的选择。在这一阶段教师不带个人偏见地关注对学生发展有益的知识和社会环境的价值。马克斯·范梅南把这种水平标定为批判——辩证的模式，认为是反思的最高水平。

这三种水平的划分，是一个层层递进的关系。在水平1的阶段，实践者往往只注重预期目的的效果如何，而不会注重结果。教师们往往只会注重教学课堂中用哪种策略会带来良好的效果，但是并不会考虑该效果对学生、学校乃至社会的影响。在水平2的阶段，教师往往开始注重教学过程中的行为，分析学生与教师之间的问题，如何采取最佳方案以确定目标是否能完成等。该阶段的教师往往主要凭借自身的经验来判断，并不会以客观的视角去评价事物。水平3的阶段，教师开始将道德和伦理标准融入评判中，并进行教学价值的选择，往往不会轻易被个人偏见所左右，并会充分考虑教学环境与社会的关系。

2. Hattonhe 和 Smith 划分法

Hattonhe 和 Smith 通过分析师范生的反思日记，提出了反思水平的划分方法如下。水平1：描述性作品。仅仅描述发生的事件，报告看过的文献，对教学事件并没有尝试着进行解释和证实。水平 2：描述性反思。反思不仅仅是对事件的描述，而且还尝试着对教学事件和教学行为进行解释和提供证据，但仅仅是以报告或描述的方式进行或者依据个人判断给出解释。水平 3：对话性反思。与自己对话，对教学事件产生的可能原因进行分析、探究。水平 4：批判性反思。给出所做决策的理由，同时也包括更广泛的历史、社会、政治方面的缘由。

此划分方法是根据教学的内容进行划分的，有一定的局限性，反思除了可以反思教学内容外，还可以反思教学目标、教学的设计思路、教学方式方法，教学效果等。这四种水平与马克斯·范梅南划分法对比，水平 1 和水平 2 可以归到技术合理性水平，只注重预期目的的效果。水平 3 相当于实用行动水平，开始分析学生与教师之间的问题，考虑如何采取最佳方案以确定目标是否能完成。水平 4 就是批判反思水平，关注社会道德与伦理标准。

3. Lee 的划分

Lee 认为，已有的反思层次划分存在一个问题：反省性思维的水平是根据反思的内容来决定的。因此，对技术或实践问题进行深入反思被认为是低层的反思，但是只要是考虑道德和伦理问题，甚至没有理由，都会被认为是高水平的反思。为了解决这个问题，他提出了一个同时强调反思性思维的内容和深度的反思模式。根据这个模式，反思性思维的内容阐述职前教师主要关心的问题，而反省性思维的深度评价他们怎样发展他们的思维过程。评价反思性思维深度的标准如下。

水平 1：回忆水平。描述他们所经历的东西，通过回忆经验来解释情境，而没有寻找可供选择的解释，试图模仿他们观察到的或者被教授的方式。

水平 2：合理化水平。寻求经验的各部分之间的关系，用原理来解释情境，探查"它为什么会是那样"，归纳他们的经验或者提出指导原则。

水平 3：反省性水平。带着变革或改善未来实践的目的来探讨经验，从各个视角分析他们的经验，能够看到他人（如实习指导教师）对他或她学生的价值观、行为与成绩的影响。

4. 斯帕克斯—兰格等人提出了一个教学反思思维框架

共包括七层模型，七层模型所显示出的不同反思水平框架区分了语言和思想，比较容易操作对反思水平的评估。第一层为反思的最低水平，反思者无法用语言描述对教学过程或事件的反思内容及过程；第二层反思者能够用简单的话对教学事件作外行的描述；第三层反思者能够用教育学的术语给事件进行标记；第四层反思者用传统的、具有个人偏好的语言对教学事件作解释；第五层反思者能够用合理的教育原理或原则对教学过程或事件进行解释；第六层反思者在作解释时能考虑到各种背景因素；第七层也是反思的最高水平，其反思已经达到了批判性反思水平，反思者能够考虑道德、伦理、政治等因素对教学过程或事件给予评论和评价。

二、国内关于反思水平的研究

1. 申继亮、刘加霞参照范梅南对教学反思水平的划分：根据教学反思的内容，将教学反思划分为前反思水平、准反思水平和反思水平。

（1）水平1：前反思水平。处于前反思水平的教师关注最多的是程序性的、技术性的问题，即如何利用最好的教学方法和技巧在最短时间内获得最大的教学效果，以实现教学目标，处于该水平的教师最关心的是达到目标的手段，重视手段的效果和效率，而将教育目的看作理所当然，没有对教育目的的分析、审视和检讨，事实上，这一水平不能称为反思水平，因此称之为"前反思水平"。

（2）水平2：准反思水平。处于该反思水平的教师能够透过教学行为层面来分析行为背后的原因，但这种分析往往根据个人的经验进行，其目的在于探讨或澄清个人对行为的理解，考虑行为背后的原因、意义。这一水平由于主要是基于个人的经验来探究行为背后的原因，教师对结果做解释是基于个人对环境的主观观点而不是对客观结果的描述，还达不到反思意义的水平，所以称之为"准反思水平"。

（3）水平3：反思水平。处于这一水平的教师在反思时能够考虑道德的、伦理的标准，并从广泛的社会、政治、经济的背景下来审视这些问题，并揭露潜藏于这些问题中的意识形态，以引导改革。在这一水平教育者关注知识的价值化及对教师而言有利的社会环境并且能够去除个人的偏见。进一步，教师对于课堂和学校行为能够作出防御性而非盲目的不是人云亦云的选择，以开放的眼光来看待问题，其中包括伦理、道德的思考。这一水平，能够从更广阔的社会、文化、政治意义上来分析教学行为，这一水平才是真正的"反思水平"。

2. 谈亦文对南京市 69 位幼儿教师的教学反思水平进行调查研究，最终从教师的问题意识、归因分析和补救策略三个方面确立了幼儿教师教学反思的水平：水平 1，提不出教学问题，原因不明，无策略；水平 2，不重视或经提醒能意识到问题的存在与表现，无关原因，无效策略；水平 3，对教学中比较熟悉的问题较敏感，有关原因但是非本质的原因，暂时有效策略；水平 4，能提出新的问题，根本原因，长效策略。

三、我们的认识

根据我国教师反思的实际情况和具体表现，综合上述学者的观点，将反思水平的具体表现做如表 4-2 所示表述。

表 4-2　范梅南—斯帕克特—兰格七层反思模型具体表现一览表

范梅南反思水平	层次	层次含义	具体表现
技术合理性水平	第一层	反思者无法用语言描述对教学过程或事件的反思内容及过程	通过不同途径和方法，如写反思日记、与同事交流等，对课堂教学、规范等方面进行的教学反思实践活动。例如，我有文件夹或笔记本专门记录我的课堂教学
	第二层	能够用简单的话对教学事件作外行的描述	
	第三层	反思者能够用教育学的术语给事件进行标记	
实用行动水平	第四层	反思者用传统的、具有个人偏好的语言对教学事件作解释	先用个人的观点尝试着对教学事件做解释，再通过参加学术讲座、会议或通过阅读等方式，以个人专业发展为目标对自身以及自身的信念、教学方式以及对教师职业认知的反思活动。例如，我会将课堂教学中的疑问做记录，并作为研究的课题进行研究并逐步解决
	第五层	反思者能够用合理的教育原理或原则对教学过程或事件进行解释	
批判反思水平	第六层	反思者在作解释时能考虑到各种背景因素	对教学态度、对学生情感、认知状态的了解与反思。对在教学中所涉及的价值观、共情、社会公平正义等方面的反思。例如：我会考虑教学中所体现的政治观点，并考虑这些观点对学生价值观有何影响
	第七层	反思的最高水平，其反思已经达到了批判性反思水平，反思者能够考虑道德、伦理、政治等因素对教学过程或事件给予评论和评价	

化学张老师的反思日记

第四课是王老师给高一学生上的"化学键"。她的课堂充满了问题，极具启发性，学生一步步被带入了科学思维的殿堂；整节课气势恢宏，思维容量大，我被深深地震撼了！课堂过程详细记录如下……最令我感触的是王老师特意留了几个问题在课后给学生思考。在展示学生搭建的不同大小的金刚石"巨分子"模型后，留的问题是：找出模型中最小的重复单位。在演示 HCl 与 NH_3 化合实验后留的课后问题是：HCl 与 NH_3 都是共价键小分子，但产物白烟氯化铵是固体，属于什么晶体，用什么模型解释？……对于学生课后问的问题，如"为何氯化铵白烟是小颗粒，不是巨大的一坨"。她没有直接给出答案，而是推荐一篇相关论文给他。这样的教学策略不仅给学生留有思考的空间，也促进了课后的自主学习。对比我自己平时的教学，为了追求进度，常常考什么教什么，不敢尝试这样的教学方式。教的只是知识，顺便教学习方法、解题方法，忽略了学生科学思维的培养。这堂课给我很大的启发，课堂必须要有改革，培养学生的科学思维是重要目标。虽说学生基础不太好，但若长此以往只教知识不注重思维培养，将形成恶性循环，学生得不到真正的成长。

在这则反思日记里，张老师觉得王老师的留几个探究性问题给学生课后思考做得非常好，并分析了自己在上课过程中只是教知识，忽略了学生思维的培养，并感悟到培养学生思维的重要性。在这个阶段，张老师的反思达到了范梅南反思水平里的实践行动水平。处于这个水平的教师能够发现教育教学中的问题，并主动寻求教学事件的背后原因和教育理念。

在高校要求建设金课，淘汰水课的教改背景下，教师不断提升教学能力是必要的条件。杨老师从问题的提出、概念的引入和理解、教学中的体现与反思等几个方面说明了心理学思维逻辑与思维发散的概念引入和运用对教学实践的指导作用。

中国古代民族关系

1. 课程设计意图

本节课为中国古代历史中的关于民族关系的内容，但仅仅了解古代民族关系的重要事件是不完整的课程目标，更要透过现象看本质，以古论今。课程目标具体描述如下。

知识目标：（1）能了解今天部分少数民族在古代的名称；（2）能识记中国古代民族关系的重要事件（张骞通西域、孝文帝汉化改革、唐代主要少数民族与唐政府的关系）；（3）能列举中国古代关于新疆、西藏、台湾管理措施（朝代、机构）。能力目标：能结合史实分析中国古代民族融合的原因，进而了解我国的民族政策。素养目标：（1）认识中外反动势力活动的本质——分裂，提高国家意识和爱国情感；（2）通过古代民族融合原因分析理解我国今天的民族政策和民族团结的重要意义。

2. 教学设计概念的运用

在目标明确的基础上，教师怎样建立起自己的思维逻辑，并通过思维发散形成目标与教学环节、教与学的必然联系？通过图1，展示教师对本课内容进行教学设计的思维过程与层次。

图1中，通过教师思维逻辑的建立，引导学生思维逻辑的建立，增强学生自主学习的身份意识（中华民族的一员），理解自己所处的时代环境（中

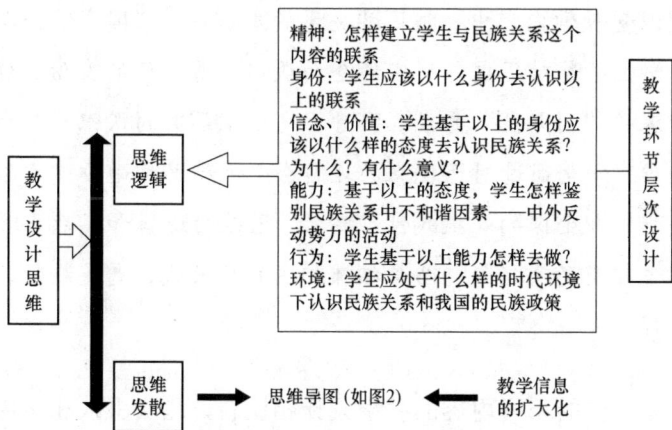

图 1　思维逻辑的教学设计

123

国快速发展和西方破坏阻挠），了解课程内容与自身价值、信念的联系（维护国家统一、民族团结的信念），认识自己可以具备的能力及行为（鉴别与揭露中外分裂势力活动本质），提升精神层面上的追求（把自己与国家命运联系在一起），达成课程目标，即金课"高阶性"的要求。

教师和学生在建立思维逻辑时，需要教师给予学生更为丰富的教学资源信息，尤其是结合时代特点，这样不仅帮助学生由感性到理性的思维建立，同时也使历史教学更具生命力。在图2中，通过思维导图的形式逐步建立与"中国古代民族关系"课程内容相适应的教学信息库。

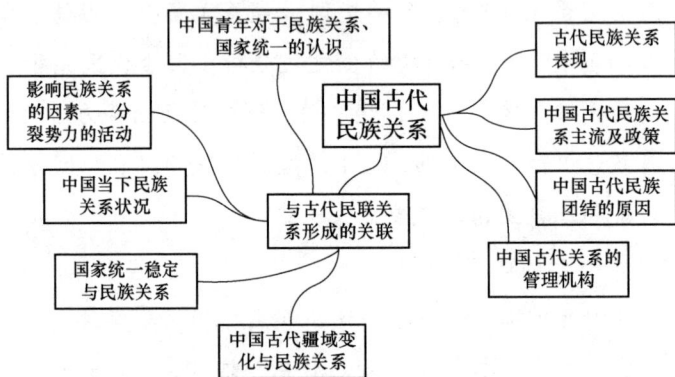

图2　思维发散的教学设计

在"图2：思维发散的教学设计"中，把历史与时代紧密结合，把中国古代疆域变化的发展历史、今天党的民族政策及对少数民族的政策与帮扶等内容补充到课堂教学内容中，把民族关系的本质——"国家统一与稳定"挖掘出来，使学生通过对历史与现实的全面认识认清自己的身份，确定自己的立场，即金课的"创新性"要求。同时，这种深层次的认识，是古代民族关系内容的延伸，学生通过对于现象的理解、比较和思考逐步建立思维逻辑一步步达成目标，即金课的"挑战性"要求。思维的逻辑和发散在教学中的运用并不是永不相交的平行线，而是相辅相成的交叉线，更是教师教学设计思维的综合体现。

反思：与之前的相同内容的教学设计相比较，此次引入和运用心理学思维逻辑和发散的概念，使教师进行教学设计有了科学的理论依据。从现场教学反馈的信息，如学生的抬头率和参与度、眼神和语言的交流互动、关注时事的程度、观点立场的表达等方面都优于以往。但在操作中，教师思维逻辑和发散力取决于教师对心理学理论的学习和理解，取决于教师知识的丰富程度，取决于教师对于时事的关注和敏感性等，这需要一个较长的提高过程。

在这篇反思的文章里，杨老师对教学设计的理论依据进行反思，同时关注到教学实践中的学生反馈与表现。杨老师对在教学中所涉及的民族融合及中外分裂势力等民族问题等方面的在教学中的表现及对学生价值观的形成进行反思，已经达到了范梅南反思水平的批判反思水平。

第四节　教学反思的途径

布鲁克菲尔德提出了教师发展自己的批判性反思能力的四种途径：第一，教师能够从自身的经历中反思；第二，通过教师自己的学生来获得看问题的视角；第三，教师能够通过从他人那儿获得的看问题的视角来支持他们的反思；第四，教师阅读的教育文献，它们能为教师的教学提供新的视角。与此相类，学者赵昌木认为，教学反思主要是教师从自己的经历、学生的反馈、同事的评价和理论文献的解读中对自己的教学信念、知识、教学实践及其背景进行审视。王映学等认为教学反思的途径主要有录像反思、日记反思、从学习者角度反思、与同事及专家的交流中反思，以及通过向学生征询意见反思。综合起来，教学反思，教学反思的途径主要包括：教师自己的经历、反馈和理论文献的解读三个维度。

一、从自身成长的经历反观自己

教师拥有各种各样的经历，然而，仅仅拥有经历并不意味着已经对它们进行了反思。只有对它们进行理解、分析和批判，才能促进教师的发展和进步。教师通过对自我经历的分析与回顾，发现自身的人格特征和认知特点、知识结构、对个人成长的决定性因素，以及个人专业发展的转折点和关键事件、个人常用的教学方法、教学成功案例和教学诀窍等。实践研究表明，正面的榜样固然会对教师产生深刻的影响，但教师在受教育过程中一些不愉快的经历，会对教师从教后的观念和行为产生深远的影响。

乡下的孩子与城里的孩子

高中的学习生活对我而言，伴随的是自卑与不甘，特别是高一的班主任兼英语老师，给我留下了心灵的创伤，直到现在，每每想起，都还有一些不快。高一那年，我是放弃了中专录取资格（当年中考成绩最好的第一批先被中专录取，第二批被县第一中学录取）而选择到县第一中学读书，数学的中考成绩是班级的第一名，带着满满的憧憬开始了高中生活。不料第一节英语课就被打回原形，狼狈不堪。一上英语课，英语老师兼班主任的L老师就操着一口流利的英语开始了高一的英语课，我们这些从小镇考过来的孩子，只会哑巴英语的"小镇做题家"听得一头雾水，只听懂L老师叫我名字，只能怯怯地用不标准的"I ams orry."结束尴尬，听着口语基础好的城里的孩子热闹地跟老师在对话交流；课到一半，L老师终于开口说中文了，表达了对城里孩子的喜爱和对乡下孩子的嫌弃，从乡下来的孩子一个个都低着头，像是犯了很大的错误。从此，不论是上英语课，还是班会课，以及叙述一些事情，"乡下的孩子"成了我们这些从乡镇考上来的孩子的标签。L老师除了给我们贴标签外，在行动上也是毫不遮掩地表现出对城里孩子的偏爱，也不会找我们这群刚从乡镇过来，第一次远离父母寄宿在学校的孩子谈心。导致我一度厌学，还好强烈的自尊心让我没有选择放弃，靠着同学的友爱帮助很快走出这段黑暗的日子。我那时就暗暗下定决心，如果我当老师，一定会更多关注关爱我的学生，要一碗水端平，不给学生贴不公平的标签。所以当我真的走上讲台，我就一直非常努力地帮助那些生理和心理需要帮助的学生，尽量做到公平地对待每一位学生，经常找学生谈心，因为我知道，很多时候心理的健康比学习知识更重要。

二、反馈

心理学认为，反馈是指"人们对自身行为信息的获得和了解，并进而帮助个体不断调整自己的行为，目的是改善和提高自己的行为效果……"，人力资源管理学将反馈定义为"对人的行为及行为结果的客观评价"。认为教育教学反馈是外界对教师的教育教学行为的客观评价，进而帮助教师不断调整自己的行为，以改善和提高教育教学效果。包括学生的反馈、同行的反馈及专家的反馈。

1. 学生的反馈

教师只有从学生"学会学习"角度去思考"学会教学"，才能在不断变化的教育条件下有效地学生"学会学习"。要从学生的角度得到更多的反馈，教师要放下身段，拓宽反馈渠道，善于以民主的方式倾听学生的心声。

请学生给我写评语

教师与学生之间应当建立一种健康的、正常的人际关系，这一关系能否建立，主动权在教师手里。我小时候在幼儿园因吃饭吃得慢，被老师批评多次，老师甚至还在我坐的椅子的横档上踢一脚，使我仰面摔了一跤。时至今日，我对此仍记忆犹新。当我成为老师后，我常想，作为老师，应当多为学生设身处地地想一想，把学生当作一个人来看待。

学期快结束了，我在给四（4）班学生写评语的时候，突发奇想：是不是让学生也来给我写写评语？学生和我接触的时间长，在教育教学过程中，他们最了解我，而且孩子的内心单纯，他们一般不会说假话，提出的意见往往击中要害。为了搞好自己的教育教学工作，也应该听取学生的意见。另外，在平时工作中，一定有自己觉察不到的错误，借此机会也让学生发泄发泄。

于是，在一节午会课上，我发给每个同学一张纸，对他们说："同学们，今天老师请你们给我写一份评语。"听罢，课堂里炸开了锅，同学们议论纷纷，等同学们渐渐安静下来，我坚定地说："请同学们写评语的时候要一分为二，写了优点，后面一定要写出缺点，还可以提一些建议。你们一定要遵从内心的想法来写。"

一节课后，我收到了全班54份评语，22份既有褒奖又写了缺点或建议。

其中提缺点或建议的部分对我启发很大。

陈妍君同学提的建议是"老师说话要算数。"原来上学期开学初，我在面批作业的时候发现她字写得很漂亮，随口说了一句："字写的真好看，以后你来当语文课代表。"陈妍君同学很开心，写字更加认真，整整努力了一学期，而我一直早就把这句话给忘了。既然知道错了，赶紧补救，第二天，我就采用双课代表制度，让陈妍君当上语文课代表。

启迪：学生对教师的评价有时候比教师之间的评价还要客观，既能加深师生之间的相互了解，又培养了学生敢于向权威挑战的勇气。

学生的反馈途径除了让学生给教师写评语外，还可以多找学生谈心，在面谈中了解学生的看法；在教育教学中要善于观察学生的学习状态，善于研究学生对教学行为的体验与感受，善于分析学生的作业与学习效果。

2. 同事的反馈

在学校以教研组为单位通过案例教学分析、同伴观摩课研讨、章节说课讨论、同课异构等方式，积极倡导"合作教研""自主教研""开放教研"等活动，教师教育的背景、工作经历不同，从而形成不同的教学风格、思维方式，这恰恰是交流的宝贵财富。同事之间相互听课、评课，共同研讨教学中存在的问题，教师之间在教学活动中进行专业切磋、协调和合作，共同分享教育教学经验，相互学习，为教师的实践改进提出的建议非常值得上课教师的反思，这种反馈为教师分析问题提供了新的思路和方法。

水果和小女孩

今天是我进入实验幼儿园的第一次公开课，主题是认识水果，是一堂在小班上的语言课；我请教了师傅，理清教学目标，写好教学设计，课前准备了许多的梨子、苹果、李子、油桃、西红柿等水果，把这些水果都放在黑色的袋子里。开始上课了，我把准备好的水果拿出来，由于课前我在这些水果上面画了各种表情，非常吸引学生，小朋友们兴致勃勃地跟着我看、听、说，一切都是那么的美好。突然，迟到的小轩小朋友回到教室，小轩穿着一件十分漂亮的新公主裙，裙上有色彩缤纷的小珠子，非常耀眼，小朋友的目光都被吸引过去了，几次提醒都不管用，精心准备好的课就这样草草收场。铃声响起，我的眼泪也下来了……

开始评课，首先师傅对我的课说了很多优点，教态自然、跟小朋友交流很自然等，其他的老师也是以鼓励为主。金老师用自己的经历告诉我如何处理前面的这样的突发事件：金老师有一次上课，突然教室里上空飞过一架播放广告的小型飞机，声音很大，还有音乐声，小朋友们纷纷跑到教室的窗户边去看，金老师一边维持着秩序，确保小朋友安全，另一边自己在教室里学着飞机的样子飞出各种姿势，小朋友的目光被吸引回来，老师再要求小朋友回到自己的位置附近，跟着老师一起学飞机飞，不一会儿，飞机飞走了，小朋友也回到座位上，金老师又继续原来的课程。通过这次评课我明白了小班小朋友注意力非常不稳定，集中在一个东西上的时间非常短暂，教师一定要善于引导。作为新教师，要多学多思，学习老教师处理课堂突发事件的经验，遇见问题要冷静。

3. 专家的反馈

专家的引领方式可以聘请省市级专业研究人员来校做讲座、教学现场指导、教学诊断等，也可以让教师参加各类培训班，在培训班上示范课，聆听专家的指导，还可以参加各类名师工作室、学习共同体等。

三位数乘以两位数的教学实践

教材分析：对于整数乘法笔算，学生经历了多位数乘一位数、两位数乘两位数、三位数乘两位数三个学习阶段。学生在多位数乘一位数学习中已经累积了依次乘的顺序经验，又在两位数乘两位数学习中积蓄了两层积叠加的经验基础，已经储备了整数乘法笔算的基本核心要素。处在第三阶段的三位数乘两位数一课要承载"收官"阶段的独特地位与作用——对整数乘法进行算法凝结、完善与延伸。也就是说，这节课除了落实"理解算理，掌握算法，能正确计算三位数乘两位数"的算法点拨，还要从整数乘法的层面对算理算法作出必要的梳理。这种"从例到类，点块同梳"的目标定位具化为两个维度：一是从乘法笔算的纵向板块整数乘法笔算的基本核心要素有哪些"进行计算规则提炼归类；二是从整数乘法的横向板块"口算、估算、笔算之间有着怎样的内联"进行计算策略整合分析。

一、课堂回放

1. 谈话。

师：今天研究的内容是有关乘法的内容。关于乘法我们已经学会了哪些知识?

根据学生回答，教师板书口算、估算、笔算。

组织口算，出示：最小三位数乘最小两位数，积是多少？它是几位数？

师：100×10 这道口算题其实可以帮我们解决好几道估算题，比如 101×11≈1 000。你还能联想到哪题？

启发学生发现 103×12、101×13 等算式都可以用整百数乘整十数进行估算。

师：关于笔算，我们已经学会了哪些？

2. 出示"145×2""45×12"，结合学生回答板书：多位数乘一位数、两位数乘两位数。组织笔算，并反馈提问：这两道题在计算时有什么异同之处？交流中让学生回忆明确，不论是多位数乘一位数还是两位数乘两位数的顺序和积的对位是相通的，不同之处在于积的层数差异。

3. 出示"145×12"，指出：今天我们要研究像"145×12"这种更为复杂一些的三位数乘两位数笔算乘法。

4. 算前判断。

师：小马、小虎也尝试算出了结果，请大家看一看，能不能估测一下他们的结果是否正确？

出示小马计算结果：145×12＝335。生：是错的，积的末位应该是 0。出示小虎计算结果：145×12＝740。

师：小虎计算的积末位是 0，结果是否正确呢？

生：也是错的，因为 100×10＝1 000 已经是四位数了，三位数乘两位数的积至少是四位数。

师：是的，100×10＝1 000 这道口算题就带给我们关于积是几位数的启发。那你能估算一下，145×12 的积大约是多少？

生：145×10＝1 450，大约是 1 450。

5. 笔算探索。

（1）尝试计算，同桌交流计算过程。

（2）集体交流，质疑：145 表示什么？是怎么得来的？

（3）计算器验算，确定得数。

（4）错例剖析。

出示小马、小虎的错例，说说错误是怎样形成的？

$$
\begin{array}{r}
1\ 4\ 5 \\
\times\ \ \ 1\ 2 \\
\hline
2\ 9\ 0 \\
1\ 4\ 5 \\
\hline
3\ 3\ 5
\end{array}
\qquad
\begin{array}{r}
1\ 4\ 5 \\
\times\ \ \ 1\ 2 \\
\hline
2\ 9\ 0 \\
4\ 5 \\
\hline
7\ 4\ 0
\end{array}
$$

（错例一）　　　（错例二）

（5）小结三位数乘两位数笔算乘法计算方法。

6. 沟通梳理。

（1）三位数乘两位数与三位数乘一位数在计算方法上有哪些异同？组织学生明确两者在乘的顺序（数位上）是一致的，不同的是积的层数不同，前者需要两层积叠加。

（2）三位数乘两位数与两位数乘两位数在计算方法上有哪些异同？

组织学生明确两者都需要两层积叠加，不同的是后者每层积要少乘一个数位。

（3）刚才我们是从哪几个方面对笔算乘法进行比较思考的？

引导学生发现整数笔算乘法，主要从乘的顺序、积的叠加层数这两个核心要素对计算法则进行关注。

（4）如果遇上三位数乘三位数笔算乘法，你认为在计算方法上会有什么特点？

7. 巩固练习。

（1）估估算算。

134×12＝　　　　　　　　176×47＝

积约为（　　　）　　　　积约为（　　　）

竖式计算竖式计算

（2）判断改错。（略）

（3）计算冲刺。

124×7 327×142

讨论交流第二题竖式的两种摆法，组织学生接着算完竖式二。

$$\begin{array}{r} 142 \\ \times\ 27 \\ \hline \end{array}$$
（竖式一）

$$\begin{array}{r} 27 \\ \times\,142 \\ \hline \end{array}$$
（竖式二）

（4）解决问题。

李老师带了 3 000 元为学校选购 15 台同样的电话机，总钱数接近 3 000 元的是哪几款电话机？最接近的是哪一款，它总共需要多少钱？

128 元　　158 元　　198 元　　218 元

8. 总结梳理。

今天有什么收获？新知识是怎样学会的？掌握了三位数乘两位数的笔算方法，我们还可联想到哪些整数乘法笔算的算式和方法？形成如下主板书。

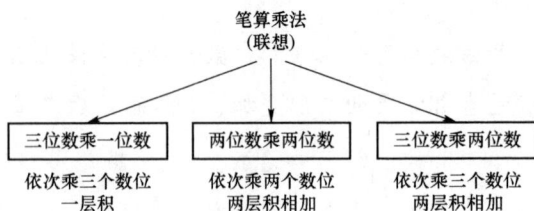

笔算乘法
（联想）

三位数乘一位数	两位数乘两位数	三位数乘两位数
依次乘三个数位 一层积	依次乘两个数位 两层积相加	依次乘三个数位 两层积相加

专家点评

整节课学生学得比较明朗、轻松，既达成了"理解算理，掌握算法，能正确计算三位数乘两位数"点状目标，又成功落实了"沟通凝结、整体梳理、完善延伸"的块状目标，主要体现在以下两方面。

1. 首尾并重，知识块脉络在良好布局中形成

俗话说，良好的开端是成功的一半。在课的引入环节，教师通过"今天研究的内容是有关乘法的内容。大脑搜索一下，关于乘法我们已经学会了哪些知识？发散性思考切入，把学生置身于乘法整个板块的梳理起点；接着从口算到估算，从三位数乘一位数、两位数乘两位数笔算延伸到三位数乘两位数，融复习回忆、新知引入为一体，自然流畅。其间口算、估算、笔算之间的梳理也是别具匠心的，如口算"100×10"引申出估算，引导学生回忆了估算的基本方法，也为后面三位数乘两位数积至少四位数的算前判断提供了方法准备，实现了一石三鸟的效应。在巩固练习中，强化了估算意识的训练，如"估估算算"明确要求学生先估积再计算，又如解决问题中先判断哪几款电话机总钱数接近 3 000 元"计算，强化了估算、笔算之间的内联性训练增强学生的估算意识。在课尾总结梳理环节，借助板书把笔算乘法的知识块网络勾画出来，促成学生认知系统的刺激与感化，与课始回忆引入形成首尾呼应。

2. 立足中腹，触类旁通的力量在问题追加中生成。

教学展开环节，完成"三位数乘两位数与三位数乘一位数、两位数乘两位数异同"点状比较后，追加了块状梳理的两个主要问题——"刚才我们是从哪几个方面对整数笔算乘法进行比较思考的？""如果遇上三位数乘三位数笔算乘法，你认为在计算方法上会有什么特点？"

追加的第一个问题是对整数笔算乘法核心要素的提炼、归纳，使学生从"类"的层面感知了几位数乘几位数笔算乘法的计算规则。

追加的第二个问题是对整数笔算乘法规则延伸的举例，借助三位数乘三位数笔算特点的推想强化"类"规则，实现从"类"到"例"的反哺。另外，在巩固内化环节的计算冲刺中，追加了"27×142"竖式的讨论，对整数笔算乘法的"类"规则进行了内化应用。

这样，通过问题追加、触类旁通的方式，催生了提炼、归纳的梳理力量，完成了整个整数乘法笔算的网络板块架构和从"例"到"类"学习思想方法的自然刻画。

三、从理论解读中反省自己

教育理论和理念在不断更新，它们直接指导着教育教学实践。工作在教学一线的教师要及时获悉教育改革和发展的最新动态，深入学习和理解教育的最新理论和理念。但理论在具体实践中的应用不是套用的过程，而是一个能动与发展的过程，是理论和理念在实践主体内植根和成长、并在实践中不断创造可能性和发展自由空间的过程。因此，教师要通过阅读和理解文献，思考教育实践中教育事件理论依据，寻找切合实际的、适合自身的融入点，做到将理论和理念真正融入活生生的教育教学实践，使其在实践中得到充分地运用、探究、理解和发扬。

再读苏霍姆林斯基的《给教师的建议》

苏霍姆林斯基的《给教师的建议》是一本经典的教育名著，书中的建议和劝告看似浅显，实际上是蕴含着苏霍姆林斯基完整的教育思想体系，涉及教师教育教学的方方面面。书中用了很多的事例和体会，把枯燥的教育学、心理学的基本观点阐述得生动、明白，读后令人感觉醍醐灌顶，备受启发。在大学期间，教育学和心理学的老师都将这本书作为必读书目推荐给我们，为了完成任务我也读了这本书，当时没有很深刻的感悟，直到走上讲台，遇见问题再次翻开这本书，更是另有一番滋味在心头。

做教师第一年，上的是七年级的数学。我感觉初一的学生刚刚从小学升上来，什么都不懂，不但在生活方面把他们照顾得无微不至，在上课的时候也是如此，课备得很详细，一个知识点反复讲，力求将每一个问题都铺好路，变得没什么难度。结果自己做得很累，学生在课堂上吵吵闹闹，不专心听讲，搞得我心力交瘁，不知道问题出在哪里。一天我拖着疲倦的身躯回到家里，无意中瞥见已经落灰的《给教师的建议》，翻到了"有些教师持一种错误的观点，他们认为把教材讲得越明白，越通俗易懂，儿童的疑问就会越少，学生对知识就会学得越深刻。……不让他们碰到困难，实际上是没有教会他们学会思考。有的老师动了很多脑筋，力求把自己所讲的一切东西都变得明白易懂、毫无困难，使学生往往用不着再进行思考。……如果就教师的讲课来说是好课，但就学生的脑力劳动来说，这样的课很平庸。"这不就是在说我吗？我一下子惊醒过来，突然想起原来心理学上学过有一个叫"最近发展区"理论，跟这个理论有类似的意思，我连忙找资料温习起来。从那以后，我尝试着在教学过程中扮演着"桥梁"的作用，挖掘学生的潜力，培养学生的创新意识和实践能力。学生能做的事情我绝对不做，学生不能完成的任务先弄清楚困难所在，适当地搭搭桥，适时给他们端上一把椅子，让他们跳一跳才能摘到果子。从那以后，我也养成了经常阅读教育理论书籍的习惯，在理论中寻求突破。

第五节　反思能力的培养：教学日志反思法

反思能力的培养可以分成两大类：第一类是从外部环境出发的培养方法，即强调研究者或者培训者对反思过程的引导、控制，一般会人为安排、创设反思情景和活动。第二类是从教师的角度出发的培养方法，也是教师应当怎样对自己的教学经验进行反思从而提高教学反思能力。具体的有教学日志反思法、教学录像反思法、叙事反思法、协同反思法（博客、微信、教研活动、合作行动研究）。

日志是日记的一种，一般是记载每天所做的工作。如"教学日志""工作日志"等。教学日志是指对教育、教学工作的记录、总结与分析，它可以包括自己的工作总结与体会，还可以包括对教学工作乃至教育理念中出现的问题进行深入的分析，并积极寻求解决的对策。教学日志没有固定的写法与风格，倡导形成具有个人风格和特色的日志。教学反思日志不同于一般的教学日志，前者重视"事"，后者重视"思"，教学反思日志最终目的就是通过教学日志反思，促进教师的专业发展。认为教学反思日志是教师积极主动地对自己的教学活动中具有反思和研究价值的经验所进行的持续而真实地记录和描写，并在此基础上对其进行批判地理解和认识，从而不断更新观念、增长技能，促进自身专业发展的一种手段和方法。

一、教学反思日志的特点

1. 个性化

教学日志展现的是教师对教育生活事件的定期的记录，在记录过程中可以是有感而发的一两句话，也可以将真实的教学场景进行表述并反思。有时候一个月过后翻看原来的日志，觉得那时候的想法有不妥当的地方，对反思做进一步的反思。形式不拘一格，长短没有规定，充分体现教师的个性。

2. 实践性

反思的内容是自己亲历的教学事件，而不是虚拟的教学情景。反思要回到教学实践本身，描述真实的教育生活。分析时，要注重实践背后的逻辑关系，运用不同的视角进行解释。

3. 自觉性

教学反思是教师自身自觉地把自己的教学实践作为认识对象进行反观自照，不断地自我反思是个人的思想需要，是教师对于自身教育实践方式和教学情境，立足于自我以外的多视角、多层次的思考，是教师自觉意识和能力的体现。反思日志坚持多写，将教学反思进行及时地记录，坚持一段时间的写作后会发现，撰写反思日志并不难，也不需要花费太多时间。

4. 主题性

根据每日发生的教学现象，选取其中的某个问题作为主题分析，尽量避免每日记流水账。这样，教师可以定期通过分析主题，在不断回顾和反思的过程中，综合分析自己对教育教学问题的描述方式、关注内容、情感洞察力的变化，总结自己的反思轨迹。

教师的言与行

事件描述：一个平时很文静乖巧的小 A 同学今天忘了带书，英语 W 老师非常严厉批评地批评了小 A 同学，批评过程中 W 老师言语比较刻薄，小 A 同学受不了，看起来平常非常乖巧不善言辞的同学也用了不敬的言语顶撞了 W 老师，两人发生了冲突，其他同学找到了当班主任的我，我在了解了事情的经过后，将小 A 同学拉到一边，分析了 W 老师是因为对她负责才会批评教育她。经过做思想工作，小 A 同学向 W 老师道歉，W 老师表示谅解，事情才算结束。

事后，作为班主任的我，虽然陷入了深深的思考，虽然小 A 同学道歉了，但我的内心深处并不赞同 W 老师的做法，尤其是用刻薄的语言批评学生这点，关于教师的言行这块我做以下的思考。

言语刻薄是一把双刃剑，既重伤别人，也伤及自己。老师在教育学生的时候，一定要忌用刻薄的语言，否则只能适得其反。那么如何才能避免你的语言刻薄呢？我觉得：第一，摆正心态，不要以势压人。我们的学生是未成年人，是社会的弱势群体，对于他们，我们能做的是悉心呵护，而不是挖苦攻击。否则，岂不是以大欺小，以强凌弱。第二，为学有先后，术业有专攻。

我们的学生未来未必比我们差，所以在学生面前自高自大是最愚蠢的行为。第三，要有博爱之心。没有爱心的人是做不了老师的，至少是做不了优秀的老师的。爱心是为师之本。你有了爱生之心，当学生犯错误时，自然不会像把他当成"敌人"一样训斥、挖苦和攻击。第四，正人先正己。时刻修炼"内功"，提高自身素养。第五，教育学生要讲究语言艺术。同样的出发点，不同样的语言，达到的效果也不同。教育学生最忌简单粗暴的训斥和语言的尖酸刻薄。要以理服人，语言得体，要学会因材施教。第六，生气时别教育学生，等心平气和时再说。

二、教学反思日志的作用

1. 教学反思日志的写作是提升自我认识的有效途径

在撰写教学日志的过程中，教师通过反思形成自我评价，并且通过自己与自己的对话更清晰地认识了自己及自己的职业、也能更正确地认识自己的职业身份、了解自己的角色，以及哪些行为更有利于自己的角色、哪些会有损于自己的职业形象，从而正确地对待自己的行为。教师对职业活动的反思，在职业活动中的反思和为了自己更好地从事职业活动而进行的反思，使教师在自我觉察的反思中寻找到自己发展的有效途径。

教育家与教学日志

苏霍姆林斯基就是从写教学日记开始，不断摸索总结，最终成为著名教育家的。他一生写了40多本书、100多篇论文、1 000多篇童话和短篇小说。他在《给教师的建议》中说："记日记有助于集中思想，对某一个问题进行深入思考……日记能教给我们思考。""我建议每一位教师都来写教育日记……这些记录是思考和创造的源泉。那种连续记了十年、二十年甚至三十年的教师日记，更是一笔巨大的财富。""每一位勤于思考的教师，都有他自己的体系，自己的教育学修养。如果一位内行教师、富有创造性的教师在结束其一生的创造活动时，把他在长年劳动和探索中的一切成就都带进坟墓的话，那将失掉多少珍贵的教育财富啊！"

朱永新在《中国教师：专业素质的修炼》一书中说：写教学日志，做一个有心人，认真总结教学的得失，就能成为一个优秀的教育家。我们不一定要成为教育家，但努力成为一个好教师却是应该的。他还认为，只有记教学日志，才能把教学中出现的"各种碎片"黏合成最完美的珍珠。单独看，这些"碎片"好像没有价值，其实那不是因为它们没有价值，而是因为它们的价值没有被发现、没有被利用，如果把它们加以组合，它们就会光彩夺目。

也正是勤于思考，勤写日记，魏书生才有《班主任工作漫谈》《教书育人之道》《魏书生文选》，李镇西才有《从批判走向建设——语文教育手记》《走进心灵——民主教育手记》。

2. 教学反思日志的写作是提升教师研究水平的有效路径

基础教育的教师对于教育科学研究一直都怀有一种敬畏的心理，觉得做科研是高校教师和专业研究人员做的事情，离自己很遥远。其实作为一个基层的教育工作者，教师拥有得天独厚的教学实践经验，在完成一堂课的教学后，课堂中师生共同经历过的思想碰撞、认知冲突都非常值得记录。这些教学日志是撰写论文和做课题研究的第一手资料，它是教师做教学研究取之不竭的源头活水。

教师还要充分认识集体教研的作用，在此过程中，教师运用教学日志，一方面记录自己听课评课上课的点滴感悟；另一方面记录在教研活动中其他教师的精彩观点，等积累到一定的数量后，再集体探讨研究的主题，再孕育出理论联系实际的课题进行研究，在孕育过程中的每一次说课、听课和评课的记录，都是教育教学研讨和总结的精华所在。这是教学日志在课题研究与教育教学实践中架起的一座桥。

3. 教学反思日志的写作是教学水平提高的重要手段

教师通过对课堂教学的反思，通过与教育目标的对比，做课题研究的努力追求其实践的合理性，可以为教师在接下来的教学提供经验，不断提高教学水平、优化课堂教学行为。

三、教学反思日志的形式

为了丰富对教学反思特征的理解，以便根据需要选择不同的教学日志形式，我们按照四个不同的标准将教学日志做以下分类。

（1）根据随意程度可以分为自主式和规范式。

自由式是指教师根据当天教学生活发生的事情，记录自己印象最深刻或最有感触的事情反思，记录的内容没有规定的格式，记录的形式根据自己所需来决定。优点是写的时候形式比较自由，可以充分体现教师的喜怒哀乐；不足之处是反思的形式很分散，不利于集中整理，很难达到一定的深度。

规范式是指在学校或教育局的统一规定下，在一定的时期内针对特定的主题，采用特定的形式记录反思日志。对于刚刚实行写教学日志的学校而言，这种反思日志是比较实用，有利于学校统一管理及教师养成良好的反思习惯。不足在于形式统一，不利于发挥教师的创新性。

教师日志表

教师＿＿＿＿＿＿＿ 时间＿＿＿＿＿＿＿ 教学对象＿＿＿＿＿＿＿ 课题＿＿＿＿＿＿＿

项目	内容	旁注
问题描述		
问题分析		
教学重建		
评语		

（2）根据记录的内容可以分为点评式、案例式、随笔式、主题式。

① 点评式。即在教案各个栏目相对应的地方，针对实施教学实际情况言简意赅地加以批注、评述。这是一种简单也是教师常用的教学日志形式。由于受时间紧迫需要、方便需要及教师个人好恶限制，教师更倾向于在教案各个相应位置标示出批注，这种形式更适用于记录课前或上课期间的灵感及突发奇想的灵感。

② 案例式。通过某一事件所引发的思考，这一"事件"通常是教学过程中的突发事件，围绕着这一事件展开的思考，一般可以采用回答如下问题：

发生了什么事情？

为什么发生？

如何解决？效果如何？

小组合作学习的思考。

《落花生》是部编教材五年级上册的一篇课文。我让学生在小组内分角色朗读课文。6分钟过去了，第5小组读书活动没有完成。课后我了解到了实际情况，任务布置下来后，到底是谁扮演什么角色，组内意见不统一，小组长协调无果，在最后还剩下2分钟的时候才匆匆忙忙开始角色扮演。

我意识到前后四人组成小组，教师将问题抛给学生，学生叽叽喳喳开始合作，这样的小组合作是否真的有效？教师该做什么？组长的职责是什么？要如何组织？学生要经过怎样的训练？

我参阅资料后，明白了以下几方面的道理。

一要合理组织小组。在小组成员选择时，确保小组成员的构成合理化，小组成员知识结构互补，性格搭配利于小组互动，具备发展空间。小组成员数量上，确保数量合宜，能保证每个学生都有学习交流的机会。小组成员角色分配上，小组成员的分工要明确，各有所长，各司其职。

二要充分准备议题，激发合作意愿。合作学习最重要的就是激发学生的互助与交流，这在学生通过合作而产生的交往行为中进行得较为顺利。交往既能促进知识增值，也能活跃学生思维，具有至关重要的意义。倘若学生缺乏合作兴趣，这种被动交往行为便显得十分僵化，且不是出于学生自主意愿的交往，不能实现其知识增值和思维活跃的目的，因而学生的合作意愿十分重要。这就需要教师提前充分准备议题，激发学生的合作意愿。

三要教师掌握引导方法，挖掘学习深度。教师需要提升自己的教学技能，掌握引导学生开展合作学习的方法，促进合作学习有深度地进行。教师设置合作学习的问题时，应注重问题的价值性、指涉性、开放性、包容性、创新性、难易度合理，具有创新性和挑战性，具备趣味性。教师组织小组合作学习时，力争做到实现学生身体与思维的双"活跃"，引领学生实现自我审视和自我成长。

四要合作活动善始善终，促进多次学习。合作学习绝不仅仅限于合作学习的当下，还包括合作学习后，既涵盖了价值观的培养，也包括学习思维方式等诸多内容的后续发展。因此，如何结束合作学习这一活动是关键的一环。结束小组合作学习时，教师应积极采用评价及时总结反馈合作学习情况，便于学生掌握自身学习进度，获得合作学习的经验。

③ 随笔式。这是教师具体地对自己产生触动的问题进行反思的一种教学日志形式，这种形式一般也用于课后，它更注重教师对某一问题、事件的感受，也更能反映教师的内心世界、反映他的思考过程及思维习惯。

④ 主题式。主题式教学日志是抓住教学过程中最突出的问题，进行深入的认识与反思，实事求是地分析与总结。主题式教学日志一般是写于课后，这种日志需要教师花相对多一些的时间来认识、反思具体的问题，对它们进行比较深入的剖析、研究、整理和提炼，并写出自己对它的认识、感想和体会。长期的主题日志撰写可以增强教师的反思能力、促进教师的专业成长。

让学生"学会"还是让学生学"懂"

新的课程标准指出，数学学习要关注学生学习的结果，更要关注学生学习的过程。我认为更重要的应是关注学生的思维过程，即要让学生学懂。

在前几天教学笔算乘法这一内容时，我真正体会到让学生学懂的重要性。在第一次教这一内容时，我没有引导学生从道理上去分析：在教师的主导下，这节课结束时绝大多数学生会"照猫画虎"地用竖式计算多位数和一位数相乘，即让学生学"会"的目标达到了，但仔细分析后可以看出，学生并没有学"懂"，这为他们今后学习多位数乘多位数等内容埋下了"定时炸弹"。

分析了这节课失败的原因，在另一个班我调整了自己的教学。我抓住了知识之间的内在联系，让学生在尝试、争论的过程中最终明白了算理，达成了共识。而且在这节课中我做了一个大胆的尝试，在学生试算18×3的结果后，我鼓励学生提出自己计算时遇到的问题，并且把学生的问题进行归纳，及时地写在了黑板上，变成了大家的问题。学生提出问题反映出他们有解决问题的愿望，学生之间互相解决所关心的问题自然会集中注意力，让学生真正去思考，这正是学生参与学习过程的最好体现。

根据反馈的形式可以分为独白式和对话式。

独白式教学日志是指教师独自完成教学日志，写完后也没有对日志进行再反思与评价。学校层面如果要求教师写教学日志，既没有组织教师进行相关培训和学习，也没有组织教师研讨，这样写的教学日志质量往往参差不齐，尤其是那些在思想上并不认同这种做法的教师，往往敷衍了事，达不到预期效果。

对话式教学日志是教师在完成教学日志后，再对日志进行反馈与评价。这种反馈和评价可以是教师自己对自己的评价，也可以是教师与其他人的对话，形式可以是将教学日志交予同行或专家等评价，由他们给出有针对性的反馈意见，也可以通过微信朋友圈、QQ空间、网络博客等围绕教学反思进行交流。

留言：矜持

钟老师，非常感谢你的鼓励！我在海南三亚市一中任教六年，有时间来三亚玩吧，给你当导游。参加高中新课程培训期间，海南省教研室主任发了几份资料，好像是你们在北京参加国家级研修时写的吧。当时我读了你那篇关于信息特征的教学设计，对于这种纯理论的教学内容，你也能设计得这么生动有趣，可想而知，你站的角度是多么高，这是多年来你积累的丰富经验呀！这又再次加深了我对你的印象。当时有一种想法，如果能跟你交往，一定能学到不少东西。

找到你的网站，是因为当时想找些教学设计的案例，当搜索出来时非常高兴，心想，这下我可以通过网络和钟老师交朋友了！看到你的网站有很多我需要的资料，好激动。打开你的"教学故事"，里面每一篇日志让我读都觉得很有趣，同时也很惭愧。因为同样是工作，你却把它当作是一种乐趣。对于学生们的一些细节、言谈举止，你都会去关注，真不容易，或者应该说是很难得。那天晚上看你的博客，直到凌晨两点半！这些细节的故事，虽然每天都会发生在自己课堂上，但作为同行，我能体会到你是多么用心、热心地在关爱自己的学生，多么认真地进行着你的工作。

留言二：Lini

钟老师，久违了！请不要认为我在掉队，其实我一直在努力。只是一周来整理了两天机房，又进行了几天月考，没能静下心来洗礼一下思想！看到这里又多了矜持这位充满朝气的年轻老师，好惬意！

答矜持、李妮老师

2001年年底我就有意识地把自己所有的教学资料，都发在自己的网站上，我曾经一直倡导这样的理念：共享资源，开放思路。可惜大家似乎都在寻找一种以逸待劳的做法，忽视了课堂之中、教师生活之中那些鲜活的东西——这些东西经过一段时间积累，再加以系统提炼便可有所作为……让我们的智慧彼此连通起来，帮助我们更快地成长——真实地来自一线课堂，并非仅仅来自专家之手。……有时，在课堂上真想放弃这些学生，但更多时候自己在想，怎么义无反顾地放弃已经拥有的一切，如今就要这样消沉下去？我决心再次挑战自己。课堂上我开始注意观察学生，了解他们需要什么、在意什么。我用平和的心态和他们交往，认真设计自己的课堂内容，吸引他们把兴奋点转移到课堂上来。我觉得最重要的莫过于让学生体验到学习和进取是多么幸福。看到学生慢慢参与点滴进步，我感到自己的教学水平在不断提高。慢慢地，我愿意用"智慧"两字来形容课堂——课堂需要智慧，教育更需要智慧。

长久以来，我喜欢写学生研究个案，喜欢从一些看似并无关联的事物中发现一些规律性的东西，从这些个案身上我能悟到更多道理。后来我也认真反思，我为什么不可以高瞻远瞩地洞察自己的课堂，教学甚至课程呢？

……

从以上"留言""回复"中可以看出教师间的启发与互动的作用，教师在自己的教师博客上写出了自己的真情实感，教师间不但对教学问题与教学过程中的困难相互交流与帮助，而且教育中所流露的情感与态度也可以互相影响。

第六节　叙事反思法

叙事反思是教师将自己的经验叙述出来以便更好地反思经验、从经验中学习的一种方式，其基本途径是"讲述教师自己的故事"。叙事反思可以是通过写叙事、讲故事、信件交流、同伴交流等方式合作进行反思。叙事反思法就是教师通过叙事来研究、反思自己的成长经历和教学经验的方法。

教师的教育叙事所描述的反思，是一个动态发展变化的过程，可以根据教师的成长阶段将反思分成初级阶段、发展阶段、成熟阶段。

一、教学反思的初级阶段

在初级阶段，教师通过逐步摸索，渐渐明白了教学反思的作用和意义，了解了教学反思是教师进行教学工作必不可少的环节。此外还通过教学反思提高了自身的教学水平，促进了其自身专业的发展。

初次体会教学反思的重要性

记得那是刚刚毕业来到 C 校，作为新人的我们都要上一堂公开课，为了给校长和 C 校的老师留下一个好印象，我精心地准备了这堂公开课，设计好每一个环节，甚至哪个环节要说什么话都准备到了。在上课期间，有些教学环节学生没有按照我的备课回答问题，我就把学生硬生生地拉到我的备课思路上来。课很顺利地上完了，自我感觉良好。岂料师傅的一席话点醒了我，师傅说："上课不是为了上课而上课，是为学生的发展服务，你的眼里要有学生，而不是想着我怎么样才能把我备课的内容讲完。你上课的时候满脑子想的都是我设计的下一个环节是什么，怎样把学生拉到我的教学设计思路上来。教学是一项创造性的活动，我们都不是演员，不需要按照原来设计好的台词照着念。"我有种醍醐灌顶的感觉，把师傅的这段话记录下来，在后面的日子里我经常在课后反思：我做到眼里有学生没？上课有没有发挥学生的主动性与创造性？遇见困惑的地方向师傅及有经验的教师请教，再翻翻理论书籍。经过两个月的努力，我又备了一节课，请老师们过来听，结果收到了许多好评，我也看到了教学反思给我带来的帮助。从此，我爱上了写教学反思。

从上述案例可以看出，这位教师在初为人师时对教师这个职业有自己的追求和向往，但初出茅庐的她由于懵懂在入职初期却受到了挫败。好在有师傅在前面指引，给了很好的建议。同时这位教师非常好学，认真反思、虚心请教、研读书籍，也尝到了教学反思的甜头，通过教学反思，这位教师体会到了反思的作用的意义，获得了成长。

学生的纸条

今天我收到一个小纸条，上面写着"S 老师，昨天讲 Maddy's Christmas 这一课的时候，您请同学来读 Maddy 的话，我举了好几次手，您都没有叫我，等您请同学读旁白的时候，我坚持站了起来，读了 Madddy 的话，您在课上批评了我，说我没有认真听讲，其实我是在好好听讲，只不过我太想读 Maddy 的话了，他的话太有意思了，我觉得非常难过。"看完这个小纸条，我的内心久久不能平静，我把学生叫到了办公室，向她真诚地说抱歉，并向她解释自己当时为什么会那样说话。孩子听到我的话后开心极了，孩子走后我陷入了沉思，我没有想到我自己的一句话竟然影响这么大，我无心伤害这位孩子，但是结果给孩子带来了伤害。这件事给我很大的触动，教师应该谨言慎行，不应该拿自己的主观臆断去揣测孩子，如果在那个时候我能问清他为什么坚持读 Maddy 的话，也许就能避免伤害孩子的自尊，在今后的教学工作中，我一定要从这件事中吸取教训，不再犯类似的错误，绝不再主观臆断。

从上述案例来看，这位教师的反思非常及时，在上课过程中本以为学生是不认真听讲才站起来，而实际情况是学生太认真听讲了，太喜欢课文中的角色才会站起来；这位教师反思了自身行为的不恰当，并为自己不当的行为道歉，并尝试着如何在今后的教学中避免这样的事情再次发生。但从反思的内容上来看，教师主要检查自己是否完成本节课的教学目标等，从反思的层次来看，还停留在教育叙事反思的初级阶段。

二、教学反思的发展阶段

处于教学反思发展阶段的教师在教学中逐步站稳了讲台，从初进课堂的青涩懵懂到上课的游刃有余，很多教师从上课严格地遵从教材到改编教材，拥有了"课程开放者"的身份。此阶段的教师教学反思的内容也发生了很大的改变，反思的内容不再仅仅关注上课内容的得失，更加关注学生在学习中遇见的问题，并尝试着一起解决学生遇见的困难。

幸运的你

我刚接手五年级三班的时候，有一个学生 A 的表现很令我头疼，他各科成绩中等，性格外向，活泼好动，上课的时候自制力很差，经常跟周围的学生讲话，影响上课的秩序。跟班主任了解这个学生的基本情况，只要是他感兴趣的学科，像科学学科，上课纪律不成问题，成绩还不错，但是像英语这些他觉得没意思的学科就经常违反上课纪律。我也尝试着好几次上课的时候提醒他，刚开始还能安静几分钟，到后面又恢复原样，让我头疼不已。针对这种情况，我回家翻了一些理论书籍，翻到了心理学上的"罗森塔尔效应"，眼前一亮，我何不也这样尝试一下。第二天，我告诉 A 同学，我在职读研究生需要做一个小小的课程研究项目，叫做"好习惯"跟踪调查，为期一个月，经过观察和其他老师的推荐，A 同学非常幸运地被选中成了研究对象，我们都相信你一定能做好。在这一个月中，研究团队每天都要根据你每节课，以及在家的情况表现来打分，优秀的研究队伍会获得一定的奖励。在这一个月中，A 同学刚开始偶尔还会在惯性作用下找其他同学聊天，但在教师的眼神示意下马上意识到自己的问题，上课变得越来越专注。由于上课专注了，他的英语成绩也慢慢上来了，对英语也越来越有兴趣了。一个月结束，我奖励了一本笔记本和一套书籍，在全班面前颁奖。从此，A 同学的英语一直在中上水平，不良习惯也改变了。

从上述反思中可以看出这位教师的反思层次达到了前面说的"实用行动水平"。当这位教师发现在课堂中学生 A 有不遵守纪律，专注力不够的时候，首先想用个人的观点尝试着对教学事件进行解决，发现效果不佳的时候，再通过阅读理论书籍的方式来寻求帮助，并最终解决了实际问题。

三、教学反思的成熟阶段

在这个阶段的教师，由于长期进行教学反思，自身从"经验型教师"向"研究型教师"转变，有了更多的外出学习和进修的机会。教师在教学反思内容上范围更大，从最初的眼里只有自己，到反思分类的教学内容，再到关注反思内容之间的相互联系。在深度上从解决教学表面现象，到研究这些教学现象是如何发生的、这些现象发生的背后因素有哪些、在什么样的理论支撑下可以解决这些问题；这些问题的发生对学生的发展有什么样的影响，乃至这样的现象对当今的社会的影响等。

圣诞节与我们的节日

今天授课内容讲的是 Christmas's Day，学生们表现得很活跃，可能是圣诞节快到了，他们在生活中也感受到了强烈的氛围吧。他们提出了很多问题，这些问题对成年人来讲，可能会觉得十分简单和幼稚，但是在孩子的心目中，这就是学习过程中的欢乐所在。看到他们互相在课堂上答疑解惑，侃侃而谈着圣诞节的由来、圣诞节各国不同的习俗，在课堂中我把主动权交给了学生，在一种欢乐民主的学习氛围中，今天的英语课效果非常好，似乎一切都很完美；临下课的时候，我问了一句：我们中国传统的节日有哪些？请说说他们的由来。刚刚还侃侃而谈的学生只能简单说了几句。这时候下课铃声响了，大家似乎都松了一口气。

回到办公室，总觉得心里压着一块石头。想想这节英语课上课的目标完成度很好，学生的主体性表现得很充分。到底哪里让我感觉心里不踏实呢，应该是最后几分钟的那个问题，想起四个自信里其中有一个就是"文化自信"，作为初中生，对于圣诞节这样的洋节日如数家珍，而且非常乐意过洋节，而对中国传统节日知之甚少，这样的孩子长大了，文化自信哪里来。作为班主任的我，有责任和义务做好这样的教育。于是我布置了"我们的节日"这样的主题班会，让学生回去查资料，讨论主题班会的形式。到第二周召开了形式多样的主题班会，有角色扮演，有讲故事，有黑板报等，结结实实地补上了这一课。在后面的课程中我也非常关注学生的思想动态。我的思考：一定要在学生成长的关键期注重对学生"三观"的教育，教育的方式要采用让学生乐于接受的方式，做到润物细无声。教师自身要关注时事政治，将育人落实到每一节课、每一天，真正做到课程思政。

从上述案例中可以看到教学的反思水平达到了前面说的"批判反思水平"，在本案例中，教师对教学中所涉及的价值观、文化认同等方面进行反思，并将英语课程中没有完成的对学生思想教育的延伸放到主题班会，并对课程思政做了一定的思考。

第五章　教育教学研究：
教师自主发展必备能力

中小学教师一提到"科研"，心情是复杂的，一方面觉得写论文和做课题是一件很高大上的事情，非常有难度；另一方面又觉得对自身的素质提升有一定的帮助。但科研到底"为什么""是什么""怎么做"，心里并不清晰，这章重点来聊聊中小学教师的教育教学科研。

第一节　中小学教师做科学研究的必要性和可能性

中小学教师要不要做科研？相信大家的答案是肯定的。随着新课程改革的深入推进，教师的素质提升迫在眉睫，教师参与教育改革方面的教育科学研究，是一个重要的途径和方法。

（一）必要性

1. 教育健康发展的需要

21 世纪，教育逐渐摆脱原有的功利主义、技术主义的禁锢，由封闭走向开放，由僵硬走向柔软，教育是爱，教育是唤醒的理念需要慢慢渗透到教师的心里。教育理念、教学方式、教师的学习方式随着信息技术的进步发生了质的转变，教师不仅要传授知识，更要成为学生良好品德形成的领路人。教师不再是教学的主体，而是学生的引导者、合作者、助燃者。在此过程中，教师需要走在时代的前沿，根据时代的发展和学生的成长需要更新理念，这就要求教师永远行走在研究的路上。

2. 课程改革推进的需要

随着新一轮课程改革的深入，"素养导向""大概念""跨学科主题学习""学科实践活动""课程内容结构优化"等一些新概念冲击着原来的教学体系，"新课程发展的课程价值取向""科学与人文整合的课程文化观""回归生活的课程生态观""缔造取向的课程实践观""民主化的课程政策观"等是新课程改革的课程观念。作为教师，如果坚持在经验至上的传统老路上，不接受新鲜信念，将被时代淘汰。对于新课程改革，教师听了许多专家的讲座、报告，自学了新课程标准，但这些仅停留在纸上，教师只有将理论用于实践，依靠科学研究才能更新老化的知识结构，克服自身经验的狭隘和局限，从传统的传授者提升到专业学术的研究层次，推动教育教学改革走向深水区。

3. 教育研究发展的需要

教育活动是动态的，其价值、意义、方式是生成的。在教育研究中，真理不是一成不变的、现成的可以拿来就享用的东西，而是需要研究者主动参与，对教育活动的意义、运作方式等不断地选择与创造。教师从参与者的视角进行研究，更能准确地描述教育教学的动态过程，揭示教育活动的意义、方式、内在联系。要摒弃传统的教育研究把教师当做接受和应用理论产品的用户思想，要将教师视为参与开发理论产品的技术人员，因为教师作为教育过程的当事人，有着旁观者无法取代的优势。

4. 个人教育风格养成的需要

教师独特的教育风格，既能体现教师的教学艺术，又对学生形成批判性、独创性等思维品质产生影响。每个教师在教育教学过程中都有自己独到的教育思想、教学个性和艺术技巧，但要形成完整高效并能给同行带来启发和影响的风格，甚至可以对外大力推广的独特风格及经验，除了平时的教学积累，还需有严谨求实的科学态度，通过科研不断加以分析、检验、改进，直至完全成熟，经得起各方面的考验。

（二）可能性

无法否认中小学教师的日常是繁忙的、琐碎的。教师需要在教学上投入大量的时间和精力，繁重的教学负担几乎占据了教师所有的时间。"教育科学研究，我也想做的，可是哪里来的时间和精力啊？"这是在调研过程中听到最多的一句话。中小学教师从事教学研究虽然有自身的不足，但也有独特的优势，有成为研究者的可能。

1. 在教学中研究，为教师成为研究者提供了可能。

从表面上来看，中小学教师教学任务繁重，如果还要投入时间和精力做研究，是增加教师的负担，实际上这种观念是错误的。教师所进行的研究是一种特定的"教学研究"，是教师对自己教育教学进行的思考和探究，这种研究的目的是更加有效引导学生得到更好的发展，使得教学效率提高，教育方式更能促进学生的成长。因此，在研究之初，教师会因为研究方式的不熟练等问题占据一定的时间和精力，一旦研究走上正轨，教师在教学中研究，在研究中教学，渐入佳境，尤其是教师在研究中找到有效的教学策略和管理办法，解决教学困惑，减少无效的重复劳动，提高了教学效率。此时，教育研究就成为教师提高教学质量，提升业务能力的根本途径。通过教育研究，教师素质提高了，能力上去了。教师指导有方，学生学习轻松了，心情愉悦，生动活泼，这样的教学才是人人称道的教学。

2. 丰富的研究机会，为教师成为研究者提供了可能性。

教育科研的最终目的是用科学的理论来指导实践，促进实践，因此，教育实践是教育科研不可或缺的环节。而教师，作为教育实践的直接参与者，对教育实践有更深刻的感受，这种感受相比于没有处于实际情景的研究者而言更具有情境性，往往能从不同的视角提出独特的见解，更能切入问题的关键。从这个意义来说，教师处于一个研究有利的位置，而且有丰富的研究机会。教师最主要的工作场所就是课堂，课堂里有许多的现象都值得研究，其他研究者进入课堂都会破坏原有的教育生态，只有教师具有研究课堂现象得天独厚的条件。所有这些构成了教师成为研究者的可能性。

教研引领　追求真谛

我知道，教育是一门科学，一门艺术，一项事业。我努力钻研这门科学，领悟这门艺术，并热爱这项事业。参加工作二十年来，我都做到努力学习，刻苦钻研，认真领悟，勇于实践，争创佳绩。

我始终认为教师不仅是一种专业，更是一种职业。正是因为它是一种职业，所以必须具备这个职业所要求的一切素质，必须有更多的知识和能力，必须把握各方面的信息，必须使自己的思想观念始终保持先进。我认为教师的专业成长离不开学习，不学习就跟不上社会前进的步伐，就不能适应教育改革的形势，就适应不了学生的内在需求，就驾驭不了生成性的课堂。所以，我坚持不懈地汲取教育、管理等方面的新知识、新思想、新观念，坚持不懈地向优秀教师学习，向书本学习，向周围的同事学习。

我以理论知识指导教学工作，不断更新知识和观念，不断将学习成果转化为各种能力，努力使自己做一名既能做好教学实践工作，又爱学习、爱思考，会钻研、能创新，善于传播教育新思想的立体型教师。先后出版了专著《中考数学进阶复习用书》《初中数学创新学习方略》《初中数学创新三国》。其中《初中数学创新学习方略》荣获浙江省第三届基础教育教学成果二等奖。

在新课改的背景下，我积极投身教学第一线，在教师中起引领作用。我积极给自身制定专业发展规划，做到每5年一个发展期（比如头5年虚心求教，第二个5年磨出棱角、第三个5年形成风格等），逐步形成从"庸师"（无经验的教师）到"经师"（有经验的教师），到"人师"（既能教书育人，又有个性风格）再到"导师"（有影响力的名教师），促使自己向专业型、科研型、学者型发展。在数学教学中，以课堂为主要研究阵地，努力追求三个方面：落脚于真实、钟情于情感、精彩于生成。我认为真实是课堂的生命，课堂教学是教师与学生生活的另一种方式，而生活的意义与价值在于它的真实、本色。在教学中，我努力让数学教学的价值体现在让学生经历从不懂到懂，从不会到会，从不能到能的学习过程，并在这样真实的过程中获得生命的成长，让学生感受数学的魅力与真谛。我坚持以学生的发展为本，努力挖掘教材中生活的东西，努力让学生的生命充满灵动，努力发挥自己的智慧，捕捉课堂中有价值的信息，铸就美丽。

走上教学工作岗位以来，我一直以如何着眼于学生的发展，着眼于学生的未来而努力探求初中数学课堂的创新教学。针对自己制定专业发展规划，在初中数学课堂创新教学模式的探索中，努力做好三部曲：一是积累，在前5年的教学生涯中对所教班级的学生进行初一至初三的学习情况跟踪，课堂教学笔记记了10多本，并积极把教学心得刊登在报纸、杂志上，其中《解数学题的思维起步方向》发表于数学核心期刊《中学数学教学参考》上。二是实践，把每一次公开课、研讨课、观摩课都当作锻炼的机会，每次课后都及时反思，重整教案。还有意识对学生的学习心理、解题策略、思维方法等方面进行跟踪测查，并积极撰写案例，其中《从不同方向看》教学案例荣获市级案例评选一等奖。三是创新，我深深体会到，只有在创新中才能求得发展。在课堂教学方面，积极贯彻教改精神，大胆实践，与班级学生摸索出一套行之有效的"研究性学习"模式，着力培养学生的实践能力与创造精神。《让学生感受数学的魅力与真谛》一文荣获市课堂教学创新论文一等奖，内容被刊登在《丽水教育》上。

在平常教学中，认真抓好教学的"五环节"，认真钻研和吃透教材的重难点，并根据教学的不同对象，合理安排好每一堂课的内容及重难点，做到目标明确，层次分明。积极挖掘课程资源，当好教师研究者的角色。备课时强化提炼能力，变"教教材"为"用教材"，能结合学生实际创造性地使用教材，开发合理、有效的课程资源。注重教学设计从"教案"转向"学案"，改变以往的教案为教师的教学程序、为学生的"双基"的掌握而预设的功能，将主要精力用于"学案"的设计，努力设计出更实际、更具特色的个性化"学案"。"学案"设计中还对课堂上可能发生的情况从多方面进行估测，并设计出多角度、多层次的"策略库"以备在课堂中能迅速调用。教学过程中善于通过系列的问题情境，精心设计，层层设问，从带着知识走向学生变为带着学生走向知识，于无疑处生疑，在有进中求进。让他们在不知不觉中享受乐趣，走向高潮。学习的方式体现多样化：猜一猜、想一想、议一议、试一试、说一说等，除了强调在"做"中体验教学，理解教学外，还注重"听中学""看中学""想中学""读中学""聊中学"等。

在课堂教学中努力实践着"情境点拨、激趣引思、寓题于理、感受魅力"的教学风格。积极尝试创设问题情境、实施分层指导、组织学生交流、揭示数学规律、促进迁移创新五步教学法。在创设问题情境时注重激趣引思，以趣导学。在揭示数学规律时注重寓题于理，努力寻找"深入浅出"的教学点子，进行"深入"地整合，"浅显"地教学，结合语文学科中的讲故事、演小品、讲相声等手段把课上得有韵味。在实施分层指导、组织学生交流时注重分层优化、成片开发、公平竞争，提高课堂管理。

积极把教学心得刊登在报纸、杂志上，其中《解数学题的思维起步方向》发表于数学核心期刊《中学数学教学参考》上。《让学生感受数学的魅力与真谛》一文荣获市课堂教学创新论文一等奖，内容被刊登在《丽水教育》上。《课堂教学案例研究活动在数学教学中的实践》发表在《浙江教育科学》杂志上。《谈数学课堂中教材样例的合理设计》发表在《中国数学教育》杂志上。《提高数学试卷讲评课有效性的策略探析》发表在《中小学教学》杂志上。《"深入浅出"地教学》发表在《人民教育》杂志上。

在个人专业化成长过程中，积极修炼两个能力，一是教学能力，二是科研能力。教育学生方面，我重视班级的"后进生"的转化工作，认真落实好"一帮一"教学活动，每月定期找后进生谈话，摸清他们的思想动态，及时挖掘他们的闪光点，并制定相应激励措施，帮助他们树立信心，克服弱点，强化他们的行为习惯，促使他们明显好转。还积极探索班级学生自治模式，主持承担了国家级课题：全国教育科学"十五"规划课题——《初中班级管理星级综合评价实践与研究》。教学方面，积极开展数学新课程改革的课题研究，其中《初中数学新课程综合实践活动课的探索与研究》获市级重点类课题。平常我以"科研兴教"为指导思想，以教育科研服务教育教学、促进教育教学、优化教育教学为指导原则，进一步加强课堂教学改革研究，积极研讨课改模式，根据平时积累的教学经验，出版了专著《初中数学创新学习方略》，本书在培养学生学习方法的同时，还注重学习心理分析及应考心理调节。该书是我研究长达 8 年之久的教学专著，它立足于课堂教学实践，渗透新课程理念。本书内容多次在市级开设专题讲座、交流教学思想，在市级范围内产生一定影响，它对减轻学生课业负担，推进素质教育，促进数学新课程改革有一定的推动作用。2006 年该成果荣获由市教育局、教研室联评的市级基础教育成果一等奖。

上述案例是一个从地方高校毕业，在偏远山区任教三十年的教师 H，教科研成果丰富，主持承担过国家级课题 1 项、省级 2 项、市级 4 项。多篇论文获省市级一等奖，公开发表论文二十余篇，出版专著 3 本，先后被评为正高级教师和浙江省特级教师。教师 H 所有的研究均来自教学第一线，他用心积累，光光课堂教学笔记做了 10 多本，再通过实践，在一次次公开课观摩课后及时反思、重整教案，最后通过创新，形成自己的观点，将这些想法写出来，就是论文、课题。

第二节　中小学教师论文写作

教育教学论文是中小学教师实践经验与困惑最主要的表达形式。中小学教师一方面对论文写作有敬畏之心；另一方面论文无论是在推动教育发展和提升教育教学质量方面，还是在职称评定和各类评比方面都发挥着重要的作用。广大教师对论文的写作是"爱你在心口难开""心中有想法万千，提笔寸步难行"。

一、论文的选题

好的选题是论文写作最重要的一步，可以这样说，论文选题选好了，文章也就完成了一半。

（一）论文选题存在的问题

论文选题关系到论文研究的方向、研究内容，以及研究方法，如果选题有偏差，会对接下来的论文写作带来不利的影响，在现实中，中小学教师选题存在以下偏差。一是选题追逐热点，却没有跟自己的研究相结合。2022年义务教育新的课程标准出台，大单元、核心素养等热词成为基础教育教师的论文写作的热点，追逐热点本身并没有问题，问题的关键是教师因为积累

不够，并没有做深入的研究，提不出新的观点，导致论文的质量不高。二是论文选题太"大"，过于宏观。教师往往在选择时，没有考虑自身的现实情况，选题过于宏观而无法完成，例如，"教育均衡理念下小学数学教学研究""基于核心素养发展的小学数学教学改革""城乡教育优质均衡发展对小规模学校的影响研究"等。三是论文选题问题意识不强，论文选题与一般的问题相混淆。例如，"省优质课一等奖课堂给我们带来的启示""小学生课堂问题意识之我见"。这些选题要研究什么，具体的目标不明确。"省优质课一等奖的课堂"里面包含的内容有很多，有上课教师的教学设计、学生思维能力培养等，具体要研究什么，不够明确。四是题目表述不规范，没有体现学术性。例如，"疫情期间'停课不停学'，全心全意上网课""让2022年成为我们的学习之年""虚拟现实为我们教育带来的新机遇"。这些题目更适合在报纸、杂志上发表，作为学术论文不合适。

（二）论文选题的路径

理论与实践是相辅相成、密不可分的，两者相互作用、相互转化，是辩证统一的。从教育研究的出发点和落脚点考虑，可以把选题的路径分为两条。一是"理论实践化"，即"理论—实践—理论"，也就是从已有的理论或假设理论出发，找到理论的空白或发展中的新问题，然后在实践中验证，最后再修改完善旧的理论或得出新的理论。二是"实践理论化"，即"实践—理论—实践"，也就是从实践出发，解决现实中的问题，并总结提炼出一般性的规律或理论，最后再应用于实践，指导实践，提升实践水平。一般来说，大学理论研究者理论功底较深，往往选择第一条路径——"理论实践化"；而中小学教师作为教育实践者，拥有的主要是实践性知识，专业理论研究较少但教育实践经验丰富，因此往往选择第二条路径——"实践理论化"，这种选题路径比较符合中小学教师的客观条件和现实需要。

（三）论文选题的方法

中小学教师与一般科研工作者相比研究的优势在于有实践的环境和问题的情景，因此，教师要对教育现象进行观察、思考，将观察到的现象进行记录。这些问题不一定能成为论文的选题，在众多的"问题"中如何寻找出能成为论文选题的问题，还需要广泛地阅读文献信息，分析已有研究成果，在阅读文献信息过程中会发现，很多所谓的问题前人已做了深入细致的研究，也解答了心中的疑问，所以这些都不能成为选题。当找到研究问题的时候，除了查阅文献外还可以征求同行、专家的意见与建议，再聚焦、提炼成论文的题目。这个过程要往返多次，最终形成论文的选题。

从教育现象到论文题目

我是一名小学数学教师，在小学任教了十八年，在 2018 年考到 H 大学读在职研究生，专业还是小学教育。在教书生涯中，我发现一种现象，到高年级以后，图形与几何学的好学生数学成绩一直都能保持，追踪到初中和高中，此类现象非常普遍。而在小学阶段，几何直观是核心概念之一，对学好几何有直接的影响；几何直观可以借助图理解分析数学，是探索数学问题的重要手段。根据这种现象，我将硕士论文的选题定在研究"小学生的几何直观能力"上。但这个范围实在是太大，指向性不明确，于是我先查阅文献资料，以"几何直观"和"小学数学"为关键词进行搜索，学术期刊论文有 83 篇，学位论文有 137 篇。分析这些文献，我发现研究小学数学"几何直观"主要集中在培养几何直观能力的策略、几何直观的教育价值、几何直观能力的培养原则。存在的问题是研究以初中和小学高段为主，策略较理论化，用数学知识来解决实际问题的较少。于是我将问题进一步聚焦，不研究小学整个阶段，而是研究其中的一个学段。考虑到三四年级的学生综合运用的能力较弱，与五六年级相比，对学生的几何直观的培养又容易被忽视，而中段是平面图形和线段图形的开始，在几何教学中起到很重要的作用，所以重点研究中段。这想法在同组的读书讨论会中提出来后，得到同组同学和导师的肯定。我拟了几篇论文的题目"小学中段生几何直观能力的调查研究与能力培养的策略研究""小学几何直观能力培养的微型教学实验与能力培养的策略研究——以××学生为例"。在向导师汇报时导师问了几个问题：调查研究和微型教学实验的目的是什么？问卷如何设计？以某一学校为例，样本抽样是否合适？我认真考虑以后先回答第一个问题：微型教学实验和调查研究都是为后面的提出策略服务。导师的建议是凸显重点策略研究即可。学校方面，抽样面更广一些，样本数量尽可能大，最后将论文题目确定为"小学数学中段学生几何直观能力培养策略研究"。由于在论文选题过程中考虑比较充分，论文的写作过程比较顺利。

（四）论文标题的表述

论文的标题是最先呈现在读者面前的，可以说好的标题成功了一半，所以在论文标题的表述方面要慎重，虽然标题有很多种表达方式，论文的标题总体而言要注意以下几方面的问题。一是论文的标题表述要聚焦到"问题"上，而不是一个领域。例如，"小学音乐欣赏教学策略研究"这个视点过大过泛，到底指的是教学哪方面的研究，是提高效率？还是在育人方面？或者是教学策略的有效性考量，还是教学策略的理论建构？改成"提高小学音乐欣赏教学效率的策略探析"或"指向核心素养的初中音乐欣赏教学策略研究"，这样问题就更聚焦。二是题目要有清晰的限定。比如，学科、年级、年段、地域、学校、民族等。例如，"小学数学单元教学研究"，这个标题虽然有年段的限定，但指向性还是不够明确，改成"基于大概念的小学教学单元教学设计研究"限定更加清晰。三是论文标题简洁明确，体现专业性，主标题一般不超过 20 个字，如有必要可以设副标题。"以浙教版三年级上册、长方形和正方形，单元为个案的基于数学核心素养的小学单元教学策略研究"这个标题显然太长，可以改成"基于数学核心素养的小学单元教学策略研究——以浙教版三年级上册、长方形和正方形，单元为个案"更恰当。

二、教育科研论文写作的规范要求及过程

教育科研论文的写作是指对教育领域中某一问题进行深入探讨、分析，且用规范的语言表达的过程。论文写作是一项复杂的思维活动，需要将科研成果描述出来让别人了解，这就需要将思考的问题、研究的成果进行加工、整理、提炼、记录下来，并在纸面上视觉化。前面已经谈到了论文标题的写作规范，接下来谈谈摘要、关键词、正文、参考文献的写作规范。

（一）摘要

《文摘编写规则》（GB 6447—86）指出，文献摘要是指以提供文献内容梗概为目的，不加评论和补充解释，简明、确切地记述文献重要内容的短文。摘要的要素一般包括研究的目的、方法、结果，以及其他内容。重点是研究结果。摘要的作用不言而喻，读者通过阅读摘要，了解论文的主要观点、研究方法、基本结论等，进而决定是否继续阅读。另外，读者通过检索摘要找到所需的论文，最后为编辑和同行评价论文提供方便。

不少中小学教师在写摘要时，习惯使用第一人称，如"本人、作者、我们"等作为陈述主语，认为应与论文所使用的主语一致。然而，摘要虽然是论文内容的简短陈述，但这种陈述，应当不加任何评论色彩，因此常常使用第三人称，如"对……进行了研究""报告了……现状""进行了……调查"等词语，而不使用"本文""作者"等作为主语，因为第一人称不可避免会带上一些主观色彩，有自我评价的嫌疑，这是学术界所忌讳的。另外摘要中不要出现文献引用，摘要是对论文内容的高度概括，应当避免出现引用。

生活化教学在小学数学课堂中的应用研究——以 S 小学为例

摘要：新课改要求发展素质教育。素质教育下培育出来的学生应该具备应用意识，实践能力、创新精神等。在小学数学方面，关注的是数学与人的发展和现实生活之间的联系。强调数学的教学内容应该与学生的认知一致，并且学生可以把获得的数学技能应用到生活中。在生活中找寻数学，在数学中寻觅生活。由此可见生活化教学是小学数学教学的一种重要手段。我通过对样本小学不同年段的 6 名数学教师的访谈，以及观察他们的课堂，从教师的角度了解生活化教学在小学数学课堂中的实施现状，以及存在的问题。通过访谈结合观察课堂发现：教师对生活化教学都有所了解，也都会在课堂中实施生活化教学，但在实施过程中依然存在一些问题。一些教师轻视了教学目标的长远性，创设情景时缺乏生活化元素，也很少布置在生活中实践的作业，对于学生的学业评价总是有意识地把分数作为重要的评价标准。本文将针对这些现象提出相应的改进措施，首先是教师应该注重教学目标的长远性、重视学生情感、态度价值观的体验，其次是创设生活化的教学情境，以此来激发学生的学习兴趣，然后在学完某一课时后应该布置相对应的实践性作业，提升学生的数学技能。在评价学生的学业时应该从多方面进行评价，通过家校合作建立多元评价体系，促进学生全面发展。

上面的摘要存在研究背景陈述过多，研究过程与结论表述不够简洁，使用了第一人称等问题。

摘要的编写要遵循以下原则：一是独立性和自明性原则。独立性原则意味着摘要能独立成一篇完整的短文，摘要虽然只有短短的一两百字，但不是正文的一部分，不能将正文的引文作为摘要。自明性原则是指读者看了摘要，就能了解论文的主要研究方法、重要结论、主要的观点。二是概括性原则。摘要应当展现论文的中心思想、创新点，语言简明扼要、高度概括。三是规范性原则。语言的规范体现在使用本学科通用术语，不使用口语化生活化的表达。四是严谨性原则。摘要的要素与正文一致，结构严谨，层次清晰。一般不使用夸张、反问等修辞方法。

核心素养的国际视野与中国立场
——21世纪中国的国民素质提升与教育目标转型

[摘要] 核心素养是21世纪人人都需要具备的关键的少数高级行为能力，是知识、技能、态度的统整与融合。世界范围内的核心素养热潮实质上是教育质量的升级运动，是国际教育竞争的集中反映。中国的核心素养框架要凸显中国立场与主体意识，要反映现实国情与未来诉求。创新能力、批判性思维、公民素养、合作与交流能力、自主发展能力、信息素养六种核心素养是中国21世纪现代人素养的清单，为国民素质提升指明了基本方向，也为推进教育现代化确定了战略重点。其中，创新能力是中国"核心素养的核心"，培养创新人才是中国教育的优先目标。

这篇摘要第一句话交代了核心素养为什么成为国内外教育界的热点话题，核心素养概念的关键词，概括的是文章的第一部分：核心素养的概念界定。第二句话表述在世界范围内核心素养的发展，归纳文章中的第二部分：核心素养的国际视野，与标题中的国际视野相呼应。第三句话表达中国的核心素养要反映现实国情与未来诉求，是对文章第三部分核心素养的中国立场总结。第四句话六种核心素养是对副标题"21世纪中国的国民素质提升与教育目标转型"的回应。整个摘要一气呵成，条理清晰，高度概括，独立成篇。

（二）关键词

论文的关键词是指从文章中提取能反映文章主题的词频较大、可检索重要内容的词组或短语。关键词的撰写一般要注意以下几点。

一是审读要全面。关键词的撰写过程中重点要审读题目、摘要，有必要时要审读论文全文。例如，《新课程背景下农村小学教师压力现状分析与缓解策略——以浙江省丽水市遂昌县农村小学为例》作者编写的关键词为：新课程；农村小学；教师压力；缓解策略。这组关键词与题目的顺序完全一致。但有的时候，需要通读全文后才能提炼出关键词。例如，《素养本位的教育：为何及何为》，对题目的审读提取关键词：素养。素养的本位教育，但是没有回答素养的本位教育是为了什么，怎么做，通过对论文全文的审读，发现"素养本位的教育"的目标取向是培养完整人，再提炼出第三个关键词：完整人。

二是提炼要准确。可以直接抽取论文中的词作为关键词，也可以根据主题提炼出能够表达主题概念的词作为关键词，在提炼关键词过程中要做到提炼不能过于宽泛，也不能过于微观，否则不能准确反映论文内容。

三是用词要规范。作为学术论文的关键词一般是名词或名词性短语，应避免使用动词作为关键词。关键词包括主题词和自由词两类。主题词是指《汉语主题词表》等专业词表中列出的经过规范化处理的词；自由词则是从论文中直接选取的未经过规范化处理的词或词组。在选用关键词时，优先选用主题词，只有在主题词无法标引论文主题内容时，才选择使用自由词。在自由词选取时，表达也需规范，避免使用口语或不规范的简称。

四是数量要合适。有些作者认为关键词多选几个才能更加准确地表达论文的主题，有十多个关键词，也有些作者认为一两个关键词足以表达准确，关键词过多过少都会影响论文的表达，一般论文选用数量应以 3 至 8 个词组或短语为宜。

五是顺序有讲究。关键词的顺序排列一般可以采用在文章出现的前后顺序进行排列，还可以将意义相近的词排在一起，一般属于上位的词排在前面，而下位的词放在靠后的位置。例如，《核心素养的国际视野与中国立场》的关键词"素养；核心素养"就属于这种情况。

（三）正文

正文一般包括引论、本论、结论三个部分。

1. 引论

引论是论文的开场白，应该开门见山。引论往往包含论文的主题，这个问题的意义，讨论问题的范围，采用的研究方法，文章的结构；引论部分一般还要进行文献简要分析和评述。

中小学教师在文献研究方面相对薄弱，一是对文献综述的意义认识不足，片面认为一线教师的研究是实践倾向。二是文献搜索的途径不专业，网络的文献搜索常常停留在百度、微博。这些文档对专业的研究价值并不大，需要了解更多的网络途径，如 CNKI 中国知网、万方数据、读秀学术搜索、超星电子图书等。三是要掌握一定的搜索技巧，在搜索词的选择上要准确、文献来源的选择上更多挑选核心以上期刊。文献研究不足会出现"盲人摸象""坐井观天"的现象。要解决上述问题，需要教师在阅读文献过程中做到基于理解阅读文献、整体阅读理解文献、融会贯通运用文献，只有这样才能写出有创新性、吸引力的引论。

2. 本论

论文的本论是核心部分，占论文三分之二以上的篇幅。可以包括：调查对象、观察和实验方法、观察和实验结果、观察和实验的数据分析、论点的提出和论证、形成的论点等。

由于论文的形式有很多种，列举一些论文写作过程中要注意的问题。一是文字的表达力求客观。论文的写作避免使用感情色彩强烈的词语，例如，

"众所周知""取得显著成效""一致反对"等。论文写作与诗歌散文的写作不同，有些作者喜欢用华丽的辞藻、多样化的修辞、难懂的词语，这些都不利于读者的理解。二是图表要求格式规范。图表作为一种可视化的呈现，会让各部分的逻辑关系更清晰，特色更凸显，效果更直观。但也要注意格式问题，表的标题一般放在表的上方，图题一般排在图的下方。但尽量避免使用太复杂的图或表。

论文正文写作的好用技巧。

一是架构要"新"。可以采用诗词式架构。论文的架构好比一个人的骨架，框架搭好了文章就八九不离十了。《常态课的设计艺术》一文中，设计了如下框架。

1. 淡妆浓抹总相宜：论学习环节的比重设计。

2. 一石激起千层浪：论学习问题的创意设计。

3. 吹尽黄沙始见金：论学习活动的主体设计。

二是材料要"新"。一线教师写作往往会采用一些案例，"新"的案例能给人眼前一亮的感觉。案例的"新"一方面体现在"时效性"；另一方面体现在新视角。还可以收集学生的"新"话题，学生代表着国家的未来，走近学生、观察学生、了解学生，整理出代表时代的"新"课题。形式要"新"，材料的表现形式不能只有文字表达，可以采用表格、图、漫画等多种形式表达文章的内容。

3. 结论

一般论文的最后部分是结论，结论不是对论文简单的小结和重复，而是论文最终的结论，还可以包括对前人研究成果的修正，研究尚待解决的问题及以后研究的方向等。

（四）参考文献

参考文献是学术论文不可或缺的组成部分。在论文的正文之后，采用规定的格式，将论文中所引用的观点或数据确切地标明出处，让读者在阅读时可以参考和核查，以便区分该论点或数据是来自前人，还是论文作者自己。参考文献要按照引文的先后顺序在文后用［1］［2］［3］［4］……排列，并且做好性质标记，常用的文献专著［M］、论文集［C］、报纸文章［N］、期刊文章［J］、学位论文［D］、报告［D］、标准［S］、电子公告［EB］，等等。

教育科研论文写作的一般过程——
以《数学新教材中的数学文化》的写作过程为例

第一步确定选题。在选题的确定过程中尽量要选择自己擅长的领域，再加上新颖的视角。在我读研究生期间，发表的第一篇论文是《数学新教材中的数学文化》，作为"本刊专稿"发表在《中学数学教学参考》。当年，我是在初中当了9年数学教师后脱产读的研究生，对当时初中数学的教材非常熟悉，所以我选择北京大学出版社出版的初中数学教材作为研究对象，我的导师研究方向是数学文化，而教育局在2002年开始的新一轮课程教学改革提出：要将数学文化渗入课程标准、教科书，体现在数学教学的全过程。考虑到课程标准的地位过于高大上，不适合刚读教育硕士的我进行研究，把选题的视角放到教材，选题就定在从数学文化的视角研究初中数学教材。

第二步理清思路。论文写作的时间是在2005年，当时从数学文化的视角研究教科书可以参考的资料非常少，在中国知网以"数学文化"及"教科书"为关键词进行搜索，只有西南财经大学的陈倩《小学数学教科书"数学文化"的编写探析》和西南师范大学孙卫红的硕士论文《"数学文化"在小学数学新教材中的编写设计与实验调查研究》有一定的参考价值。其中陈倩的论文论述了在小学数学教科书中需要专门的板块来体现"数学文化"，"数学文化"出现在教科书中要重点关注内容的广度和深度，还需要考虑到学生的接受能力，表现形式应直观生动、采用小学生喜欢的连环画等为主要形式。孙伟红的硕士论文主要研究了西南师范大学班小学教材"数学文化"编写的依据、呈现形式及内容安排。其中孙伟红"数学文化"在新教材中的显现形式分为"显性专题呈现"和"隐形呈现"这个观点给我启示，我可以先从显性的角度先对教材的"数学文化"做研究，最后确定从数学史料、学科之间联系、信息技术、数学游戏四方面开展研究。

第三步搭建框架。在深入研究过程中发现教材中的"数学文化"内容在六册教材中"引入""正文""例题""习题""读一读"等均有体现，都展开研究的话可以做一篇硕士论文，向导师请教后将范围缩小到教材的"读一读"部分。最后将框架搭建好：

1. 通过数学史料的介绍来体现数学文化；

2. 通过与其他学科的联系来体现数学文化；

3. 通过现代信息技术来体现数学文化；

4. 通过数学游戏来体现数学文化。

第四步执笔行文。这个过程也是非常的艰难。六册教科书，将所有的"读一读"先摘出来，仔细阅读，将每一个"读一读"涉及"数学文化"的都分门别类到四个框架下。内容太多，单单用文字的形式很难将繁杂的信息罗列清楚，特别是与其他学科联系、信息技术及数学游戏部分，最后采用表格的形式清晰地表达出来。

第五步反复修改。在论文写作过程中这个阶段是最痛苦的。前面写作的过程还有一种前路未知，在探索中前行的新鲜感和成就感，修改的过程会有一种自己生的丑娃，不想整天面对，但你又不得不整天面对的感觉。刚开始修改，会对自己的水平产生怀疑：怎么只能写出这样水平的文章？这时候千万不要放弃，只要是自己有想法，有创新，就要坚持下去，硬着头皮一次次地修改，在修改过程中有些段落自己都看不下去，那就推翻了重新查资料，再写。改了几稿以后，可以放一段时间，看一些相关的理论书籍和论文，有时候会灵光乍现，会有新的想法。一直修改到自己认为比较满意为止。如果有自己的导师或者是同行可以帮忙提建议，那是最好不过，没有也不要紧，进入下一环节。

第六步投稿与修改。在 2005 年那会，想投期刊只能去阅览室查相关的杂志，看哪些杂志有适合于撰写论文的栏目，觉得合适的，将杂志社的邮箱地址记下来，将类似的文章复印下来，然后根据杂志的风格再做一次全面的格式上的修改。现在杂志的投稿可以上"万维书刊网"（网址：www.eshukan.com），这个网站可以用"期刊名"或者"关键词"搜期刊，搜到的期刊是哪个级别、创刊宗旨、主要栏目、如何投稿等信息一应俱全。投稿后如果收到，编辑的修改信息，恭喜你，已经成功了大半。接下来就是按照编辑的要求一遍遍地修改，过程虽然很折磨人，但心中是充满喜悦的，修改 N 遍后，通过审核，最后等待出版。

第三节 教育行动研究

行动研究在教育领域日益受到人们的关注与重视，这样的研究是一种融教育理论与实践于一体的教育研究方法，其主要目的不在于构建理论体系，而在于在解决教育教学过程中的问题，通过行动来加以解决，以提高教育教学实践的质量，最终促进教师的专业成长。

行动研究综合起来具有实践性、统一性、反思性的特征。实践性。行动研究是将教育教学活动过程中的问题作为研究对象，持续不断的对教育教学行为进行反思和改进，真正做到从实践中来，回到研究中去。行动研究关注的不是学科教学中"纯理论"的问题，而是中小学教师在日常教学中遇见亟待解决的问题，行动研究将解决问题放在第一位。统一性。一方面是研究过程与行动过程的统一。长期以来，教育科学研究已经变成特定人群所从事的特定的事情，这些研究者的研究往往与教育教学的实际分离，这种分离已经成为教育科学研究的顽疾。行动研究则要求专业研究者深入现场，直接参与到教育教学面临的实际问题，使得研究过程变成一个工作过程。另一方面是行动和研究的统一。研究者深入实践第一线，是科学理想与职业理想的结合，是行动与研究的统一。反思性。行动研究是教师对自身实践的进行的有意识的、系统的、持续不断的探究与反思，在研究过程中自始至终都贯穿着对教师自我反思的要求。

下面以初中数学一元一次方程的复习课的改变作为行动研究的主题。分成背景信息、发现与明确问题、收集资料、提出问题解决方案、实践者实验、研究者验证、改进方案七个环节。

一、背景信息

数学的复习课是一种"温故而知新"的认知重构活动，具有重复性、综合性和思想性的特点，"温故"指的是学生在教师的指引下在对前面已经学习知识的再学习，而"知新"则要求再进一步，需要在原有认知的基础上形成新的见解，这种新的见解主要体现在对原有知识及其关联内容的新理解，对数学思想方法的抽象和应用，积累数学活动的经验，因而复习在发展学生的核心素养中具有独特的作用，通过复习落实"四基"（基础知识、基本技能、基本思想、基本活动经验）发展"四能"（发现、提出、分析和解决问题的能力），发展学生的数学核心素养。然而，当下的初中数学复习课异化成"习题课""知识回顾课"，简单的重复、大量的习题，使得学生疲于解各种题目，但不理解数学本身，不会解陌生的、具有挑战性的问题，不利于学生获得良好的数学教育。应该如何设计核心素养导向的复习课？整体建构核心素养导向的数学复习课的一般环节是怎样的？如何创新复习教学策略体系？

数学教育对发展学生核心素养的贡献，主要体现在科学精神和智力发展，科学精神要求学生能用科学的思维方式认识事物，解决问题。智力发展是指利用数学的内在力量，发展学生的数学抽象、逻辑推理、数学建模、直观想象、数学运算和数据分析能力，发展学生有逻辑性、创造性的思考能力。该如何在复习课中体现数学教育对发展学生核心素养的贡献？

教师知识包括本体性知识、实践性知识和条件性知识三个部分。教育心理学知识属于教师专业结构中的条件性知识。传统意义上的复习教学实践普遍采用"知识点回顾＋题型操练"的"以练代学"的方式开展，复习课不但效果不佳，还容易引发学生的厌学情绪。从心理学角度来看，重复练习可以强化神经回路的连接，但随着练习次数的增加，其效果是递减的。大脑要先形成新的神经连接，再通过适当的练习，才是比较科学的学习方式。与之相对应的学习活动，则是先形成对知识、思想方法和活动经验的新理解，再通过适当的联系实现巩固和迁移，这就是复习中的认知重构过程。因此，有效提升教师的条件性知识储备，是教师专业发展的必经之路。

B中学是浙江省丽水市一所乡村中学，创建于1938年，占地面积115亩。B中学有教学班32个，在校学生1 351人，是当地规模较大的农村初级中学，这所中学重视教师的专业发展，是地方高校及市教育共建的一所有特色的乡村学校，教育教学质量在农村学校属于较好水平，社会认可度较高，学校教研组活动开展规范，教研氛围浓厚。本案例中的主人公小方老师是一个刚毕业四年的新教师，研究生的专业是学科教学（数学），今年第二轮教七年级，平常与学生关系融洽，是学生眼里的小姐姐老师。师1为小方的师傅，是市级学科带头人，其余师2，师3，师4等均为七年级备课组的教师。

小方老师的主要困惑是"复习课常常上，复习课变成习题课，学生感觉厌倦，教师很是烦恼"。带着这样的困惑，教研组备课组就"如何整体构建核心素养导向的复习课"开展研讨，通过"复习课的烦恼、思考的力量、行动研究的魅力、课后的调查、教研组的研讨"，呈现教研组及小方老师的探索五个环节，展示了小方老师面对复习课乏味无效并逐步解决问题的过程，描绘了新课程标准核心素养导向给师生带来的挑战，以引起教师对条件性知识的重视，引发教师对专业成长的思考。

二、发现与明确问题

一元一次方程的新课上完了，又要上复习课了。备课组的老师凑到一起，开始七嘴八舌地聊起复习课怎么上。

小方：哎，又要上复习课了，师傅、老师们，复习课该怎么上呀？今天我跟学生聊天，他们问我明天是不是又要上复习了？我说是的，学生就重重地"哎"了一声，"又是复习课"。复习课学生没兴趣，教师上得累。总感觉在"炒冷饭"，效果又不好。同样的题目，练了很多遍，形式稍微换一下，学生又不会做了，哎，烦恼啊！

师1：复习课的问题是一个老问题了，大家探讨一下复习课如何做出一些改变。我们以前经常采用"知识点回顾＋题型操练"的传统复习模式，简单地重复、大量的习题，使得学生疲于解各种题目，但不理解数学本身，不会解陌生的、具有挑战性的问题，究其原因是学生缺乏对知识真正的理解，导致学生学习过程中学习的知识碎片化和非结构化。

师2：我们如何改变这种非结构化呢？

师3：现在新课程标准强调通过数学的学习，形成和发展学生面向未来社会和个人发展所需要的核心素养。我们何不尝试一下体现核心素养的复习课的上法。我好像在一本杂志上看到过，好像叫什么"整体建构复习课"。

师 2：我们先理一理新的知识点，一元一次方程小学阶段已经学了方程及其解的概念，并且已经会解简单的方程，但对于元和次没有接触。

师 3：这个经过新课的学习，已经没问题，难就难在列出方程解应用题。

师 2：对，对，对。小学的时候列算式解应用题就是难点，到了初中，列方程解应用题又成为难点。

师 4：这就是《义务教育数学课程标准（2022 年版）》（以下简称《标准》）中非常强调的要培养学生的模型观念，模型观念是初中阶段要重点培养的核心素养之一。

师 1：除了模型观念外，初中阶段我们还要培养学生的抽象能力、几何直观、应用意识、创新意识、运算能力等 9 个核心素养，那么问题是在这一章我们重点培养学生哪些核心素养，这些核心素养在数学教学中如何达成？我们如何整体建构？

师 2：我们从课程标准出发，先整理整理。

三、收集资料

1.《义务教育数学课程标准（2022 年版）》分析

师 1：《标准》中与一元一次方程有关的内容有以下几条。

（1）能根据现实情境理解方程的意义，能针对具体问题列出方程。

（2）理解方程解的意义，经历估计方程解的过程。

（3）掌握等式的基本性质，能运用等式的基本性质进行等式的变形。

（4）根据等式的基本性质解一元一次方程。

（5）能根据具体问题的实际意义，检验方程的解是否合理。

（6）建立模型观念，经历从实际问题中建立数学模型、求解模型、验证反思的过程。

其中第（1）（5）条体现了应用意识，让学生感悟现实生活中蕴含着大量的数量和图形有关的问题，可以用方程予以解决，养成理论联系实际的习惯，发展实践能力。第（2）条是估算能力和数感的培养，养成这种能力的学生能够在真实情境中理解数的意义。第（3）条是解一元一次方程的基本依据，也是解方程的依据，在学习过程中要掌握渗透类比思想。第（4）条是运算能力的培养，选择合理简洁运算策略解方程，可以促进数学推理能力的发展，解方程的过程有助于规范化思考问题，养成严谨求实的科学态度。第（6）条体现模型观念，从现实生活或具体情境中抽象出数学问题，用数学符号建立方程，求出结果并讨论结果的意义，模型观念有助于学生感悟数学应用的普遍性。

师 2：根据课程内容来分析，一元一次方程的学习要培养学生的核心素养，主要包括运算能力、应用意识、数感、模型观念等。根据这些核心素养，我们还需要讨论通过什么样的形式来培养学生的核心素养。

2. 核心概念分析

师 3：我们先将本章涉及的核心概念归纳出来：运算能力、模型观念、应用意识，再找出对应的典型题目，建立具体教学内容与核心素养主要表现的关联。

运算能力是指根据法则和运算律进行正确运算的能力，选择合理简洁的运算方法、运算过程的正确性、算法的多样化都是运算能力的基本表现。本章的运算能力主要体现在运用合适的方法解一元一次方程。

例 1 （浙教版第 123 页例题改编）

解方程： $\dfrac{x}{0.4} - \dfrac{1}{5} = \dfrac{2x-1}{0.5}$

解法 1 将方程化为 $\dfrac{10x}{4} - \dfrac{1}{5} = 2(2x-1)$

去分母，得 $50x - 4 = 40(2x-1)$

去括号，得 $50x - 4 = 80x - 40$

移项，合并同类项，得 $30x = 36$

$x = 1.2$

解法 2 方程两边同乘以 $0.4 \times 0.5 \times 5$ 得 $2.5x - 0.2 = 2(2x-1)$

去括号，得 $2.5x - 0.2 = 2(2x-1)$

移项，合并同类项，得 $1.5x = 1.8$

$x = 1.2$

解法 3 化解，得 $2.5x - \dfrac{1}{5} = 2(2x-1)$

去括号，得 $2.5x - 0.2 = 4x - 2$

移项，合并同类项，得 $1.5x = 1.8$

$x = 1.2$

本例中算法多样化得到充分体现，也是解一元一次方程中错误率较高的题目。解法 1 是属于程序性思维，也是教材中例题的解法，我们老师可以归纳为"当方程的分母含有小数时，可以应用分式的基本性质把他们先化为整数，再去分母。"解法 2 属于程序性思维，由分母直接去分母，在去分母的过程中，由于涉及很多的小数，解题风险高，容易出错。使用解法 3 的同学很少，这些同学基本属于思维比较开阔，通过观察，将看似复杂的式子直接化简，解法简单。

师 2：在新课的教学过程中，对模型思想学生已经有一定的认识，如何让学生更进一步归纳出建立和求解一元一次方程模型的全过程？

师 3：我们可以给出一道典型的列方程解应用题。

师 4：既然是复习课，让学生提提在解题过程中难点所在。

师 1：如果上课期间提的话，意见很难集中，因此这个需要课前做好学情的前期检测和调研。我们一起先用图示归纳出建立和求解一元一次方程模型的全过程。

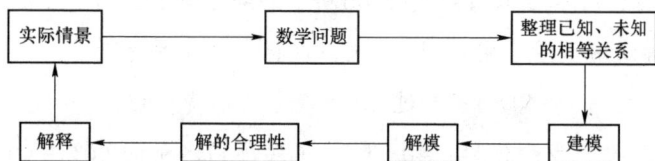

图 5-1　建立求解一元一次方程模型过程

四、提出问题解决方案

1. 学情分析

师 2：既然是复习课，我们要了解学生掌握的程度到底如何。

师 3：对头，我们班课后个性化作业中这道题很多学生不会解，我调查了部分不会解的学生，他们觉得最大的困难在于等量关系很难找。

师 4：我们班的部分学生习惯用列算式的方法来解应用题，但这道题目列算式有难度，于是就解不出来了。

师 1：我们班的部分学生感觉交水费现在都是自动的，离他们的生活有些遥远。确实如此，看来我们在设置生活情景时还是要更加贴近生活实际。但大部分的学生还是抽象思维难以开展，等量关系很难找到，我们一起来讨论一下复习课如何解决此类问题。

例 2 为鼓励居民节约用水，当地供水局制定了收费标准：每月用水量不超过 40 吨，则按每吨 1 元收费；如果超过 40 吨，则超过部分按 1.5 元每吨收费。小影家由于水表故障，7 月份水表只显示了水量的 60%，按照这个水量来计算 7 月份应缴费 43 元，那么该居民 7 月份应实际缴纳多少水费？

师 4：按照前面我们归纳的"建立求解一元一次方程模型过程"，分析学生在解题过程中遇到的实际困难。从实际的情境抽象成求水费的数学问题，在整理已知和未知的等量关系这个过程中，如果根据题目中的"实际缴纳的水费"来寻找等量关系，学生感觉就很困难，这个时候我们要让学生通过反复读题，"水表显示水量的 60% 时，7 月份应缴纳水费 43 元"，等量关系相比更容易找：7 月份水费 = 43 元。

根据题意，用水量只有超过了 40 吨，每吨水才按照 1.5 元收费，水费超过 40 元，所以用水量一定超过 40 吨，这样，等量关系为：

$$40 \times 1 + 超过 40 吨部分的水费 = 43$$

等量关系进一步细化为：$40 + 1.5 \times （实际用水量的 60\% - 40） = 43$

这时候，设实际用水量为 x 吨，$40 + 1.5(60\%x - 40) = 43$

$$x = 70$$

将用水量代回到应用题中，发现是合理的，再计算应缴纳的水费：

$$40 + （70 - 40） \times 1.5 = 85 元$$

答：该居民 7 月份应实际缴纳 85 元水费。

师 1：方程模型是一种基本的数学模型。它的建模过程与很多课程目标、核心概念、数学能力密切相关，用方程解决实际问题能很好地支撑这些能力的达成，并且渗透到数学的各个领域，我们要高度重视。

师 2：在讲解例 2 时，我们要强调列一元一次方程解决实际问题的基本步骤。

师 4：我们在读研究生的时候曾经学过波利亚解题的四步骤：理解问题、制定计划、执行计划、回顾，那么列方程解应用题跟解题四步骤之间有什么联系呢？

师 1：我们用刚才的例 2 一起来整理一下。

表 5-1　波利亚解题四步骤与列方程解应用题步骤比较

波利亚解题四步骤	例 2	列方程解应用题步骤
理清问题	每月水费可以列成表格 **分段计费** 计费方法：不超过 40 吨，每吨 1 元；超过 40 吨的部分，每吨 1.5 元	审题
制定计划	所求的问题有如下相等的关系： 40 吨水的水费与超过 40 吨部分的水费之和 =43，具体步骤为： 设实际用水量为 x 吨 → 用关于 x 的代数式表示超过 40 吨部分的水费 → 根据上述相等关系列出方程 → 解方程 → 检验	分析
执行计划	设实际用水量为 x 吨，则水表显示水量的 60% 时超过 40 吨部分的水费为 $1.5(60\%x-40)$，由题意列出方程 $40+1.5(60\%x-40)=43$ 解这个方程，得 $x=70$ 应缴纳的水费：$40+（70-40）×1.5=85$ 元 答：该居民 7 月份应实际缴纳 85 元水费	设元 / 列方程 / 解方程
回顾	检验：把方程的解代入方程，左边 = 右边，说明解无误，结果也符合实际	检验

师 3：应用意识是指有意识地利用数学的概念、原理和方法解释现实世界中的现象和规律，解决现实世界中的问题。应用意识的培养有助于学生用学过的知识和方法解决简单的实际问题，让学生养成理论联系实际的习惯，发展实践能力。例 2 来源于日常生活，抽象成一元一次方程的形式，使得学生体会和理解方程的应用广泛，更有意识地利用一元一次方程的概念、原理和方法解释现实现象，解决现实问题，即"方程知识现实化"。引导学生从方程的角度认识世界，提高应用意识和实践能力。

2. 整体建构系统化知识体系分析

师4： 这两个问题都非常典型，但是如果直接给出来，复习课又变成了习题课，再说，在新课的学习过程中，知识的呈现主要采用螺旋式上升的方式，知识以简单的应用为主，这样的教学才符合学生的身心特点。那么，在单元复习的时候，我们怎样建立系统化的知识体系？

师1： 这个问题提得很好，我觉得我们在单元复习的时候需要将原来相对孤立、零碎的知识形成系统的知识结构，这样形成一个整体，存储在大脑里，当需要使用这块知识时，便于提取和应用。

师2： 这个过程好比是用一根线将散落的珍珠一颗颗串起来，形成一整串珍珠项链。

师3： 这个比喻实在是非常非常妙的呢！为你点赞！

师2： 这个过程我们可以取一个名字，既然是体现整体，我们可否叫"整体构建单元复习法？"

师1： 这个名称体现了"整体性"，可以有，但如何给这个"整体建构单元复习法"下一个定义？

师2： 我觉得可以定义为"依据初中学习的内容的逻辑关系，进行单元整体复习设计，让学生自主建构知识体系，实现知识结构的重构，目的是发展学生的数学核心素养，最终实现数学育人。"

师1：《课程标准》提出义务教育阶段的数学学习，学生要"三会"，既然我们要让学生形成方程知识体系和数学思想的整体性结构，我们可以先将本章知识、思想形成一个整体性的图谱。

小方： 这个知识图谱既要体现概念和性质之间的联系，还要体现思维层面的相互关联。我们先将思维层面的内容整理出来。

师2： 我觉得本章主要的思想方法有现实问题抽象成数学问题、列出方程解决问题、从实际问题建立数学模型从而建立模型观念。

师3： 还有波利亚解决问题的四步骤。

小方： 我来画思维导图。

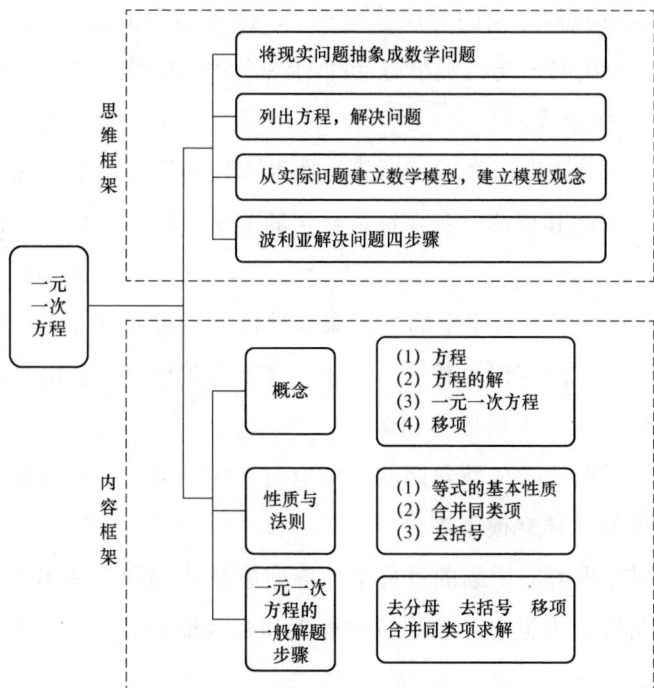

图 5-2 一元一次方程思维导图

3. 学习方式分析

师 2：这节课我们要做哪些准备工作？怎样让学生脑海里有整体的思想观念？

师 3：老师上课的时候边讲边画出思维导图，这种形式可以吗？

师 4：总觉得哪里不对劲。学生要形成科学的思维习惯，光凭教师的讲解效果并不够，我们可以尝试让学生画一画本章的思维导图吗？

小方：这个主意有点意思，我们要改变单一的讲授式的教学方式，让学生经历数学思考、数学表达、概括归纳等学习过程，体会数学是认识、理解、表达真实世界的工具、方法，养成良好的学习习惯。明天我就布置学生画一画本章的思维导图。

师 4：数学课程的育人价值可以在本章体现吗？例如，体现中国数学家贡献，或者中华民族独特的数学智慧之类。

师 2：我翻翻以前学习过的《数学史》，喔，有了，这个史料非常好！《历史上是谁引进方程的》。

小方：我将我们讨论的过程整理一下，准备后天上课。

师1：后天我们一起去听小方老师的课，然后总结。

4. 教学目标分析

师2：布卢姆认为，教学目标就是师生所预期达到的学习效果和标准，是教学的根本指向和核心任务，也是教学的关键。我们一起来分析本节课的教学目标。

师3：我觉得可以将本章的复习课教学目标设置如下：

（1）进一步巩固方程及其解、一元一次方程等概念，会用思维导图将本章知识和思想形成一个整体的图谱。

（2）现实问题抽象成数学问题，体验列方程中数学建模思想，从实际问题建立数学模型，建立模型观念。

（3）在列方程解应用题的过程中体会问题解决的四个基本步骤，逐步学会从方程的角度认识世界，增强应用意识和实践能力。

五、实践者实验

时间转瞬即逝，到了上公开课的时间，上午第三节，701班教室内黑压压的一片，数学组的教师及部分学校中层都来听课了。小方老师今天也是格外精神，穿一件乳白色的毛衣，很出挑。

1. 数学文化导入

师：著名的法国数学家笛卡尔曾经说过"一切问题都可以转化为数学问题，一切数学问题都可以转化为代数问题，而一切代数问题又都可以转化为方程问题。因此，一旦解决了方程问题，一切问题即将迎刃而解。""方程"一词在英语里是"equation"表示相等，可以引申理解为"含有未知数的等式"。最早的方程出现在3600年前的埃及。中文中的"方程"一词出自两千多年前的《九章算术》，在《九章算术》中阐述了负数及其加减运算法则，这在全世界属于首次。《九章算术》是一本优秀的历史著作，是当时世界上最简练有效的应用数学，同学们有时间做深入的了解，会有更多的惊喜等待着我们，同时为中国聪明智慧的先人点赞。我们前段时间我们一起学习了奇妙的一元一次方程，请同学们说一说这章主要学习了哪些内容？

2. 思维导图知识重构

学生一边翻昨天布置的思维导图，一边陆续有学生回答。

生 1：学习了一元一次方程的概念及解法。

生 2：列方程解应用题。

教师在学生回答的基础上将知识点和思想方法进行板书，画出"一元一次方程思维导图"（见图 5-2）。强调了从实际问题建立数学模型，建立模型观念。

师：下面展示部分同学们的思维导图（见图 5-3，图 5-4），我们一起来说说优点和不足。

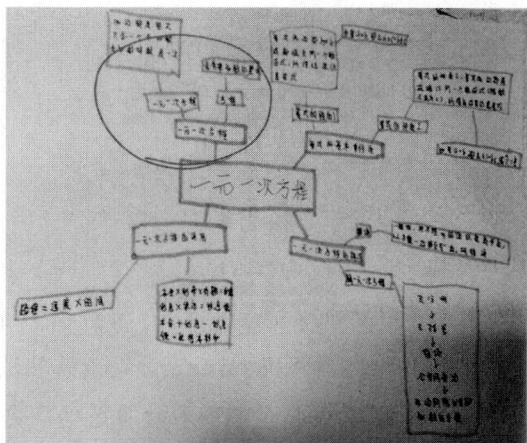

图 5-3　学生画的思维导图 1

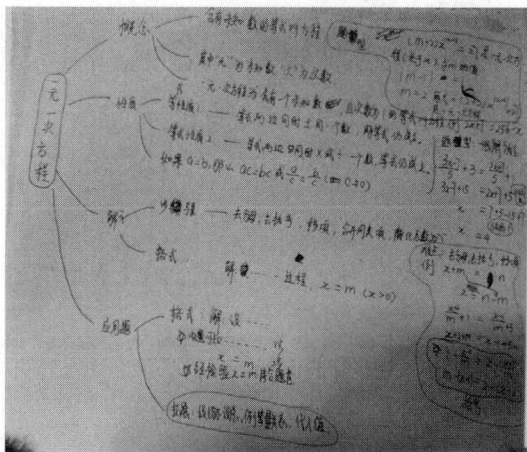

图 5-4　学生画的思维导图 2

生：分类有问题：一元一次方程中包含一元一次方程；优点的话将本章一元一次方程的运用的类型进行了归纳……

3. 核心概念引领思维思敏

关于一元一次方程的概念，我考考大家，看同学们掌握得如何？

例 3： 已知方程 $x^{|n|-3} - 2 = n - 5$ 是关于 x 的一元一次方程，求 n 的值。

（学生上台板书，教师讲评，强调了元和次的概念。）

师： 性质研究方面我们前面提到有等式的基本性质 1 和性质 2，下面 3 个问题分别请同学们先思考 1 分钟，然后开火车回答。

练 1. 在等式 $3x - 4 = 5$ 的两边同时 _____，得到 $3x = 9$。

练 2. 在等式 $-\dfrac{1}{3}x = 6$ 的两边同时 _____，得到 $x = -18$。

练 3. 如果 $3y - 7 = 5y + 1$，那么 $3y - 5y =$ _____，依据 _____。

（学生开火车回答后，教师点评。）

4. 聚焦数学思想方法

练 4. 请用适当的方法解方程

（1）$1 - 2(4 + y) = 5$　（2）$1 - \dfrac{x+2}{3} = \dfrac{x-1}{2}$　（3）$\dfrac{x}{0.4} - \dfrac{1}{5} = \dfrac{2x-1}{0.5}$

其中第（3）小题让两位同学上台板书，分析集中解法的优劣，强调"当方程的分母含有小数时，可以应用分式的基本性质把他们先化为整数，再去分母。"解法 2 属于程序性思维，有分母直接去分母，在去分母过程中，由于涉及很多的小数，解题风险较高，容易出错。解法 3 属于思维比较广阔的同学，通过观察，将看似复杂的式子直接化简，解法简单。

练 5. 能力提升——求参数值

1. 若关于 x 的方程 $2x - a = x - 2$ 的解为 $x = 3$，则字母 a 的值为（　　　）。

A. -5　　　　B. 5　　　　C. -7　　　　D. 7

2. 在解关于 x 的方程 $\dfrac{x+2}{3} = \dfrac{x+a}{5} - 2$ 时，小隐在去分母的过程中，右边的"-2"漏乘了分母 15，错误的求得方程的解为 $x = 4$，则方程正确的解是（　　　）。

A. $x = -10$　　B. $x = 16$　　C. $x = \dfrac{20}{3}$　　D. $x = 4$

5. 重视一般思考步骤

为鼓励居民节约用水，当地供水局制定了收费标准：每月用水量不超过 40 吨，则按每吨 1 元收费；如果超过 40 吨，则超过部分按 1.5 元每吨收费。小影家由于水表故障，7 月份水表只显示了水量的 60%，按照这个水量来计算 7 月份应缴费 43 元，那么该居民 7 月份应实际缴纳多少水费？

师：这个是作业题，许多同学解法是错误的，甚至是无从下手的，这题的困难在哪里？

生 1：等量关系很难找。

生 2：如果设该居民 7 月份应实际缴纳水费为 x 的话，很难与错误费用 43 元产生联系。

师：……（详细过程见上文例 2 的分析）。

在日常的生活中，我们会碰到各种各样的难题，这些问题如何解决，有没有通用的解决方式呢？数学家波利亚提出解题四步骤。

第一步：理解问题，弄清楚问题的意思，分清问题中的条件和要求的结论等。

第二步：制定计划，在理解问题的基础上，运用有关数学知识和方法拟出解决问题的思路和方案。

第三步：执行计划，把已制定的计划具体地进行实施，包括建立数学模型，求解等。

第四步：回顾，对整个解题过程进行必要的检查和反思，进行适当的引申、拓展、举一反三等。

请完成表格（详见表 5-1）

6. 课堂总结形成体系

师：方程是数与代数的主要内容之一，我们本节课主要复习了哪些内容？

生：方程相关的概念、方程的解法、用列方程的方法解决实际问题。

生：数学的模型思想……

教师一边听一边画出关系图：

图 5-5　列方程解实际问题的模型思想

六、研究者验证

1. 学生的反馈

下课铃声响了，学生叽叽喳喳围在小方老师身边，感觉意犹未尽。教研组的老师们也走到学生中间，与学生们聊起对本节课的感受。

师 2：这位同学，这节课上下来你感觉怎么样？题目做得多不多？

生 1：这节复习课感觉跟原来的不一样，我们自己参与知识点梳理，印象很深刻，可惜思维导图展示没有轮到我，下次争取被选上。老师跟我们一起面对困难，列方程解应用题感觉没那么难了。

生 2：我也是，原来我列一元一次方程解应用题很怕，找不到等量关系，通过今天的复习，感觉没那么难了，希望下次复习课还这样上。

生 3：原来生活中一切问题都可以转化成数学问题呀，有意思。

生 4：我感觉这节课没怎么做习题，比起以前的复习课，好玩多了，老师还介绍了古代先贤的辉煌成就，让我们倍感自豪。

小方：上这样的复习课我感觉比以前好多了，上课的氛围要好一些，学生思维也活跃了，尤其是在展示思维导图的时候一个个跃跃欲试，被展示的学生很自豪。经过这几天的思考和实践，感觉对方程认识更深一个层次了。

第四节课，教研组的活动转移到研讨室，开始了研讨活动。按照以往教研活动的流程，先由上课的教师讲述设计的理念和想法，上课后的反思，同教研组的教师再交流，发表各自的看法。

2. 教研组研讨

小方：终于把课给上下来了！好累啊，今天晚上终于可以睡一个好觉了。我先来讲讲上课的思路，上课这几个环节是我在师傅的指导下确定下来的。创意还是来源于我们之前的研讨，最大的感受是我在这段时间对核心素养的落实有了更深刻的理解。我觉得让学生自主建构知识体系，实现知识结构的重构是落实核心素养的路径之一。在新课的学习过程中，学生以形成数学知识，以及数学知识的简单应用为主；而在复习课中，就需要将原来孤立的知识形成系统的知识结构，便于提取和运用。在方程这章，我们需要学生建立代数式与方程、移项与等式基本性质之间的联系，在建立新的知识关联中深化知识的理解，体会方程中知识关联和应用的数学模型和转化思想，建立模型观念。在建立模型中讲思想、讲操作程序，在整体复习中实现对方程内容的认知重构。

师2：我体会到要用一般的观念引领复习课的教学。用核心的概念和理论引领学生进行单元知识的回顾、整理和应用。这样做的好处是能抽象出单元知识的内在联系，知识体系，帮助学生形成系统化、简约化的知识体系。

师1：我们还要重视一般思考的抽象和概括。例如，解方程的一般解题步骤和波利亚解题四个步骤之间的关系。

师4：通过这次教研活动，我更加深刻地体会到了要适度搭建学习支架，对于七年级的学生而言，知识的学习和梳理，需要有框架的指导，原来学生并不理解思维导图，我利用"空中课堂"中的资料介绍了几种常用的方法，学生也就明白了。

师2：我更加深刻理解了数学的课程目标集中体现数学课程的育人价值，利用数学的内在力量，发展学生的数学抽象、逻辑推理、数学建模等，是实现数学育人的根本途径。以前觉得立德树人，跟我们数学学科没有关系，现在看来，数学教育对学生核心素养的贡献方面，除了智力发展外，还可以在科学精神方面有所体现，我们要让学生用科学色思维方式认识事物，解决问题、指导行为。波利亚的解题四步骤很好的指导学生解决日常问题。

师1：根据上面我们的讨论，可以将核心素养立意的数学复习课的策略归纳为：整体建构、观念引领、聚焦方法、重视抽象。当然，不同的课型复习策略会有所不同，以后我们每种类型的复习课上课前先研讨，再归纳总结，争取在初三的时候出版一本有关复习策略的专著。

3. 寻找研究的理论依据

（1）理论依据——核心素养

核心素养是个人终身发展、融入主流社会和充分就业所必需的素养的集合。核心素养聚焦全面发展的人，而学生发展核心素养指"学生应具备的、能够适应终身发展和社会发展需要的必备品格和关键能力"。从这一角度而言，核心素养是对素质教育内涵的解读与具体化，是全面深化教育改革的一个关键方面。

1）学生核心素养的成分

数学核心素养必须经过真正意义上的数学学习才能形成。学习数学本质上就是学会数学化，也就是学会"戴一副数学的眼镜"思考问题、分析处理问题，用数学思维方式提升自己的幸福指数，拓展自己的生存空间。数学核心素养是具有数学基本特征的思维品质、关键能力，以及情感、态度与价值观的综合体现，是在数学学习和应用的过程中逐步形成和发展的，学生只有亲身经历数学化活动，才能真正形成数学核心素养。

2）实施数学核心素养发展的策略

培养数学"三会"素养。主要是培养数学的思维，既教学生学会用逻辑思维方法探究并解决数学模型，进而用逻辑思维方法建构数学知识体系。实施系统化教学。数学系统化教学有"七化"，即教学设计整体化、单元选择主题化、碎片知识系统化、核心知识焦点化、基本思想全息化、问题解决策略化、教学时间节省化。引导学生自组织学习。数学学习是一个知识内化、方法迁移、思想感悟、系统集成的自组织过程，即数学学习不仅需要教师、学习环境、学习共同体等他组织，更需要以独立思考为数学学习根本特点的自我组织。

（2）理论依据——数学认知结构

根据奥苏泊尔的认识同化理论、布鲁纳提出来的认知结构学习理论，以及认知结构迁移理论可以知道，认知结构是一个具有整体性的结构。整体性的认知结构有利于学生进行结构性的迁移学习，学习者头脑中拥有的良好的认知结构是学生能够成功学习的基础和关键。学生头脑中的数学知识应该是一个逐步建构的具有逻辑意义的联系紧密的整体结构，而不是零散的、无序的知识点。

1）认知结构学习理论

奥苏泊尔指出，数学知识结构是学生建构自身数学知识结构的客观基础，学生通过认知活动将数学知识结构逐渐内化为自己的认知结构。认知建构理论认为，学生具有的完备的知识结构是学生能够建构、发展和完善自己良好数学认知结构的前提保障。反过来，学生良好的数学认知结构也能够有效地促进学生对新的数学知识的学习。所以，在教学中教师要为学生呈现完备的知识结构，注重教会学生对知识的整体建构。

2）认知同化理论

认知同化理论是由著名的认知心理学家奥苏泊尔提出的教学理论。认知同化理论认为，学习是由学习者利用其大脑中原有认知结构中的与要学习的新知识有关的内容去同化新知识，并将新知识纳入原有认知结构中或者形成新的认知结构的过程。学习者头脑中拥有的良好的认知结构是学生能够成功学习的基础和关键。

（3）理论基础——教师专业发展

1）教师知识分类

对于教师知识分类，我国学者认为，能胜任教育教学的教师，其合理的知识结构应具备三方面的知识，本体性知识、条件知识和实践性知识。其中，本体性知识指教师知识中的学科知识，它不仅对教师专业发展起决定性作用，同时对学生学习的有效性起到保障作用；条件性知识指教育学相关知识，即个体在什么时候、为什么，以及在何种条件下才能更好地运用陈述性知识和程序性知识的知识类型；实践性知识指教师应对实际教学情境时所需的知识，大部分表现为教师的教学经验。

2）教师专业发展途径

教师专业发展是指教师在专业知识和技能、教育教学理念和教学方法等方面不断提升和发展的过程。教师专业发展的途径除了师范教育外可以分为以下几个方面。① 继续教育，教师可以通过参加培训班、学习研讨会、听教学讲座等形式，不断更新专业知识和教育教学理念，提高自己的教育教学水平。② 课程改革，教师可以参与学校的课程改革工作，积极参与课程设计和制定，不断优化教育教学内容，拓宽学生思维。③ 教育实践，教师可以参与学生实践教育活动，积累工作经验，使自己贴近学生，理解学生需求，进一步提高自己的教育教学水平。④ 学术研究，教师可以参与科研项目、学术会议等活动，深化对教育教学理论的认识，提高对教育教学实践的指导能力。

4. 理论在行动研究中运用

（1）认知结构学习理论

案例中小方老师提到的"同样的题目，练了很多遍，形式稍微换一下，学生又不会做了"的现象是因为重复练习，效果是递减的，零散的，无序的知识点不利于学生应对新的挑战。根据奥苏泊尔的认识同化理论、布鲁纳提出来的认知结构学习理论，以及认知结构，整体性的认知结构有利于学生进行结构性的迁移学习，学习者头脑中拥有的良好的认知结构是学生能够成功学的基础和关键。换句话说，学生头脑中的数学知识应该是一个逐步建构的具有逻辑意义的联系紧密的整体结构，而不是零散的、无序的知识点。

（2）实施数学核心素养发展的策略

案例中对于学生平常作业不会解的有关电费问题，引导学生从实际背景（问题情境）中看出并抽象出数量关系或空间形式，从各类问题情境中抽象出数学概念，引入数学符号，形成数学问题，并建立数学模型，这个过程为"情境—概念—符号—问题—模型"。培养数学的思维，即教学生学会用逻辑思维方法探究并解决数学模型，进而用逻辑思维方法建构数学知识体系。

整个案例中很好的体现了实施系统化教学策略。数学系统化教学有"七化"，即教学设计整体化、单元选择主题化、碎片知识系统化、核心知识焦点化、基本思想全息化、问题解决策略化、教学时间节省化。

案例中在上课前让学生画整章知识的思维导图，很好的体现了"引导学生自组织学习"的策略。数学学习是一个知识内化、方法迁移、思想感悟、系统集成的自组织过程，即数学学习不仅需要教师、学习环境、学习共同体等其他组织，更需要以独立思考为数学学习根本特点的自组织。激发学生学习数学的自组织动机、训练自组织方法、自觉自组织迁移、实现自组织监控，是学生生产数学核心素养的基本策略。

（3）教师专业发展

案例中，小方老师从吐槽复习课的烦恼，到很有自信地上复习课，且得到学生和同事的一致好评，这一过程中通过自我教育、同伴帮助等不同途径获得专业提升。第一，教学反思，小方老师在教学过程中有了更清晰的专业自我认识，也能在此基础上加深对新课程理念的认识。第二，阅读与思考，小方老师在整个过程中进行了大量的阅读与思考。第三，同伴帮助，小方老师在教研组的帮助下，设计了整体建构素养导向复习课的一般环节。第四，专家指引，小方老师在师傅某教师的指引下发现自身专业知识的不足，及时查缺补漏。

七、方案改进

为了培养学生的数学核心素养，数学教师必须具备一定的通识素养和良好的数学专业素养，教师的专业发展途径主要有师范教育、课程改革、教学研究、教育实践、学术研究等，其中在新一轮的课程改革大背景下，每位教师要勇立时代潮流，紧跟改革的步伐，乘风破浪，切实促进学生数学核心素养的发展，使学生成为具有健全人格、能担当民族复兴大任的时代新人。

这节课在学生培养上注重核心素养的培养，但在今后教学中不仅复习课要体现整体建构，在新授课教学中体现大单元教学，将发展学生的核心素养落实到每一节课。

第六章 沟通交流能力：
教师自主发展有效途径

　　人是一切社会关系的总和。无论你从事什么职业，承担着什么样的社会责任，以什么样的身份生活，拥有良好的人际关系都是让你拥有幸福生活、成功事业的保障，而强有力的沟通能力是拥有良好人际关系的关键。作为教师，在日常生活中要跟学生、家长、学校领导、同事等方方面面的人打交道；因此，能够与周围的人们保持良好的、顺畅的沟通，建立积极的人际关系是教师顺利完成教育教学工作的关键。

第一节　教师人际关系

　　百度百科将人际关系定义为：人们在人际交往过程中结成的心理关系、心理上的距离。人际关系包括三种成分，认识成分、动作成分和情感成分。其中情感成分是核心成分，人际关系反映了交往双方需要的满足程度。作为社会成员的我们，与周围的人建立各种各样的关系，有亲子关系、兄弟姐妹关系、夫妻关系、师生关系、同事关系、朋友关系、上下级关系、销售与客户关系等。

　　和谐的人际关系对每个人来讲都至关重要，因为它不但影响着人们的生活质量，以及工作和学习的绩效，还是衡量个体心理健康水平的主要标准之一。心理学家的大量研究和人们的生活实践都表明，良好的人际关系是其心理正常发展、个性健康和生活具有幸福感的前提条件。从日常工作的人际交往对象上来看，教师最重要的交往对象莫过于学生、家长、同事及领导这四类人。对于家人而言，虽然对教师同样重要，但是与家人的相处是每个人都必须面对和处理好的重要任务，并非教师这一职业独特的交际对象，所以在这里主要来讨论教师与学生关系、教师与学生家长的关系、教师间的同事关系、教师与学校管理者，以及教师与课程专家间的关系。

一、教师建立良好人际关系的意义

教师拥有良好的人际关系影响学生的身心健康。教师要为人师表，言传身教，以健全的人格，良好、互助的人际关系去感染熏陶学生。教师的人际关系影响教学效果。教学是教师的教和学生的学的双边活动，在和谐的师生关系中，教师和学生心理相容，教师以自身的人格魅力感染着学生，学生充分发挥主动性，在和谐的氛围中达到良好的教学效果。教师的人际关系影响学校的氛围。一所学校，如果师生之间、同事之间、教师与家长之间的关系是融洽和谐的，不但有利于工作开展，而且能营造一种健康文明、和谐向上的校园氛围。教师的人际关系影响社会风气。人际交往行为看起来是个人的小事，实际上是人的思想道德素质的体现，是社会风气和精神面貌的体现。要建设富强、民主、文明、和谐的社会，要求教师不断提高交往能力，加强与外界的交流与沟通，为和谐社会尽一份力。

二、陶行知的教师人际关系思想

在陶行知看来，教师应该将自己的整个生命和全部精力都献给祖国的教育事业。他说，我们深信如果全国教师对于儿童都有"鞠躬尽瘁，死而后已"的决心，必能为我们民族创造一个伟大的新生命。陶行知在教师的人际关系上有精辟的阐述。

1. 为人民服务的教群关系

陶行知的一生始终站在弱势群体的教育立场上，不断用"为了苦孩，甘为骆驼"的献身精神勉励自己。在乡村教师与劳苦大众之间的关系问题上，陶行知指出，乡村教师只有放下读书人的架子，向老百姓学习，练就农夫的身手，才能真正融入到乡村建设中，利于乡村教育。在《小学教师与民主运动》中，陶行知勉励教师要时刻做到"民之所好好之，民之所恶恶之。教人民进步者，拜人民为老师"。

陶行知希望通过教师的工作不仅将科学知识普及于人民中间，而且将民主的种子撒播进中国广阔的大地上。在《我们的信条》中，陶行知写道"我们深信乡村学校应以改造乡村生活为中心""我们深信乡村教师应当做改造乡村生活的灵魂"，将学校和教师推向了改造中国社会的前台。

2. 民主平等的师生关系

陶行知认为师生关系可以从教育和生活两个视角去分析，在教育视角下，学生是教育的主体，教师是一种特殊的环境，他主动地、积极地作用于学生的成长过程，同时又服从于和服务于学生的成长需要。

陶行知认为教师在学生成长过程中作为指导者的角色是必不可少的，但又不能越俎代庖。在《教育与科学方法》中，陶行知讲了两个教师的故事。一个教师让学生坐在车上，叫车夫拉着拼命跑上几十里到达目的地，结果自然是学生轻松，车夫辛苦，但学生仍然不知道回来的路该怎么走。另一个教师则让学生自己去，告诉他不识路就问警察，这样学生虽然辛苦但是回来时总是知道路的。通过这个故事陶行知想告诉教师，在师生关系上如果教师都亲力亲为，非常辛苦，学生学习的效果未必好。学生在探索过程中，教师要关注并且给予适当的指导。

同时，在处理师生关系中要学会拜学生为师，从学生的视角看问题。"教师只有来到小孩子的队伍里，'发现、了解、解放、信仰'以至变成'一个小孩'，才能真正教导小孩"。

3. 团结互助的师师关系

陶行知认为教师之间应该是一种各尽所能、团结互助的同志关系。他将晓庄师范学校看作是一个同志的结合。在《南京晓庄师范学校》一文中，陶行知写道，"晓庄不是别的，而是一个'人园'和花园有相类似的意义。我们愿意在这里面的人都能各得其所，现出个人本来之美，以构成晓庄之美。"

三、人际关系处理原则与方法

"祸不单行"的年轻女教师

小美老师是一位刚满三十的年轻女教师，作为年轻的小学教师，小美一直以来颇受学生欢迎，教学成绩也不错，已经是学校的骨干教师。最近，有点烦。事情的缘由是在工作中跟一个刚才外校调过来的张老师发生了矛盾，彼此都觉得受了委屈，心里很难过。虽然事后校领导出面进行调解，表面上事情好像是过去了，但小美心里总觉得有个疙瘩，哪里都觉得不痛快。

偏偏这个时候，任教的班级又出了问题，学生跟自己的班主任告状，说是小美老师看不起他们，上课的时候经常冲他们发火，老是板着一张脸。小美心里这个委屈的呀，想想这次期中考试自己任教的两个班级成绩拉出来了，自己当班主任的三班名列前茅，而任教的四班没达到年级平均水平，明明自己是把时间和精力更多地放在四班，累死累活得没有成效不说，还被学生抱怨。

小美满肚子委屈地回到家里，晚饭也不想烧，坐在沙发上发呆。这时候丈夫拖着疲倦的身躯回到家，看到家里黑着灯，妻子坐在沙发上玩着手机，晚饭也没烧，也有些不高兴，说了句："怎么回事，晚饭也没烧！"小美原本就在单位受了委屈，心中不悦，又被丈夫抱怨，没好气地说："我也上班，凭什么一定是我烧晚饭，我就不烧咋啦！"夫妻俩正闹的不开心，儿子放学回家，看到没晚饭吃，

不开心地叫嚷着："我都饿死了，晚饭呢？"小美正在气头上，打了儿子一巴掌。儿子嚎啕大哭，小美也跟着哭了起来。

案例中的小美，没有处理好跟同事之间的人际关系，又没办法面对同事将情绪发泄了，带着这种情绪进入课堂，学生觉得"老师看不起他们，上课的时候经常冲他们发火，老是板着一张脸"其实是小美潜意识地将学生当作了情绪发泄的替罪羊。后面回家以后的表现和情绪宣泄是同样的惯

性作用，由于情绪的弥散性，妨碍了对后面事情的处理，于是小美的麻烦一个接着一个，直到事情变得非常糟糕。那么，我们该如何处理人际关系呢？

1. 平等交往的原则

平等交往是人际关系和谐的前提与基础。平等交往是指人格上的平等，无论是哪一方，都不能以一种高高在上的姿态看待别人。如果在交往过程中，你觉得自己高人一等，处处咄咄逼人，谁愿意与你交往，这样的人际关系是不和谐的，没办法深交。无论是师生之间、同事之间、学校管理者与教师之间都应该建立一种平等的关系。

2. 相容的原则

在人际交往中要大度，有气量，能克己容人。汉代的刘向有个重要见解：君子欲和人，譬如水火不相燃，而鼎在其间，水火不乱，乃和百味。有些分歧是不能消除的，尖锐对立如同水火，但是如果能找到一只鼎隔在其间，让他们发挥各自的作用，指向一个共同的目标，那么，势如水火的分歧也能调和。为人处世方面肚量要大，要学会包容他人。每个人的生活环境不同，难免在相处过程中会产生分歧，这时候要学会宽容，能包容别人不同的观点与见解。上述案例中的张老师刚刚到了一个新的学校，对学校的情况和同事都不熟悉，这时候作为学校的"老"教师的小美老师，更应该对张老师宽容一些，即使张老师言行上有些不够妥当，也应该本着相容原则，与张老师好好相处。

3. 互利的原则

这一原则是维持人际关系的重要纽带，互利和互助是紧密联系的，在交往过程中应该互助互利，使双方都得到合理的、适度的利益或一定的精神满足。这包括在交往过程同事之间的礼尚往来，讲互利，不能仅仅局限于物质需求的满足，互利不是简单的物质交换，还包括精神上相互支持。例如，同事家里有困难，老人生病需要照顾，可以给予同事精神与行动上的支持与帮忙，帮忙维持班级早自修的纪律、作业帮忙批改一部分等；下次你班里家长有意见，让你很烦恼，同事也会帮你想办法等。

4. 多沟通交流

俗话说的好：鼓不敲不响，话不说不透。人与人之间的矛盾往往是由于沟通交流不畅造成的。从心理角度来说，没有完全相同的 DNA，人与人之间的差异性是本质区别。只有通过有效的沟通与交流，才知道彼此的分歧在哪里，才有可能消除矛盾，弥合分歧，避免冲突的加剧与升级。上述案例中小美老师与学生之间有矛盾时，要多跟学生沟通交流，表达自身的疑惑，为什么这次期中考试失利，原因在哪里？学生也表达对老师不满的原因在哪里，再寻找解决办法。与同事之间的矛盾也是如此，如果多沟通交流，消除其中误会，估计也就不需要领导出面才能解决问题了。

5. 多换位思考

己所不欲，勿施于人，多换位思考，看看同样的事情如果发生在自己身上，自己是否能接受，如果接受不了就不要做。上述案例中小美老师带着情绪进课堂引发学生对其不满，小美老师没有从自身找原因，觉得学生没有理解和珍惜自己的辛苦付出。如果小美老师换位思考，从学生的角度出发，作为学生期中考试考不好已经非常地沮丧，而小美老师板着一张脸，劈头盖脸地批评学生，还把三班搬出来，分明是炫耀，是看不起人，从而走向了对立面。

第二节　和谐的师生关系

教师与学生之间的关系是一名职业教师最主要的人际关系。最近在"新教育在线"网站读到一位学生发的帖子《我们的班规也管老师》，其中写道："班级法规"中最令我们自豪的当然是李老师的这一章了。上面清楚地写着，"李老师不得随意占自习课及读报课""老师上课不能迟到，下课不能拖课两分钟以上""班主任每月在班上无故发火不能超过一次""不得用不文明语言侮辱同学的人格"，等等。李老师的批语是：让你们监督我，绝不是以"严于律己"的"高尚品德"来博取你们的"崇拜"或"以身作则"使"班规"能顺利实施，而是给你们树立一种观念，任何人都有弱点，因此任何人都需要制约。纪律面前，人人平等。老师是班级集体的一员，岂能不受"班级法规"的约束。这位李老师就是李镇西先生，他倡导的是和谐教育和平等对话的教育理念，在这样的教育理念下，师生关系是和谐、民主的良好关系。

一、师生关系的历史考察

只要有教育，就会有师生关系，也就有如何处理师生关系的问题存在。对于中国这样一个有着几千年文明史的国度而言，有关师生关系的思想观点源远流长。到了近代师生关系思想受国外有关思想的巨大影响与追求中国本土化的努力交织在一起，师生关系开始走向以人为本、民主平等日益凸显。

1. 中国传统的师生关系

荀子联系一个国家的兴衰论述了尊师的意义："国将兴，必贵师而重傅……国将衰，必贱师而轻傅"唐代的韩愈写了中国第一篇专门论述教师的文章，即著名的《师说》，他认为一个人的成长离不开教师，因为教师担负着向学生讲解大道、传授知识、解答疑难的作用。因此，他在《师说》中的第一句话就是："古之学者必有师。师者，所以传道授业解惑也。尊师重道的思想到今天仍然要继承和发扬光大。同时应该看到在古代师生关系中有等级和尊卑上下的思想，这种思想认为教师具有绝对权威、学生必须绝对服从教师，要摒弃这种不平等的思想。

2. 现代师生关系的发展

我国在西方各种思想特别是实用主义教育思想的影响下，以学生为中心的师生民主平等思想占了主流地位，到20世纪80年代初，人们提出了以学生为主体的思想。90年代中期，提出了师生之间是民主平等的主体间性的关系。从以上的发展脉络可以看出，师生民主平等思想是贯穿我国百年来师生关系思想发展历史的一条红线，也是百年来人们不懈地探讨与追求的内容和目标。师生民主平等思想在我国由最初处于被反对、有争议的地位到初步确立、再到成为了不可动摇的理念，由最初的粗糙观点到今天人们比较深入、系统的论述，由师生二元对立走向师生融合的主体间性关系。

3. 师生关系趋势：走向以人为本

随着时代的发展，人们发现教师与学生的关系不仅仅是教育者与被教育者的关系，也不仅仅是教与学的关系，而是生命与生命的关系。这是一种完全平等的关系，是生命与生命之间全方位地交流知识、智慧、人生感悟、经验体会等，是思维层面、知识层面、精神层面等的共享；在这样的理念下，师生不再是彼此的工具，而是一个个鲜活的生命，人性被凸显被重视。师生关系，先是人与人之间的关系，不仅要关注学生的人性，也要重视教师的人性，师生关系是建立在人性基础上的和谐的关系。

二、良好师生关系的建立

俗话说，"良好的开端是成功的一半。"建立良好的师生关系先要做好与学生的第一次交往。

心理学中的首因效应用来指导师生关系的建立是非常有效的。实验证明，这种第一印象不仅不易消退，而且还会对他人的社会知觉产生较强的影响。学生心智还不成熟，他们经常会因为对教师的第一印象的好坏带到课堂及教师所任教的学科。所以，教师要做好与学生的第一次交往。

教师与学生第一次见面前，要做好充分的准备，要熟悉班级的学生，了解每一位学生的兴趣爱好，家庭背景，优缺点。要表现得平等得体，有亲和力，这样容易打开学生的心扉。第一次见面不要试着去树立所谓的权威，这个可以慢慢来，免得让学生产生抵触心理。要让学生觉得这位老师很真诚，她愿意做我们的朋友。

第一次上课，教师不但要备好课程的课，还要将自身的教学特点、教学理念、教学规范等介绍给学生，力求给学生留下一个学识渊博、有教学艺术、讲课堂规矩的教师形象。

第一次班会课。班会课是围绕一定主题举行的班级成员会议。这个主题可以是学生共同关心、感兴趣的或者是集体中产生较大分歧的问题等。第一次班会课的主题、形式、程序等要充分征求大家的意见，班会课形成的决议要严格执行，给学生留下教师"言必行，行必果"的良好印象。

我的挑战

从教二十五年，当班主任二十三年，接触了形形色色的班级，其中接九年级五班给我留下了深刻的印象，现在每每想起，还历历在目。这个五班是A校的非常有名的班级、有名的团结、有名的有个性有思想。A校是当地最好的私立初中学校，竞争非常激烈，学费也不是普通家庭能够负担的；有种说法，说是能上Ａ校的学生，家庭非富即贵，还得学生自身成绩好，虽然有夸张的成分，也能说明一些问题。905班原来的班主任张老师是外地招聘到Ａ校，风趣幽默，富有爱心，在当地没啥朋友，一门心思都花在学生身上，与学生的感情极其好，学生不叫张老师，都称他为"宽哥"。就是这样的"宽哥"，由于两地分居，妻子用离婚来威胁他，要他调回老家过小日子。"宽哥"在初二的暑假前一步三回首地与学生道别，学生哭成一片。905班的学生整个暑假都在打听新接任的班主任，甚至说来一个"打发"一个，迫使学校去请他们的"宽哥"回来继续当他们的班主任。

为了接任这样的班级，暑假期间我做足了功课，将学生的档案和原来的资料分类整理，收集了张老师与学生相处的照片，在见面之前每个学生的特点和样子都非常了解。通过各种途径接触一些特别的学生。例如，班长Ｃ同学是一个学习狂热分子，对学习有着偏执的热爱，尤其爱钻研奥数题，这不正是我的强项吗。我先跟Ｃ同学的家长联系，在Ｃ同学被奥数题折磨的近乎抓狂的时候，我出现了，轻松解决问题，搞定Ｃ同学。文艺委员Ｄ暑期在减肥，苦于找不到适合的方法，我就是那个"知心姐姐"。除了一一攻破这些有个性的学生外，我还让副班主任出面召集了各方面中等学生到咖啡馆，了解这部分学生的需求和想法。这部分学生由于各方面平平淡淡，是最容易被忽视的。看到我这么隆重地请他们喝咖啡，倾听他们的心声，而且一见面就能叫出他们的姓名，对他们的兴趣爱好了如指掌，一个个都非常感动。

有了前面的铺垫，正式开学的时候，一切都顺理成章，平稳过渡。第一次的数学课，我当然不能错过这样的表现机会。上课原本就是我的强项，全国优质课二等奖可不是拿来吃素的，加上准备充分，一堂数学课行云流水般的上下来，已经有一部分成为我的迷弟迷妹，早早就忘了当时的眼泪汪汪送别"宽哥"的场景。我们正式愉快的开启了美好而紧张的初三生活。

三、良好师生关系新模式：师生共同体

"共同体"这一概念是舶来品，最早是由德国社会学家滕尼斯在1887年成名作《社区和社会》中提出的。它是人类社会学范畴的概念，着重强调人

与人之间的亲密关联，特别是形成共同的精神意识，以及共同的归属感和认同感。新时代随着互联网的及智能手机的普及，教师与学生的交往方式发生了很大的变化，同时师生之间也出现了一些交际减少、交流变得困难等问题。如果师生间能构建成为"师生共同体"，彼此基于平等、和谐与民主的师生关系；师生之间进行多个层次的交流促进彼此共同学习成长。

四、沟通技巧

我国现阶段义务教育阶段教师队伍中对沟通存在一些误解，有的人认为沟通就是说好听的话，也有些教师认为沟通的能力是由性格决定的，外向的教师自然会沟通。认为沟通是人与人之间、人与群体之间思想与感情的传递与反馈的过程，以求思想达成一致和感情的流畅。从上述定义来看，沟通是一个过程，目的是思想达成一致。教师与学生之间的沟通是为了教师和学生共同成长，彼此成就。在这样的过程中，有一些技巧十分有效。

1. 倾听是师生沟通的有效途径

良好的师生关系是建立在有效的沟通上的，有效的沟通要求信息双向传输，既要有自上而下的传输，又要有自下而上的反馈。这就要求教师在处理问题时，要注意倾听学生的想法，从而掌握学生的心理和思想动态。

（1）倾听在沟通中的作用。倾听满足了学生自尊的需要，体现出教师对学生的理解和尊重，学生更容易打开心扉，促进师生间的情感交流，有利于建立和谐的师生关系。在倾听过程中教师更能了解学生及班级情况，了解学生的思想动态，收集到更全面的更细致的信息，从而为教师做出科学的决策提供依据。倾听有利于学生的身心健康和促进学生个性的发展。学生，在倾述的过程中有一个正确的倾述的途径，排解其内心的忧虑与烦恼，实现心理沟通和情感交流。

（2）倾听是发挥更大作用的途径。要精心准备，创设良好的情景。由于教师与学生之间的不对等，学生很容易产生紧张不安的心理，这时候教师要积极地引导，创造一个轻松友好的谈话氛围；在倾听的过程中，教师要时刻关注学生的情绪变化，对学生述说的内容做出积极的反馈，当学生说到开心的时候，要赞许点头示意，当学生很悲愤的时候，要鼓励，适时地安慰。要耐心倾听，当好听众。学生习惯了听老师说，有老师听他说的时候不免会紧张，这时候教师要耐心安慰，当学生语无伦次的时候要鼓励，当学生叙说的过程有些繁杂的时候，要安静的听他说完，不要轻易地打断他。即使是学生评说到自己，觉得观点非常不正确，也要听学生说完再发表意见。要关心体贴，尊重理解。教师与学生在人格上是平等的，尊重学生包括尊重学生的人格、尊重学生当下的状态。学生由于知识水平、经验阅历、看问题的角度等方面的问题，对许多问题的看法自然存在偏颇之处，教师要尊重学生的现状，从学生的角度出发看问题，真正理解学生的内心感受，找准学生思想动态，有的放矢地解决问题。

2. 共情是师生沟通的润滑剂

"共情"这个概念有着哲学和美学的渊源。德国哲学家 Robert Vischer 建议用"Einfuhlung"这个德文单词来表述人们把自己真实的心灵感受主动地投射到自己所看到的事物上的一种现象。Edward Titchener 在 1909 年创造了一个英文新词"empathy"来取代"Einfuhlung"，重新定义为："一个把客体人性化的过程，感觉我们自己进入别的东西内部的过程。"20 世纪 50 年代，美国人本主义心理学家、教育家罗杰斯对"共情"作了进一步阐释：共情就是站在他人的角度，体验他人的精神世界，就像看自己一样去看别人的精神世界，是一种深入到他人主观世界的能力，也是一种对他人情绪情感的感受力和理解力。共情是两个人或者更多的人在认知和情感层面上的共同感受或精神共鸣，同理心、同感、移情都是同义词。

（1）共情的作用有很多，归纳起来有以下两方面。一是有心理保健功能。具备共情能力的教师心理更健康，师生很多的矛盾是因为缺乏共情能力造成的。教师如果具有共情这一特质，就会更加善解人意，更具有亲和力，对学生更宽容、更会关心学生。二是具有人生升华功能。共情中的情感因素和认知因素是相互影响的，情感依赖认识，情感也反作用认识，积极的情感不仅可以推动认识过程的发展，而且可以促进人性得到升华。

（2）教师共情技巧的运用。教师要有良好的素质。教师能否准确有效的共情，与教师内在的素质有直接关系，教师只有具备高尚的职业道德情操、深厚的教育情怀、广博的知识结构、熟知各年龄段学生的心理特征，才能与学生准确共情。教师要会观察，能倾听。社会心理学家研究表明，在人际活动中，有65%的信息是以非语言的形式传递的，因此，教师要学会观察，迅速捕捉那些细小的非言语表达中的信息，准确把握学生的心理动态。除了观察外，听其言同样重要，教师诚心地听学生说，静心体会学生的感受，让学生毫无顾忌的将内心的世界展示给老师。教师还需尊重对方，准确表达。教师感知到学生的心理，更要准确地表达出来。教师与学生共情，不仅要"心心相印"，还要"声声相通"。要把对学生的共情准确地表达出来，示意给学生。教师表达共情，要以尊重为前提，以准确的语言、恰当的方式传情达意，不能让学生产生歧义的理解甚至是误解或抗拒。

（3）学生共情能力的培养。有效的共情是双向的、互动的。学生共情能力的培养也是非常重要的，只有培养了学生的共情能力，才能获得共赢。要健全学生的人格，学会关爱他人。现在的学生，由于在家受到长辈无微不至地照顾，形成以自我为中心的思想，往往想着我要什么，很少关心关爱他人。教师可以通过互换角色、送爱心活动等多种形式让学生心中有他人，学会理解和宽容。

你的心思我来猜

小丽平常活泼好动，一下课总是会跑过来叽叽喳喳地与我分享上课的感受，这几天像是霜打的茄子，整天耷拉着脑袋，一副无精打采的样子，我知道，她一定有心事了。这天大课间，我东西太多，找了个需要小丽帮我拿到办公室的理由，带着小丽来到办公室，然后拿了一瓶酸奶，作为小丽帮我拿书本的奖励，我自己也拿了一瓶，与小丽一人一瓶，一边喝一边聊着。当问起小丽遇见什么烦恼的事情时，小丽眼神黯淡了下来，说起家里弟弟上小学一年级，不够懂事，不好好学习不说，还经常跟妈妈起冲突，甚至有一次朝着妈妈怒吼，还推了妈妈一把，这段时间家里气氛很压抑，妈妈经常长吁短叹，很不开心，小丽不知道怎样帮助妈妈，很是烦恼。我听后，先是夸赞小丽很有爱心，知道心疼妈妈，表明自己也是当姐姐的，也有一个弟弟，非常理解小丽这种心情。小丽听我这么一说，头马上抬了起来，想听我的建议。我建议找弟弟最信服的老师或者家里的亲人帮忙一起解决。小丽说起弟弟和妈妈都会听当老师的小姨的话。后来听说小丽的小姨出面，弟弟马上意识到问题所在，向妈妈道了歉，学习也进步了。小丽又恢复了往日的活泼。

上述的案例中，教师了解到小丽的烦恼后，没有用"你还小，家里的事情不需要你来操心"之类的话搪塞小丽，而是用自己也是当姐姐的，非常理解小丽的着急、担心与害怕的情绪，这样的共情让小丽感到自己被理解和尊重，小丽的负面情绪得到化解与倾泻，后面的建议也是非常到位，相信以后遇见同样的问题，小丽还会找这个老师来帮忙解决的。

五、课堂沟通

课堂沟通有别于师生沟通，特指在课堂教学中，师生依据一定的教学目标而进行的信息传递交流，以达成理解、生成意义的行为。课堂沟通的目的是教师在促进学生发展的同时，自身也得到发展，沟通借助教学设备、教室等客观条件，具有目的性、多元性与互动性等特征。

1. 何为有效的沟通

有效的课堂沟通能使师生互相欣赏，通过积极的协商去解决他们共同面临的问题，通过有效的沟通培养学生的主动性与自觉性，体现学生的主体作用。

（1）准确表达教师意图

教师要清晰准确的表达你的想法，而不是让学生去猜测，这样的沟通才是有效的。例如，在数学课堂上，给学生布置学生自学一元一次方程的概念，以下的表达是准确的：自学时间 3 分钟。理解一元一次方程的概念，会判断下列各式中，哪些是方程哪些是一元一次方程？

① $3x=4$　②$3/x=4$　③$1-x$　④$1-x^2=6.5$　⑤$3x-2y=1$

又例如，课堂的秩序有些混乱的时候，教师说："当你们没有征求我的同意随便讲话的时候，我不得不停下讲课，来维持课堂秩序。"这种表达让学生明白教师是针对随便讲话的不良行为提出批评，而不是针对学生的整个人；而随便讲话的后果是教师要停下讲课来维持秩序，影响了正常的上课。这样的沟通方式可以弱化学生的自我防卫倾向，促进学生反思自己的言行，使师生关系更加和谐。

（2）明确学生的适当行为

教师要呈现一堂有趣生动且组织有序的课，创造一个愉快的学习环境，就要让学生明白什么是适当的行为。例如，在上课过程中部分同学在做小动作，这时候教师可以说："我很开心看到这些同学都在认真地听讲，小杨坐得不错，小李在专心致志地听课……"这时候，分心的同学被拉回到课堂，教师适时也给予表扬。更多的时候明令学生该做什么，"请有感情的朗读第二自然段"。

（3）教师活用体态语

在课堂上，教师如果没有协调、丰富的体态语，就不可能有生动、高效的课堂效果。教师的体态语可以引起学生的注意、增强所表达内容的形象性、改变课堂氛围、增大教学信息量等作用。当你开始上课前，微笑着、步履轻盈的走向讲台，给学生一种亲近感；然后环视一圈教室，无声地告诉学生，要开始上课了，你准备好了吗？当个别学生上课过程中讲悄悄话，教师一个凌厉的眼神飘过去，这是警告学生"我注意到你了，要认真听课"；当说到动情之处，教师的语言铿锵有力，眼眶里饱含热泪，用情感染学生。当学生讨论得很激烈，讨论的时间到了时，一个"安静"的手势说明一切，当学生回答得非常出彩时，教师适时的表扬，其他学生掌声响起来。

（4）积极的倾听

积极的倾听是指教师倾听学生回答，适度地给予回应、真诚的关注，学生认真地听教师的讲解，学生之间彼此静心的听。这里需要强调的是教师要用真心听学生回答，这样的好处是全面了解学生的所思所想、拉近与学生的距离。例如，上课的时候学生在回答问题的时候，教师走到学生跟前，身体微微前倾，在学生回答过程中用"嗯嗯，是的，原来如此"等语言表明教师非常关注和在意学生的回答，当学生回答很精彩的时候教师发自内心的微笑与赞许的眼神，是对学生最大的肯定。"你还有其他想法吗？""你觉得这件事继续发展会怎样？""请谈谈你的不同见解。"用这些语言表达你很渴望听到学生的回答。

2. 不恰当的沟通方式

不恰当甚至糟糕的沟通方式会让教师与学生之间树起一面"心墙"，彼此不理解、不信任，陷入信任危机，结果是教师失望，学生伤心，教学的效果事倍功半。

（1）威胁式的语言。威胁式的语言往往会激起学生的反感和对立的情绪，不利于学生的成长。学生一般不会按照威胁的内容去做，长此以往，教师的威信大打折扣。例如，"你今天不把书给我背完，就让你的妈妈过来带你回家。""明天给我准时到校，否则我让你站在门口上课。"

（2）贬低、蔑视、辱骂式语言。这类语言的一个共同点是打击学生的自尊心，伤害学生的心灵，教师万万不能使用此类沟通方式。"你这么大声说话，你以为你是陈奕迅啊？大家都想听你说呀！""上次已经跟你说了，不能这么做，你又忘了，脑残啊！""我了这么多年的书，从没见过像你这么笨的学生，气死我了。"

（3）指责埋怨的语言。这样的语言学生很难接受，既解决不了问题，又教育不了学生，还会导致师生关系越来越紧张，教师要尽量避免。"你就知道玩，把你玩的心思的一半放到学习上的话，成绩老早上去了。""到现在作业还不交上来，等作业发霉了才交啊。"

3. 课堂常见因沟通不畅引发的冲突案例

飞出来的纸团

我正上着数学课，突然发现第二排中间男生的抽屉方向抛出一个纸团，落到了讲台旁，引起其他学生"喔"的一声惊呼。我快步走到那个男生面前，厉声喝道："你干吗上课乱扔纸团！"，男生马上说："不是我扔的。"我被这句话顶得很难受，语气更强硬地说："做错事情还不承认，我明明看到纸团就是从你抽屉这里扔出来的。"男生急得涨红了脸，站起来说："不是我扔的，就不是我扔的。"我年轻气盛，被男生顶撞了，更加生气，说："你给我出去，想清楚再进来。"男生气哼哼地出去了。受情绪影响，接下来的课我上得索然无味。事后才了解到，纸团的确不是这个男生扔的，是他隔壁的学生扔的，我懊悔不已。

上述是一个非常典型的教师因使用指责式语言导致沟通不畅进而引发冲突的案例。数学教师凭着主观臆断，认为纸团就是男生扔的，男生居然不承认而且当面顶撞，教师出于泄愤，将学生赶出了教室。其背后是教师师道尊严的心理在作怪，在传统的师生关系中，教师在学生面前具有绝对权威、学生必须绝对服从教师思想，认为"师云亦云"的学生才是好学生，赞同"师也，父兄也"的观点。

4. 提高课堂沟通效能

课堂教学的效益很大程度上取决于沟通的效能，教师要有效地提高沟通效能，确保课堂的育人功能。

（1）重视教学语言。课堂上的沟通很大程度是依靠语言沟通，语言是教师沟通的重要工具，教师语言要准确、简洁、清晰。教师使用语言时，尽量使用短句，使得学生非常清晰地明白教师的意图。

（2）优化媒体设备。科学实验表明：视觉获取的信息量占人类获取信息总量的70%，听觉占20%左右，其他知觉器官的获取量仅占10%。视觉媒介常见的有实物、图片、文字，以及视频等形式，教师可根据上课的内容，选择不同的媒介，让信息通过学生喜欢的方式来传递、沟通。

（3）增进感情，让沟通不再是一厢情愿。如果教师与学生建立了尊重与信赖的良好关系，学生能感受到来自教师的爱，就会形成"师唱生随"的和谐的画面。教师多种教学手段激发学生的兴趣，用欣赏的眼神鼓励学生，学生在有爱的氛围里思维活跃，自主地完成学习任务，而绝不会出现教师自问自答、自编自演的尴尬局面。

（4）给学生思考空间，消除学生心理障碍。沟通可以分为接收—解码—反馈三个环节。不同的学生接收反馈的速度不一样，遇见反馈慢的学生我们要给他们足够的思考空间，学会等待，用激励的眼神鼓励他们深入思考，消除学生的心理障碍。

（5）让鼓励和宽容成为习惯。要想学生积极参与到沟通上来，很重要的一点是让学生建立自信，而教师的鼓励和宽容是学生信心建立的基石。一个思维活跃、课堂氛围良好的课堂总是离不开开明、善于鼓励的宽容的教师，这样的教师对学生的错误很宽容，经常鼓励学生，课堂总是充满生机。

第三节　加强家校沟通，建立和谐家校合作关系

家校合作，是指家庭与学校以促进青少年的全面发展为目标，家长参与学校教育，学校指导家庭教育，是双方交互作用的产物。一项关于家校合作与学业成绩的元分析回顾了 1985 年至 2006 年间的研究后发现，绝大多数研究揭示了学业成绩的优劣与家校合作有关。新近的相关文献也发现，家校合作会影响青少年的学习能力及学业成绩，当学生感知到良好的家校合作时，会促使其增加学习投入，进而在学业成绩上的表现也就越好。

一、我国家校合作的政策发展历程及演变特征

新中国成立至 2020 年 6 月我国共发布 69 份涉及家校合作的政策文件，包括 13 份教育规划与改革类文件、21 份学校教育教学与管理类文件、15 份德育工作类文件、3 份儿童发展纲要、10 份家庭教育类文件、4 份家校合作途径建设文件，以及 3 份法律法规文件。将这些政策发展归纳为经历了初步萌芽、正式推进、规范提升与战略发展四个阶段，这四个阶段的特点、典型文件等如表 6-1 所示。

表 6-1　我国家校合作的政策发展历程

时间段	阶段划分	主要要求及思想	主要合作形式	代表性文件
1949—1977 年	初步萌芽期	因学校现实需要而开展家校合作	家长委员会（小学）与学生家长会议制度（中学）	《小学暂行规程（草案）》（1952）与《中学暂行规程（草案）》（1952）
		家庭与学校共同教育学生	家访、家长会	《全日制小学暂行工作条例（草案）》和《全日制中学暂行工作条例（草案）》（1963）
1978—1998 年	正式推进期	家校合作的目的是为了创设良好育人环境	社会教育、家庭教育与学校教育三结合	《中共中央关于进一步加强和改进学校德育工作的若干意见》（1994）
		"学校指导家庭教育"成为家校合作的新任务	家长委员会、家长学校、家长接待日	《全国家长学校工作指导意见（试行）》（1998 年）

续表

时间段	阶段划分	主要要求及思想	主要合作形式	代表性文件
1978—1998 年	正式推进期	保障儿童受教育与受保护方面家长与学校同样重要。	家长学校	《中华人民共和国未成年人保护法》（1991 年）、《中华人民共和国教育法》（1995 年）
1999—2012 年	规范提升期	家校合作作为实施素质教育、提升教育质量的重要手段	学校、家庭、社会密切配合	《中共中央、国务院关于深化教育改革全面推进素质教育的决定》（1999 年）
		建设现代学校制度成为学校改革新趋向，对家长参与的重视达到空前高度	家长委员会建设成为重点	《关于建立中小学幼儿园家长委员会的指导意见》（2012 年）
		规范化、系统化的家校合作以及相关制度机制的建立开始受到政策关注。	对家长学校的建设提出规范建设目标	《关于进一步加强家长学校工作的指导意见》（2011 年）等
2013 年至今	战略发展时期	全面落实立德树人，要发挥学校、家庭、社会各自优势，家校合作成为实现立德树人根本任务的关键	家庭学校共同育人	《中国教育现代化 2035》（2019 年）
		党和国家对家庭教育的高度重视，教育部门与学校在家庭教育工作中作用的进一步增强	教育部门在家庭教育工作中应发挥更大作用	《教育部关于加强家庭教育工作的指导意见》（2015 年）
		家校合作正是实现教育治理现代化的题中之义	家校合作进入战略发展期	《中国教育现代化 2035》

二、我国家校合作政策演变的特征

1. 家校合作从学校建设的功利性作用到"以生为本"的教育性价值的转变

新中国成立以来，在不同时代背景下，我国教育的目标取向不断进行着调整变革，从重视知识教育到强调素质教育，从注重教育普及到关注教育的公平与质量。与此相伴的是，家校合作在教育体系中的意义与价值也不断提升，呈现出从为个别学科的教育教学服务到为促进学校教育全方位育人服务的转变，从为实现学校建设的功利性作用到实现"以生为本"的教育性价值的转变。

2. 家长作用从"配合学校"向"与校协同"转变

在家校合作的初步萌芽期，家长作用对于学校而言只是帮助解决困难的"工具性"角色，到正式推进期时家长是配合学校的角色，而到了规范提升期，家长逐渐成为学校重要的支持力量，直至进入战略发展时期后，家庭与学校和谐共生、协同合作成为一种理性选择。

3. 家庭教育从私人领域向公共事务转变

家庭教育一直被认为是私人事务，但从育人的视角，从把每一个孩子培养成社会主义事业接班人的视角来看，家庭教育是家事更是国事。相关政策一再强调家庭教育的重要性，也凸显了家庭教育的公共性。

三、家长委员会

从国家层面的政策设计来看，20 世纪 90 年代以来，为了更好地实现家庭教育与学校教育协调发展的目标，党和国家在加强和改进中小学德育工作等政策中，明确提出要"成立家长委员会"。2010 年，《国家中长期教育改革和发展规划纲要（2010—2020 年）》将"家长委员会"上升至现代学校制度应有之义的高度来看待。2012 年 2 月，教育部《关于建立中小学幼儿园家长委员会的指导意见》更是从专题文件的角度，重申了建立"中小学家长委员会"的重要价值，标志着将家委会建设提升到国家政策层面上来。在现实层面上，家长委员会在家校合作中发挥了重要的作用，同时在合作中也存在一些不和谐的现象。

（一）家长委员会发挥在家校合作中的积极作用

中小学家长委员会成立的目的是让家长充分参与学校管理，有效体现家长对学校教育教学工作的知情权、评议权、参与权和监督权，完善学校、家庭、社会三位一体的教育体系，促进中小学生的全面发展。

1. 家长委员会是极具潜力的教育资源

有效的教育要吸纳家长的积极参与，家长委员会就是家长的代表，教师要吸纳借力，充分发挥家长在协同育人中的作用。家长走进通识课，拓宽学生视野。在学生职业生涯教育课上，由家长委员会组织各行各业的家长讲述职业的基本情况，消防员带领孩子参观消防站，了解消防员的日常生活、训练，以及消防安全；卫生局的家长介绍日常工作的内容，以及食品安全的监管、看零食的配料表等，通过各行各业家长的介绍与实地参观走访，让学生对各行各业有了初步的了解，拓宽了视野。开展专项活动，促进学生良好品格的养成。学生品格的养成，不仅需要生活经验的积累，更需要学生从内心感受到爱的存在。家委会在学生品格养成上可以发挥更大的作用。班级里有位孩子不幸身染重病，休学了一个学期，家委会得知消息后与教师商量如何既能帮助这个孩子，又能锤炼班级孩子的品格。经过商议，家委会推行了系列活动：帮助生病的孩子小苗联系医生；组织老师和学生一起为生病的孩子补课、组织学生制作生日贺卡鼓励小苗。了解到小苗家境比较困难，治疗费用有缺口，家委会又组织了全校捐款，还组织学生进行义演，为小苗筹款。在这样的活动中，充分发挥了家委会的作用，促进了学生品格的养成。

2. 在学校与家长之间架起沟通的桥梁

家长委员会作为家长的代表，可以深入了解每个家庭、每个家长的具体情况，从而协作学校更全面地开展家校合作。当学校和家长之间意见不一致的时候，家长委员会出面调查家长的具体想法和建议，归纳提炼后与学校沟通。学校出台新的政策之前可以先征求家长委员会的意见，政策执行后个别家长有不同的建议，可以让家长委员会一起出面解释、说明。

3. 发挥家长优势共学互促

同龄孩子的家长有共同语言，家长之间在教育孩子方面各有所长，相互学习能促进家长在教育方面共同提高。有些家长在孩子心智教育方面很有心得，有些家长在培养孩子良好的行为习惯方面很有一套。家长之间相互交流，增加问答互动环节；这样的活动的开展能让家长在教育孩子方面产生共鸣。

爸爸去哪里了

在小学教育阶段，教育孩子往往妈妈参与得比较多，针对这种现象，家委会中有一位家长是国家二级心理咨询师，家委会就邀请他开设了讲座《爸爸去哪里了？》。在这个讲座中，家长用生动的事例阐述了爸爸缺席孩子的教育不利于孩子性格的形成、不利于孩子对家庭关系的认知、影响孩子与父亲关系的处理、孩子缺乏安全感等。还对妈妈们说，爸爸的缺席很大程度上是因为妈妈管得太多、要求过高、太啰嗦等原因造成的。讲座后，家长纷纷谈了自己的看法，小 k 家长表示，听了小野爸爸的讲座，感觉非常的吃惊，自己以"忙"为借口很少参与小 k 的教育，不曾想到居然会对孩子的心理造成不良影响，自己的打拼就是为了让孩子有一个美好的未来，如果连心理都不健康，美好的未来无从谈起。以后一定会抽出时间，好好陪伴孩子的成长。

（二）家长委员会存在不良现象

在 2021 年开学初，长沙的一所学校的初一家长反映的问题上了热搜，学校家长向学校提建议，让学校为每个教室装空调，结果家委会没有与其他家长商量，就给初一的家长下达了通知："为给学生营造一个舒适的环境，学校同意由各班家长自愿出资在教室装空调……"而且在这件事情上，学校根本不知情。很多家长纷纷发声，希望取消家委会。上述的事件虽然是个别现象，在家委会运行过程中，存在一些不良现象也要引起重视。

1. 参选动机功利化

家委会成立的初衷是为了让家长充分参与学校管理，架起家长和学校沟通的桥梁，促进学生的全面发展。而有些地方的家长加入家委会的目的是"与老师搞好关系""方便为孩子争取到更多的利益""让老师多关注自己的孩子"。在这样的价值观的推波助澜下，有些地方的家委会成员"非富即贵"，不是有钱就是有权。其带来的攀比等不良风气直接影响着学生的价值观。有些班级班干部的竞选，重点陈述父母亲的学历、身份或者家里的财富，影响了学生正确的"三观"的建立。

2. 组织观念不强

由于绝大部分的家委会没有规范的规章制度，在竞选过程中没有充分考虑自身是否有时间参与家委会的各项工作。家委会参与的这些工作都需要家长有奉献精神，要花时间和精力才能做好。有些家缺乏合作精神，组织观念又不强，导致家委会活动形式单一，质量无法保证。

3. 家委会变成学校的"办事机构"和"传声筒"

家委会是协助学校共同育人的组织。但有些家委会没有及时了解家长的意见，更不会向学校表达大多数家长的意见，没有充分考虑家长和学生的意见，偏离了家委会设置的初衷。

（三）家长委员会发挥更大作用建议

1. 制定规章制度，明确责任与义务

学校和家委会的责任边界是模糊的，只有双方以更加规范的组织建设明确双方的责任与义务，才能提高管理质量，为家校合作营造良好的生态。在制定规章过程中，学校和家委会要充分发扬民主，共同制定章程制度让家长委员会的工作有据可依。《家长委员会理办法》和《家长委员会章程》明确家委会的责任与规则，健全机制，明确规章，理清家长与学校的职责边界，让家校合作更有效。为了保证家长委员会的选举是公开、透明、公正的，把那些热心于公益事业、有时间保障、有正确价值观的家长吸收到家委会，可以在选举过程中做到位，通过设置准备期、成立期、聘用期和调整期，培养并考察家委会成员，从而更好地服务学生和家长。以班级的家长委员会为例。在准备期，班主任用一个月左右的时间充分了解家长，也让家长了解家委会的具体工作与职责，再发布家委会成员的选聘要求。班主任还需全面考虑家委会成员组成的结构，既要有能代表家长发声的有识之士，又要有热心为大家服务，有时间精力的家长，还要考虑各行各业，各家庭背景的家长之间的平衡。在成立期，班主任设定岗位，发放《家长委员会》登记表，根据报名情况可以采用公开演讲竞聘或者直播竞聘等方式选定家委会代表；再根据民主评议结合个人意愿的方式确定各家委会成员的职位。在选定后，为体现重要性，可以开一个聘任大会，发聘任证书，聘用期可以是一年一聘。调整期的意思是在聘用期的刚开始的一个月，如果家长自身或者其他家长感觉不适合，一个月内进行调整。确定后在一个聘期内一般不再调整，以确保家委会正常运转。

2. 健全工作职能，推进学校现代化治理

明确家委员在学校现代化治理结构中的地位，充分尊重家委会成员的参与学校治理的权利。具体的做法，学校可以将家委会作为学校的一个独立部门，配备独立办公室，行使对学校治理的监督、监管的职责。学校明确家委会的"权利清单"，让家委会成员参与学校日常管理、监督，定期参加学校的行政会议，参与学校重大事项的制定与决策。

3. 参与深度学习，促进学生核心素养提升

2022 年颁布的《义务教育课程方案和课程标准》中明确规定，要推进综合学习、项目式学习等综合性教学活动，促进学生举一反三、融会贯通，加强知识间的内在关联，促进知识结构化。综合性教学活动可以充分发挥家委会的智慧，教师备课组与讨论教学的目标与实施计划，家委会在课程实施中充分发挥特长，与教师学生一起进行综合性教学活动。

家庭湿垃圾处理

在小学科学课上有一节是垃圾分类与回收，垃圾是放错位置的资源，如今政府大力倡导垃圾分类，大量的湿垃圾集中起来，处理不当或者不及时，难闻的气味和脏水容易对环境造成二次污染。我们备课组教师、家长、学生一起完成项目学习"家庭湿垃圾处理。"

1. 活动目标

（1）价值体验与认识：在家庭湿垃圾处理的过程中，认识到微生物通过发酵可以将湿垃圾中的有机物转化为有机肥料、洗涤剂等。

（2）责任担当：关注厨房湿垃圾的处理，强化社会责任意识，保护环境。

（3）问题解决：运用生物学知识认识不同成分的厨房湿垃圾产生的酵素的功效，培养科学探究能力。

2. 活动方案与实施

（1）小区调查垃圾分类的现状。设计问卷，通过咨询父母及查资料，孩子们的问卷主要问题集中在"小区垃圾分类的状况如何？""厨余垃圾如何分类？""厨余垃圾的处理方式有哪些？"班级小林的妈妈在社区工作，由她组织孩子到不同的小区走访和发放问卷。孩子在走访过程中感受到在所有垃圾中，厨余垃圾情况最复杂，尤其是厨余湿垃圾如果不及时处理会腐烂发臭，蚊子苍蝇虫子到处都是。孩子们想研究厨余垃圾的处理方式。

（2）厨余湿垃圾处理方式点子征集。孩子通过查资料、询问家长、老师，罗列出许多点子，通过大家的讨论投票，孩子们最终选择"厨余湿垃圾酵素制作。"

（3）厨余湿垃圾酵素制作。小欢的妈妈是大学的生物老师，与班主任、科学老师一起承担设计任务和教学过程。小欢妈妈程老师将自己利用厨余湿垃圾制作酵素拍成微视频发到班级群里，孩子根据家里厨余垃圾的具体情况收集橘子皮、柚子皮、菜叶等无油的厨余垃圾，按照实验步骤操作，首先是将收集的果皮晾干，切成均匀薄片备用。然后分别将果皮与冰糖按1:1依次平铺于干净干燥的发酵罐中，至7～8分满，在罐上贴上标签。保持温度28～32℃，发酵1个月，直至无气体产生。在过程中孩子们定期开瓶、搅拌，观察发酵的过程，记录变化，了解影响发酵的因素……最后孩子们将酵素拿来洗衣服，送给学校食堂洗碗。

（4）成果展示。孩子们根据特长分成若干组，有策划、摄影、海报制作、视频制作等，将项目学习的整个过程及成果在学校及社区展示。

四、社交平台在家校沟通中的现状与重构

随着网络技术的进步和社会的前进，计算机和网络信息技术的飞速发展打破了沟通与协作的时空界限，网络沟通与协作的工具日益丰富起来。中国互联网信息中心在2016年4月8日发布了最新的《中国社交应用用户行为研究报告》，报告显示，即时通讯应用已经成为第一大移动应用，使用率高达90.7%。在这样的大背景下，教育信息化建设在教育领域全面深入地开展，家校合作不再局限于传统意义的家长会、家长委员会、家长学校、家访、家长接待日等线下的、面对面的沟通交流与协作，互联网为家校合作创造了线上合作的新途径。微信、腾讯QQ和钉钉等网络社交平台在家校合作中被广泛使用，这些社交平台以其即时性、高效性等特点受到学校和家长的欢迎。尤其是在2020年后，很多学校被迫在家上网课，这些社交工具在家校沟通中发挥了更大的作用。但同时这些社交工具在家校合作中的不足也引起社会

的广泛关注。

（一）网络社交平台在家校合作中的作用

1. 家校沟通更通畅

网络社交平台交流方式有文字、语音、视频、图片等多种表达形式，这些形式很好的满足了教师与家长之间的沟通需求。视频可以很好的还原事情的本身，图片很传神，语音能给沟通带来很大的便利，文字的表达直截了当。学校的微信公众号图文并茂，能让家长充分了解孩子在学校的活动。这些交流方式非常自由，看到信息有时间可以马上回复，也可以在适当的时机回复，这样的方式对新教师或者有社交恐惧症的家长来说是一种福音。新教师面对家长的问题在不确定的情况下可以先思考，向其他教师请教后再回复，减轻教师的思想和心里压力。对社交有恐惧的家长来说，这些方式不需要直接面对老师，跟老师交流的时候可以反复斟酌语气与措辞，表达更加准确。交流的良好体验，促进家长与教师交流沟通的频率。54.3%的教师认为家长是积极配合的，32.4%的教师认为家长是经常配合的，只有 10%的教师感觉到家长的不配合。73.1%的家长感受到的是教师的关心。仅有 3.2%的家长有时感受到了家长的责骂命令。整体看来，教师与家长通过网络社交平台的沟通与交流是和谐的。

家长眼中的乖宝宝

今天，小 F 的同桌小 A 又到办公室告状了。小 F 是班里非常好动的学生，尤其喜欢拽女生的头发，惹得女生都不愿意与他同桌。针对这件事情，我已经把小 F 叫到办公室教育了多次，可是效果不佳；我将小 F 的这个举动也告知了学生家长，可是小 F 的父母不为所动，都说小 F 在家表现很好，小 F 自己也说在校的表现非常好。无奈之下，在自修课的时候，我站在教室后面，将小 F 去拉女生头发的视频拍下来，单独发给其父亲。小 F 的父亲看到后第二天与我联系，抱歉地说明了缘由，原来小 F 的父亲在家与其母亲喜欢打闹，打闹的时候其父亲喜欢轻轻地拽其母亲的长发，而且跟小 F 说，这是"爱的表现"。小 F 也是这么认为，觉得女生很可爱，想表达喜爱之情，他也去抓同桌的头发，力度又没控制好，导致女同桌屡次告状。找到事情的真相后我再一次找到小 F，告诉他这种表达方式是错误的；小 F 的家长也做了思想工作，而且其父母在日常的行为举止中也不再有拽头发这样的行为，慢慢的，小 F 去拽女生头发的次数越来越少，后来完全改正了。

上述案例中教师拍的视频起到了关键性的作用，用小 F 的父亲的话："小 F 拽头发的动作姿势几乎跟他的一模一样。"这样的视频既佐证了教师前面与其父母交谈的小 F 不良行为举止，又让其父亲明白了事情的缘由，为后面事情的解决起到了关键性的作用，比教师描述事情的经过更加客观与直观。

2. 提高沟通的效率

（1）减少教师的重复性工作。班级的 QQ 群、微信群或者钉钉群有群公告，特别是钉钉群，还有是否已读功能，大大提高了教师的工作效率。在没有使用网络社交平台之前，教师发通知的形式一是采用书面形式，这种形式反馈很慢，而且不清楚家长是否已经收到，有些家长不在孩子身边，不能及时了解到通知的内容；二是打电话，这种方式优点是能说得很清楚，缺点是一个个打电话，教师在做重复性工作，效率低。教师布置作业或者通知采用群公告的形式发出后，家长有疑问的地方，教师可以归纳后统一回复，提高了工作效率。

（2）进一步提升了育人效果。教育系统逐步形成"五育并举"提法，并在教育教学中实施，在实施过程中，除了教师在学校进行"五育"的教育与培养外，还需要家长的配合。例如，在疫情期间，体育教师要抓学生的体育，需要家长配合拍摄学生跑步、打篮球、跳绳的视频，教师可以全面真实的了解学生的完成情况。再例如，教师布置了学生回家要做家务，教师需要家长提供孩子回家干家务的照片等。有了家长的配合，育人事业才能真正落到实处。

3. 促进教师、家长与学生共成长

（1）促进家长的成长。在群里，教师将作业及要求发到群里，家长有疑问或者有好的做法都会在群里发表，在这样的过程中，做得不够好的家长会反思自己的做法，在向优秀的家长和老师学习的过程中家长不断进步。

与孩子一起学拼音

我是一名一年级小朋友的家长，也是两个孩子的母亲，在教孩子学拼音的过程中我与孩子一起成长。

大宝在学拼音过程中由于工作忙，基础没有打扎实，导致孩子在后面的语文学习中很被动，查字典速度很慢，语文阅读也受影响。二宝又上一年级了，同样的，由于许多小孩在幼儿园阶段就掌握了拼音，老师上课的进度并没有因为小孩基础参差不齐而放慢，像我二宝这样没有基础的孩子学起来就很吃力。老师也单独在微信里给我留言，让我在家里好好辅导。二宝回家后我很认真地辅导了，在家里都学会了，第二天问老师，老师说二宝还是很多不会，弄得我心里很慌，明明在家里都会认，一到学校怎么就不会了呢。后来，老师给我介绍另一个家长，说她非常有经验。我第一时间加小丽家长的微信，去取经。小丽家长第一个问题就是"给孩子认的拼音字母卡片上是否有图案。"我说"是的。"原来二宝是通过记住图案而间接记住拼音，并不是真正掌握了拼音。

我通过社交平台又向小丽家长和老师取经，还看了很多有关育人的书籍，逐渐摸索到辅导孩子的方法，我让孩子在游戏中学习，有的时候还让孩子来当我的老师，教我学拼音，我把孩子教我学拼音的过程拍成视频，发给老师，老师在班里表扬了二宝，二宝学习的积极性更高了。终于过了拼音这一关，这个过程中我体会到了学习的乐趣，以及社交平台在我和孩子共同成长中的用处。

（3）促进教师的专业成长。班级群里的家长来自各行各业，教师在通过社交平台与家长的沟通过程中发现家长的特长，并向这些家长学习，促进了教师的专业成长。

（二）社交平台在家校合作中存在的问题

社交平台在家校合作中发挥了积极作用的同时，也存在一些问题。

2020 年 9 月，一段"爸爸在家长会上崩溃大哭"的视频引发网友热议。视频中的父亲参加孩子的家长会，因为在网络上经常不回复老师的消息，老师善意提醒，家长因工作压力大难以兼顾而崩溃大哭。

"天天加班到凌晨，我不可能时时刻刻盯着你们在群里发的那些东西，你们老是打电话给我，我不是不想接，而是开会没时间接啊！"

前些年，一封来自河南驻马店西平县小学四年级教师的"辞职信"也曾占据网络头条，这位老师在班级群中将学生古诗默写的成绩与照片发了出来，却引发了部分成绩不佳的学生以及家长的不满，家长认为老师的这一行为伤害了孩子的自尊心，甚至不利于孩子在班级正常的人际交往，故要求该老师登门道歉，否则就要上告教体局。老师表示很惶恐，而后写下了辞职信。教育是育人的事业，家校互信是育人的基础。

1. 家校责权划分不清

家校合作要求学校和家长共同在培养孩子的过程承担责任，但在合作过程中容易出现责权不清的现象。有些家长对教师的管理与教学有看法，没有直接与教师本人沟通，直接找教育局或者学校的领导反映问题，相关的领导找老师了解情况，牵涉了教师的精力不说，教师心里也是满肚子委屈。小学教师一般每天都要上 4 节以上的课，要批改两个班的作业，一般都担任班主任，再加上学校开会，各级各类的培训等，一天工作被安排得满满当当的。由于社交平台的便利性，许多教师将作业的答案发到家长群，要求家长批改作业并负责订正。这样一来，教师的负担是减轻了，家长们要面对许多学科的老师，整天拿着手机看老师的各种留言。特别是在疫情期间，家长自己也是居家办公，不但要做好自己的本职工作，还要监督孩子上网课，批改作业、订正，还要拍视频给体育老师，完成体育作业打卡，家长疲倦不堪。针对上述现象，教育部在 2021 年印发了《关于加强义务教育学校作业管理的通知》，明确规定严格控制书面作业总量，严禁给家长布置或变相布置作业，严禁要求家长批作业。

有些家长对孩子的教育不够重视，认为教育孩子是学校教师的本职工作，无论什么样的事情、什么时候，在教育孩子方面有问题，都直接找学校的任课教师。班主任老师有时候晚上十一点还接到学生家长的微信电话，仅仅是因为学生在家里拖拖拉拉，没完成作业，家长让孩子先睡觉，孩子又担心第二天被老师批评不肯睡觉，家长一个电话打过来，让教师来解决这件事情。许多的教师在假期里，忙着看手机，回复着家长的各种信息，完全没有周末和节假日，这样一来，教师没有自己的生活，心情得不到调节，非常容易引起职业倦怠。

2. 虚拟空间淡化了家校间的情感

基于社交平台的便捷性，家校合作很少有面对面交流的机会，教师与家长之间使用文字、图片等进行交流，少了一些温情。在班级群里，绝大部分的内容是教师向家长单向地传递信息，家长是接收一方，为了避免让老师产生误会，家长一般很少在群里发表不同的看法，这样的不对等，也很难让教师与家长产生情感的共鸣。研究表明，10.3%的教师及 12.9%的家长认为基于网络社交工具开展的家校合作的主要问题就是"缺乏情感共鸣"。

3. 双方地位不平等导致有效合作缺乏

参与决策是家校合作的一项重要内容，家长委员会参与学校的建设、家长作为志愿者参与学校活动、教师与家长合作交流等这些形式都在基于社交平台的家校合作中有所体现，但由于教师与家长在家校合作中地位的不平等，导致家校合作的有效性缺乏，具体表现在以下两方面。

（1）家校合作内容的浅层化。家校合作是让家长与学校在充分交流的基础上，实现各方思想与行为的有效交融，进而解决教育问题。然而，在社交平台上，在班级群里，往往教师是群管理员，教师为了管理方便，有时候会关闭群发言功能，班级群变成了工作任务布置群，这样的家校合作很难深入。

（2）家校合作中家长角色的失衡。家校合作是基于学校共同的管理活动，所以正确的角色定位是家校合作的重要条件。家长和教师在家校合作中的角色定位存在一定的失衡，主要表现在家长认为自己只是配合学校的工作，而且家长还会担心如果自己提意见会影响孩子在教师心目中的形象，大部分时候选择沉默。有的家长认为自己在教育领域中不如教师专业，往往也只表扬不批评。鉴于上述原因，在班级群里经常出现教师在群里发一条建议，下面的家长一个个都表示支持与赞扬，没有讨论与建议，家校合作仅仅停留在表面上。

（三）网络社交平台促进家校合作的策略。

1. 厘清家校合作的责权边界

在中国，家校合作主要是教育部门自上而下推广普及的过程，在学校主导下，主流是学校利用家长资源为学校服务的过程。这种行动模式的一个暗含假设，就是只要学校需要的，也是为家庭好的，家长的利益、立场和行动与学校是一致的，所以彼此的跨界行动都是合理的。但如果学校（教师）与家长的意见不一致，导致双方都觉得自己已经跨了边界，做了不应该是自己干的事情，会觉得很疲倦，很厌倦眼前的状况。那么，在家校合作中，所谓"家校的合作边界"，即能够作为区分家庭教育和学校教育差异的区隔符号，并为家校合作指明各自的权责范围。

通过梳理国内外家校合作内容，大概可以做出以下归类：关联生活，关联施教主体特色，关联学习者全面发展。具体来说，在家庭一方，家长要关心孩子身体、心理，为孩子提供良好的家庭环境，支持学校的工作，参与学校的活动、教学、管理，并为学校服务；在学校一方，学校要对家长进行单向宣传学校文化，双向沟通孩子学习成长，提供家庭教育指导，组织家长交流（见表6-1）

表6-1　学校合作的内容和形式

类别	主体	具体内容	具体形式
基本合作	家庭	关心孩子身体	衣食住行，为身体发育提供良好条件
		关心孩子心理	保证孩子心理的健康发展
		提供良好的家庭环境	物质条件、精神支持、榜样作用
		支持学校工作	对孩子学习进行必要的支持
		参与学校活动	家长会、个别家长见面会、学校开放日、亲子活动、开学毕业典礼、节庆活动
		参与学校教学	家长课程开发小组、专家家长教学小组、家长教学评估小组
		参与学校管理	家长委员会、校领导接待日、意见箱、问卷调查
		为学校服务	志愿者（义工）、公益活动
	学校	单项宣传	墙报、报班、小报、便条、联系簿（卡）
		双向沟通	家访、电访、校访、手机短信、互联网
		家庭教育指导	家长学校、家庭教育讲座、家长指导手册、家庭教育咨询、家长沙龙

2. 利用网络平台营造积极的家校关系

教师作为家校合作中与家长直接接触的一方，要积极地为家校合作的正常开展多作贡献。一方面为了提高班级各个基于网络平台的群的功效，可以完善群制度，例如，规定在班级群里不交流与学习无关的事情，个别有疑问的家长可以单独找相关教师私聊，关注群消息及群公告，不得发广告等。另一方面，在班级群里多展示班级学生积极的一面。为了培养学生一到校就进入教室朗读的习惯，王老师将表现好的学生拍了照片发到班级群里，家长看到自己的孩子受到表扬十分开心，没有受到表扬的孩子回到家后家长反复强调，期待自己的孩子受到表扬，过了一段时间，孩子们都养成了一到校就坐下来高声朗读。教师要有平等意识，以合作者的姿态开展家校共建。在平常网络社交平台上加强与家长的情感沟通，注意措辞与语气，在节假日多问候家长与学生、对家长的付出表示感谢等。

3. 利用网络平台提升家校合作能力

互联网的广泛使用，教育领域的教学方式得到前所未有的创新与改变。家庭教育也要求随着互联网的技术的普及跟着做出转变，但在现实中，由于家长的教育背景、年龄或者是隔代教养等多方面的原因，家长的信息化素养参差不齐，影响了使用网络社交工具作为家长与学校间沟通工具的优势发挥。2021 年 1 月 28 日，教育部发布的《关于大力加强中小学线上教育教学资源建设与应用的意见》中指出"要进一步密切家校合作，引导家长有效配合指导学生开展线上学习。"

学校可以利用现有的网络平台推送对应的网络课程或者开设直播课程，这些课程的学习要让学生和家长一起学习。孩子作为"互联网的原住民"，对网络与社交工具具有天生的理解与使用能力，让学生与家长一起学习，一方面公共学习互联网使用的自我管理，提升自控能力；另一方面学习网络知识，让学生掌握后教家长使用。在此基础上分享一些家校合作的成功案例，并组织家长讨论，汲取成功案例的经验。学生与家长信息化素养的提升，丰富了家校合作的途径。

4. 传统的家校合作与利用网络平台的家校合作相结合

传统的家校合作的形式主要有家访、家委会、开家长会等，这些形式的特点是面对面沟通交流没有距离感，体验更真实，但容易受时间和空间的限制。尤其是疫情时期，利用网络平台开展家校合作对各校开展教育教学活动起到了很好的辅助作用，但网络平台所带来的情感共鸣差的不足同样引发各方的关注。因此，要将传统的家校合作与利用网络平台的家校合作相结合，使家校合作在育人上发挥更大的作用。

家访是家校交流信息与教育观念沟通最常规的途径，以家访为例进行分析。结合传统与现代，将家访分为走访家庭、电话家访、预约家长来校，以及视频家访四种形式，根据孩子的具体情况选择家访的具体形式。

作为了解孩子在家的表现一般情况可以采用视频家访，尤其是在疫情期间，教师一方面可以了解孩子的教学现状，家长也可以一边跟教师交流，一边将希望孩子改进的行为通过合理的方式告知教师，一起促进孩子的改变。视频家访还可以临时将小组的几个学生组成群，一起交流在家的情况，让孩子相互促进。

在特殊孩子身上找教育的原因，走访家庭是必不可少的，只有来到孩子成长的环境，才能剖析孩子行为形成的深层次原因。在教育过程中，还需要走访家庭、电话家访、预约家长来校，以及视频家访配合使用，以达到更好的教育效果。

孩子是家长的一面镜子

小牛是班级的"破坏大王"，不但教室的花花草草经常被他无缘无故地摧残，连校园孩子们一起喂养的流浪猫看到他也是绕道走，这天，同班的小轩因为走路不小心碰到小牛，挨了小牛一拳，好在受伤不严重。为了了解小牛的家庭环境状况，我与小牛的父亲约好时间，当天晚上进行家庭走访。当我描述事情的经过时，还没等我讲述完整，小牛的爸爸"刷"的一声站起来，对小牛和声到"过来！"小牛连忙躲在我的后面，怯生生的看着我，那无助、恐惧、祈求的眼神触痛了我，原来，这才是"案发现场"。我安抚了小牛的情绪，让他去自己的房间先看书。我很严肃的指出小牛爸爸的情绪问题，小牛爸爸刚开始没有意识到问题的严重性，我从心理学方面分析了小牛的暴力倾向的发生根源，小牛爸爸这才有些听进去，我又给他提了一些建议与要求。经过这次家访后，小牛性格开朗了很多，暴力倾向也逐渐好转。为了巩固教育成果，我经常用打电话、视频的方式了解小牛在家里的情况，偶尔还会跟小牛爸爸约定来学校亲眼看看小牛的进步。这样持续了一年时间，小牛的暴力倾向彻底改正了。

第四节　教师语言暴力的表现及消除策略

俗话说，教师是吃开口饭的行业，教师在教育教学、与家长交流沟通过程中需要以语言为媒介。教师的语言本应该是春风化雨般滋润孩子的心田，教师的语言本应是优美的，催人奋进的，与家长交流沟通是顺畅的，有理有节的。然而，在现实的教育生活中，在与家长交往过程中，还是会听到"你怎么笨的像头猪"，"人渣""没爹没妈养的"这样运用侮辱性、歧视性的语言对学生进行谩骂、讽刺。这些语言暴力对学生心理具有毁灭性打击，有些孩子表面上风平浪静，内心已经千疮百孔。

被老师骂"小瞎子"9岁弱视男童精神分裂

2013年5月的一天，镇江某小学，一名9岁的小男孩被老师骂作"小瞎子"，据悉，该男孩之所以被老师骂作"小瞎子"是因为其弱视。男孩因不堪忍受老师的言语刺激而患上了"儿童精神分裂症"。医院鉴定后认为该老师的不当言辞对男孩的发病具有促进作用。男孩的父亲起诉了这位老师，镇江丹徒法院作出的判决认为该老师对男孩的辱骂行为，对男孩的健康权和人格尊严权造成了侵害。但是因该老师是在学校内履行教学职务时发生的行为，故责任应由该老师所在的学校承担，校方所应赔偿的金额为11万元。

一份来自北京青少年法律援助与研究中心的调查问卷显示："72%的小学生、32%的初中生、52%的高中生认为自己可以接受老师的语言暴力"由于小学生缺乏自卫能力，成为遭受语言暴力的高发人群。

（一）小学教师语言暴力的表现与危害

小学教师的语言暴力是指小学教师在教育教学过程中对学生使用谩骂、嘲笑、讽刺等不文明的语言，致使学生在精神和心理上造成伤害的一种暴力行为。在日常的教育教学中，教师有意无意的语言暴力对孩子的伤害是无法弥补的，下面的案例虽然比较极端，但可以说明教师语言暴力的危害有多大。

是老师，还是魔鬼

小婷是六年级二班的学生，她的班主任是该校小有名气的语文教师、校级优秀班主任姚老师。姚老师是五年级的时候接班的，在姚老师接班之前，小婷已经听说她的名声，很负责、抓成绩有两下子。小婷是留守儿童、父母都在广东打工，平常只有奶奶在身边照顾她，小婷成绩不好，长相一般，但性格很开朗。在上第一节语文课时，小婷因为作业没完成，与其他几个同样没完成作业的同学被姚老师一顿骂"作业都不做，你们来教室干什么，再不完成作业，就不要来学校了，来教室里你信不信我打死你"。从那以后，小婷慢慢的领略了这个姚老师骂人的功力，在教室里问题回答不出"你贱不贱，我都替你害臊，就像死人一样坐着，什么都不会"。班会费没有及时交，"有人生，没人教的东西，别人都交上来了，怎么就你交不上来"。成绩没考好，拉了全班的后腿，"你是弱智吗？如果真的是弱智的话去医院开证明，不要坐在这里，就考这几分"……小婷每天被姚老师辱骂，整个人都变得郁郁寡欢，她终于受不了，偷偷把姚老师的辱骂录音录下来，放给她奶奶听，老人家听了以后老泪纵横，又不知道向谁反映，只能在校门口苦述。奶奶的苦述引起了校方的重视，才查明了真相，姚老师得到应有的惩罚，而小婷内心的创伤又该由谁来疗愈？

在教育教学过程中，教师很多时候是因为着急而慌不择言，自己也没多想，已经对学生造成了伤害。那么教师的语言暴力有哪些呢？这些语言暴力又会产生怎样的危害呢？

1. 侮辱咒骂型

这类语言是指教师带有损害学生人格，公然侵害学生的尊严的言语行为。常见的教师对学生使用此类语言有"有病你治病啊，别在这里丢人现眼""你就是白痴一个！""你这个猪头，都讲了这么多遍，还是错。""你怎么不找块豆腐撞死啊！"……

这些语言本身具有很强的贬义性质，在教师的声声侮辱与咒骂中，对学生的心灵上产生创伤，从而对学生的观念和意识上产生不良的影响，这一类小学生为了避免下次再遭教师的侮辱，在学习过程中容易使用考试作弊，说谎等行为来掩盖自己的学习中的不足。

2. 讽刺贬低型

是指教师用语言对学生进行打压、嘲讽，尤其是在学生出现失误、难堪的时候发起语言攻击，使学生难堪的行为。常见的讽刺贬低型语言有"长得还算有点样子，做的事情不经过大脑。""我们班就你最有能耐了。""如果你都会的话，太阳就从西边出来。""你是最后一名承包户吧！"

讽刺贬低型语言一般都是教师在特定的情形之下，针对学生的行为发泄教师的不良情绪的一种方式。这类语言给学生强烈的心理暗示，在事件的发生过程中，学生可能在行为上违背了教师的意愿，从而导致教师的语言暴力。教师的语言暴力对学生来说是一个消极的信号，学生为了消除或减轻这些消极信号引发的不愉快，可能会采用逃避、说谎、对抗等方式处理事件，从而导致师生关系紧张，不利于师生关系的良好发展。

勤奋的小花，在老师眼里却一文不值

小花是一名农村来的四年级插班生，小花随进城务工的父母来到这座城市，按照当地的规定插班到当地开发区的小学。小花看到美丽大气的校园，知道这样的学习机会来之不易，读书也非常的努力，无奈在乡村学校学习没有打下良好的基础，学习很吃力，尤其是数学的学习，虽然已经非常地努力，考试还是不尽人意。

这天，期中考试结束，小花看着试卷上的鲜红的叉叉，又看看同桌满分的试卷，她怯怯声的想找同桌帮忙，同桌不理睬她。小花鼓起勇气拿着卷子去找数学夏老师，夏老师正在为这个插班生拖了全班的后腿不开心，看到小花来问题目，刚开始还是耐着性子给她讲解，小花还是没听懂，又怯怯声地想让夏老师再讲解一遍。夏老师火气一下上来了"像你这样的脑子还读什么书，再问也是白搭，以后跟你父母一样，是打工的料，我看你还是早点回家干家务，或者回农村种地，别在这里丢人现眼，还拉全班的后腿。"小花一下子就懵了，眼泪在眼眶打转。从此班里的其他学生也瞧不起她，经常欺负她。小花在这样的环境下，再也无心学习，也不想上学。

3. 威胁恐吓型

是指教师以恶意向学生宣告的语言，使学生心里感到畏惧恐慌。"你下次再不按时完成作业的话，叫你家长来一趟……""你再吵一个试试，你还担心我管不了你。""你给我闭嘴，再吵吵把你拉到政教处，给你一个处分。"……

4. 消极断定型

是指教师对学生未来的发展做毫无根据的消极的判断，这些语言会严重打击学生的自信心。"像你这个样子，以后只能去扫大街""天生就不是学习的料，怎么讲都学不会""真是有其父必有其子，以后跟你父亲一样蹲大牢"。

综合来看，小学生具有身心发展不成熟、意志力薄弱、心理素质较差的特点，教师的语言暴力对小学生的伤害尤其大，如果小学生受到心灵创伤，没有得到及时排解，可能会导致小学生心态失衡，进而诱发一些不良行为的发生，从而出现品德偏差。

（二）教师语言暴力产生的原因

教师的语言暴力属于失范行为，其形成的原因是多方面的，既有教师自身方面的原因，又有环境及社会方面的原因。

1. 教师自身的因素

教师的言谈举止是其内心的心理活动的外部表现形式，教师语言暴力行为的产生归根到底是其道德素养、文化素养、心理素养，以及学生观、教师观存在不足造成的。

（1）对语言暴力缺乏正确的认知。有些教师的成长环境与成长经历导致自身在语言暴力的环境中成长，形成了不良的语言表达方式，对语言暴力缺乏正确的认识。有一次在一所农村学校，由于一个学生课间操没有按照要求做，教体育的张老师训斥一名男生"你是变性的吗？做操这么娘，给我滚出来重做 5 遍。"事后与张老师聊起大课间的事情，张老师很不以为然，他觉得以前他的老师骂他骂得更难听，在家里只要自己不听话，父母也经常骂他，自己感觉父母和家长也是为了他的成长才会管教他，现在他认为学生应该管教，严厉一些没什么要紧。

（2）教育理念滞后。教师受传统"师道尊严"的影响，认为教师在学生面前必须树立起权威，而这种权威的树立是通过对学生的管教来实现的。教师没有树立正确的"学生观"，忽视是学生是独立的个体，是具有主体意识和独立人格的"人"，他们有自己的尊严、情感和价值。在这些观念的影响下，教师眼里只有规章制度，看不到学生个体发展的需要，只要学生违反了规章制度或者没有听从教师的指挥，就想着怎么样用严厉的方式来管制和教育学生，让他们回到教师眼里的正确轨道，乖乖听课、按时完成作业、上课举手发言，拥护教师的绝对权威。

（3）缺乏正确的教育方法。在面对思维活跃、个性迥异、千人千面的学生时，教师要采用多种教育方式。在基础教育阶段，教师面向学生实施教育时，往往采用批评指正的方式，这种方式在短期或许有一定的威慑作用，但长此以往，就达不到预期的效果。在同样的事情，批评了多次，学生还是犯同样的错误时，教师就容易采用语言暴力，希望能给学生一个深刻的印象，达到不一样的效果。

（4）缺乏稳定的情绪。教师情绪情感的稳定性表现在对学生有爱心，有耐心，在面对突发事件能沉着、冷静、从容地处理，并保持自己言行举止的得体的意志品质。作为一名优秀教师，良好稳定的情绪是必备的条件。而许多教师正是缺乏这种优良的品质。

有小泽的课堂

"小泽是学校有名的捣蛋大王，什么坏事都有他的份"这是 A 校教师经常挂在嘴边的一句话。作为乡村小学，父母常年在外务工，家里只有爷爷奶奶这样的家庭比比皆是，小泽家更特殊的地方是他只有一个年事已高的老爷爷，平常除了能基本保障小泽的吃饭问题外，其他的家庭教育根本谈不上。小泽今天在课堂上还是这里摸摸，那里动动，肖老师瞪了他几次都不管用，还去招惹前面的女生，去拽女生的头发，女生的"啊!"再次打断了肖老师的讲课。肖老师一股怒火涌上来，一把拉起小泽，呵斥道："烂泥不上墙，现在又学会耍流氓了，照这样下去，以后只有蹲监狱的份!"小泽听到肖老师说出这样的话，脸上红一阵白一阵，想申辩，最终还是没有说出口，眼泪在眼眶打转。

（5）缺乏有效的排解方式，导致职业倦怠。近年来，教师的职业倦怠问题引发社会的关注。随着三孩政策的落地，教师队伍中生二胎的家庭越来越普遍，家庭事务与负担的加重。学校由于生二胎、三胎的教师请了产假，教师的编制又没有增加，导致许多学校请代课教师或找实习教师来填补空缺，即使这样，教师跨学科、跨年段授课的现象十分普遍。小学教师如果担任班主任，一天平均有四五节课，还得承担班级的日常管理：早上到校的早读、中午就餐管理、放学管理等。除了教学工作，学校各类会议、培训，各级部门的检查、学校开展的活动占据了教师绝大部分时间。面对如此繁重的工作，还得考虑评职称、绩效考核、职务晋升、各类评奖评优不都无时无刻，在折磨着教师的神经，紧绷的神经禁不起一点风吹草动，学生的调皮捣蛋只是火药桶的导火索而已。教师的情绪很难得到有效的控制，面对身心发育不完全的学生，教师将这些不良情绪通过语言暴力的形式释放出来，对教师而言是一种释放的途径，对学生而言，带来的伤害是无法弥补的。

2. 学校管理制度存在缺陷

一方面学校的评价制度存在问题，学校往往注重学习成绩，根据学习成绩的平均分、优秀率来评价教师的教学成绩，很少关注教师的教育教学行为如何。另一方面，学校对教师的言行规范没有严格的制度做保障，有些学校虽然有制度但也不执行。教师之间缺乏相互监督。在同一个办公室里，一个教师在对学生使用语言暴力时，其他教师要么不理不睬，要么一起来讨伐这个学生。

3. 家长素质参差不齐，家庭教育缺位

家长忙于自己的事业，没时间和精力管教孩子，将教育孩子的重担都交给了老师，对老师的管教方式没有太多的关注。家长的观念中认为教师的批评教育都是为了孩子的成长，对孩子遭受语言暴力可能造成的危害一无所知。在与孩子有限的沟通中，往往只注重孩子的学习成绩，很少关注孩子的身心健康，导致教师对这部分孩子使用语言暴力无所顾忌。

（三）教师语言暴力的消除

德国哲学家卡西尔曾提出："人被宣称为应当是不断探究他自身的存在物——一个在他生存的每时每刻都必须查问和审视他的生存状况的存在物"。面对语言暴力，教师要不断地查问、审视、反思中提升自身素养，借助外部环境的改善，消除语言暴力。

1. 提升教师自身素养

要树立正确的职业道德素养，要认识到"学高为师、身正为范"，作为教师，言行举止是要为学生树立榜样，如果经常使用语言暴力，学生也会效仿，不利于学生健康人格的形成。教师要探求批评艺术。苏霍姆林斯基曾经说过："假如在言语旁边没有艺术的话，无论什么样的道德训诫也不能在年轻人的心灵里培养出良好的高尚的情感来。"教师美的语言能陶冶学生的情操，教师在批评学生的时候更加要注意语言艺术，要做到就事论事，切中问题的关键，言简意赅，摆事实，讲道理，做到以理服人。在批评的过程中还要注意语音语调，俗话说"有理不在声高"，教师如果用幽默风趣的语言将事情讲清楚，相信教育的效果将事半功倍。培养良好的心理素质。教育的复杂性和日常事务的繁杂性往往导致教师的脾气被瞬间点

爆，而良好的心理素质能让教师自信从容地大事化小、小事化了。

2. 学校为教师提供良好的环境

学校要重视教师的心理健康，做教师坚强的后盾。学校可以定期为教师提供心理测试，并设立心理健康室，有效排解教师的负面情绪。学校要制定多元化的评价机制，注重对教师教育教学过程性的评价。学校要加大监管力度，可以让家长委员会参与对教师的日常言行的监管，发现苗头及时采用有效措施，预防教师语言暴力的再次发生。

第五节　学校教育与社区教育协同发展

学校是一个开放的系统，与外部世界保持着密切的联系，尤其是学校所处的社区，是与学校建设息息相关的"一家人"。师生生活在社区中，社区的安全关系到学校的安全，学校的教育资源向社区开放，社区为学校提供教育资源，学校教育社区化，社区生活教育化正成为一种趋势。

1. 家校共建，形成家校共育同盟

学校教育与家庭教育是两大教育系统，家校共建是为了发挥学校和家庭各自的优势，用家庭教育的优势来弥补学校教育中的不足。家校共建的基本形式有举办家长学校、设立家长开放日、家访、成立家长委员会、使用钉钉群等平台工具，等等，前面已经阐述家长委员会的建设及网络平台的使用，这里重点说说开办家长学校及设立家长开放日活动。家长学校是家校共建的主要形式，利用家长学校，教师开展家庭教育专题培训，采用多种形式家庭教育先进理念与方法，营造学校教育向家庭教育延伸的良好教育氛围；教师还可以通过家长学校让优秀的学生家长分享育人的经验，拓宽家长教育孩子的教育思路。学校介绍办学的理念与相关规章制度，让家长理解并支持学校

2. 企校共建，丰富学校资源

企业和学校共建，为学校提供劳动课程与社会实践的基地。2022年，新课程标准将劳动教育作为一门课程。通过校企合作，可以充分挖掘校外自然

资源，开发适合学生劳动教育的基地，让学生在劳动实践中感受多学科融合魅力，磨炼学生的意志，培养正确的劳动价值观，促进学生的发展与社会的发展相统一。暑假寒假的时候，社区可以根据实际情况举办一些夏令营活动，夏令营可以组织孩子们接受多元文化熏陶，组织一些兴趣班，还可以走进部队、警营。

3. 统筹社区学校资源

鼓励社区内学校在保障正常教育教学，确保安全的前提下共享课程资源、教学实训设备等，提高图书馆、科技馆、文化馆、博物馆、体育馆等各类公共设施的面向社区居民的开放水平，探索出一条学校社区资源共享的新路径。社区可以组织单位上报各类资源的型号、使用方法、闲置时间、管理方式、联络方式等，通过社区平台对外发布组织社区内教师义务参与管理优化资源配置，减少浪费，提高资金使用率效率。学校教师尤其是有体艺等特长的教师担任社区教育辅导员，帮助社区居民提升素养；学校面对社区开展艺术教育、普法教育，进行健康宣讲，丰富居民的精神生活。

第七章　学习共同体：
教师自主发展理想的实践场域

自 20 世纪 60 年代以来，团队在西方发达国家兴起，团队管理在促进员工专业能力的发展、提升组织绩效水平等方面发挥着重要的作用，成为发达国家企业不可或缺的管理方式。我国教师学历水平大幅上升，提升教师工作绩效对保障国家政治经济社会的发展有着重要作用。传统的教师强调个人教学能力和业务水平的提升，而信息社会需要多元化复合型人才，这就要求教师组成团队，通过组织化管理，开展合作、学习、竞争，形成学习型组织，共同承担育人的责任，并促进教师自身的专业发展。

第一节　教师团队合作模式

在长期的教育教学实践中，教师逐渐形成了多种团队合作的模式，主要有教研组活动模式、集体备课模式、专题工作坊模式、师徒结对教育模式、教师同伴互助模式、跨学科团队合作模式等。

一、教研组活动模式

新中国成立以来，教研组就在各中小学应运而生。1952 年，教育部又颁发试行了两个规程，即《小学暂行规程（草案）》和《中学暂行规程（草案）》。两个规程是我国最早的教研组国家文件。

国家通过系列文件对教研组的重要性、工作任务和教研员的准入条件等作了明确规定。学校教研组是在课程改革、促进教师专业发展等方面的学科教学研究的非行政组织。

各学校教研组活动的组织形式各有千秋，一般都包含活动主题、活动目标、活动时间、活动地点、活动组织形式、活动过程、活动要求、活动经费、活动总结等要素。

2022—2023 学年第一学期 A 小学教研组活动方案

一、活动主题

数学素养与数学项目学习

二、活动目标

1. 通过本次教研活动，提高教师理解 2022 版新课标中有关核心素养关键词的能力，掌握数学项目学习的基础理论。

2. 通过开展课堂教学观摩活动，促进教师课堂教学的改革，改善学生的学习方式，促进学生的核心素养的落地。

3. 探索项目学习的活动方案、活动阶段、成果展示阶段的一般过程。

4. 探索高校教师与小学教师合作研究的新模式。

三、活动时间：

2022.9.15—10.30

四、活动地点：A 小学

五、参加对象：A 小学全体数学教师

六、组织形式

1. 高校知名教授讲座：数学项目学习的基础理论、数学素养驱动的数学项目学习。

2. 高校课题研究组与各学段数学教师研讨探索项目学习的活动方案、活动阶段、成果展示阶段的一般过程。

3. 课堂教学及评课，改进研讨会。

七、活动过程

1. 2022.9.24 下午高校知名教授讲座：数学项目学习的基础理论、数学素养驱动的数学项目学习。

2. 2022.9.24 晚上，理论学习研讨及心得交流会。

3. 2022.9.29—30,高校课题研究组与各学段数学教师研讨探索项目学习的活动方案、活动阶段、成果展示阶段的一般过程。

4. 2022.10.13—14,课堂观摩及评课。

5. 2022.10.17—30,项目式学习的展示与总结。

八、活动要求

1. 活动过程做好签到工作，讲座计入教师校本培训学分。

2. 活动各个阶段做好小结和宣传工作。

3. 学校中层以上领导全程参与活动。

九、活动经费

由校办和教务处协调解决。

十、活动总结

（1）教师的教学活动开展更有序

在学校的工作中，教师以课程的形式开展教学，教研组通过教研活动建立有效的合作，推进课程教学的改革与发展。教研组的集体备课是保障学校教育教学质量的关键。集体备课的主题可以分成根据课程开展备课活动、根据主题开展备课活动、针对某个教师或教师群体的备课活动。

（2）促进教学质量的提升

教研组会组织集体备课，将集体备课作为落实常规教学的重要手段。通过教研组活动，开展优秀教学课例的剖析，为教师提供典型性分析。通过教研活动能够真正研究解决教学中的实际问题，让教研组活动成为教师的加油站，促进教师的专业发展，从而提高教学质量。教研组活动能组织教师运用科学手段分析每次考试的得失，让教学更加科学。

（3）促进教师的专业发展

教研活动是促进教师专业成长的主要途径。通过教研活动，教师在智能、经验，以及教学态度方面得到不断发展。教师的专业发展首先是要在观念上更新，而教研组是教师观念的主阵地。教师在教学研讨、交流过程中，教研组会引导教师走向自主发展的可持续之路，实现教师群体的共同发展。

二、师徒结对教育模式

在教师的自主成长过程中，学校一直发挥重要的作用，学校一般会立足教学实际，引导教师提升专业水平，最为典型的是学校的师徒制度。一般的学校在师资比较充分的前提下，让富有教学经验的优秀教师与经验相对不足的年轻教师（或刚入职的教师）"结对"形成师徒关系，然后由师傅在教学、科研等方面对徒弟进行指导，这样做的优点有很多。

一是教师的教学规范形成快，教学容易上手。新教师一般都是刚从师范院校出来的新人，虽然经历过实习，但对教学规范不了解，有老教师当师傅在前面领路，可以少走很多弯路。很多学校要求徒弟在上课之前要先听师傅的课，教案要给师傅审核后才能上课，这样能保障教学质量。

二是教师个性化的发展指导得以实现。师徒制一般采用一对一的形式开展，师傅在听课、与徒弟的交流过程中可以深入了解徒弟存在的"短板"，明白徒弟实际需求，有针对性地指导。例如，徒弟的课堂板书是短板，师傅就可以有针对性地要求徒弟每天练习板书、推荐与板书设计的资料给徒弟学校、对上课板书设计重点做指导，满足教师个性化的需求。师徒制的特点是师傅指导的内容是与教育教学紧密相关，有备课、导课、评课等注意事项和技能技巧，为徒弟顺利完成教学提供帮助；徒弟在上完课后，师傅及时点评，反馈及时，让徒弟明白问题所在，可以及时改进，快速成长。

三是师徒制使教师在各阶段的发展获得有力支持。教师的专业发展是一个终身发展的过程，在各阶段的发展过程中都会遇见许多问题和困难，在关键时候，如果有师傅在前面指引，教师的发展的道路会顺畅很多。例如，从骨干教师到专家型教师的成长过程中，课题研究成为许多教师跨越式发展的障碍，这时候，学校或教研室通过名师指导或者到专家型教师的学校跟岗实践等方式，接受名师的指导与帮助，能使骨干教师突破瓶颈，快速成长。

四是师徒制能促进师傅教师的专业成长。成为师傅的教师有资历，教学经验丰富，在学校的发展过程中发挥了很大的作用。也意味着师傅教师年龄偏大。在智慧教育大背景下，多媒体设备的使用，精准教学的开展所需要的扫描仪的使用，在线软件下载与运用等都面临很多困难，作为徒弟的年轻教师，作为数字化的"原住民"，在信息化方面有更大的优势，既可以帮助师傅做一些力所能及的事情，也可以在信息化方面教师傅具体的操作，促进师傅教师的专业发展。

我的"教学十关"

我是一名乡村小学教师，在师范院校毕业后开始考编，考编的竞争太激烈了，考到第 6 年，终于考到青田县的一所乡村小学 M 校，这所学校虽然不在城镇，但学校非常有特色，尤其在教师专业成长方面，有属于自己的"新教师成长培训计划"，学校在师徒结对这方面做得很到位，学校的目标是在两三年内将新手教师培养成骨干教师，具体的做法是新教师要"过十关"，主要有课堂教学、课题研究、教学案例分析、教学艺术等。

学校给我安排的郑老师是一位有着 15 年教龄，经验丰富，热情又严厉的大姐。因为我有 5 年的代课经验，吴老师给我制订了适合我的"成长计划"，计划在 18 个月内把十关都过了，刚开始我也是信心满满，在刚开始的几个月，吴老师重点跟我交流如何组织有效的课堂教学，在课堂上，学生都非常喜欢语文课，上课的积极性很高。我跟吴老师学习了两个月后，由于我有教学经验，前面课堂教学和教学案例分析很快就过了。就在这时，我发现我怀孕了，糟糕的是反应很大，胎儿有一些小问题，我只能将重心暂时放到生活上。一年后，与我一起进 M 校的刚毕业的小美老师都过到了第七关，我猛然醒悟，还是要努力，在吴老师的帮助下，我终于再次向剩下的几关发动总攻，终于在第 18 个月过完了十关，在这过程中，我体会到"教育为学生健康成长服务，为学生终身发展服务"的理念，经历了多次的公开课，再大的场面也不会怯场，学会了做课题的基本程序，有一定的教学艺术。

三、教师同伴互助模式

有研究表明校本教研可以提高教师的专业素养，促进教师专业发展。教师个人的自我反思、教师间的同伴互助，以及专家的专业引领是构成校本教研的三大基本要素，它们之间相辅相成。特别是在乡村学校，教育资源相对匮乏，教师整体素质较低，一些学校一个学科只有 1～2 个教师，很难形成教研组和教学团队，要想缩短城乡的差距，乡村教师就要充分利用同伴的力量，通过经验分享与资源共享等，实现教育资源的本土化转换。

我们共同成长的三个阶段

刚进入教师队伍的前三年，我和芬芬老师在庆元县最寒冷的荷地中学任教。因为教书经验不足和学校设备条件限制，我们的三年成长路走得很艰辛也很迷茫。遇到困难还是得想办法解决：第一步就是一起将大部分灰尘堆积的实验仪器和不是那么听话的油印机整理出来，然后在不断摸索过程中找出一条适合农村学校的分层教学之路，这也是之后在庆元二中带班过程中践之有效的小组合作模式的雏形。这三年，似乎啥荣誉都没获得，但确是我们积蓄力量等待厚积薄发的关键三年，也是成长的第一阶段。

后来我们通过竞聘进入到庆元县第二中学，学校大了，平台也大了，教师专业发展的幕布也正式在我们前方拉开：公开课、讲座、培训……所谓实践出真知，虽然之前观摩过不少优秀教师的课堂，但真到自己上场"烹饪"时还是挺露怯的，幸好我们有经验丰富的前辈指导，更有共同进步的好伙伴同行。因为前期合作上建立的独有默契，我们经常会在忙碌的教学任务中插空探讨和实践各种想法。这一阶段，我们很积极，参加了很多县市级平台的公开课和竞赛，值得一提的是我俩在寻找陪同出行的老师时，一定是对方的首选对象。有一次参加县里的比赛，是借班上课，原本已经将课件拷贝到班级的电脑上，不知怎么回事，就是打不开。巧的是班级的网络也不通，好在我事先做好了预案，如果出现这种情况，只能采用方案B，没有课件上课，只是可惜了已经做好的精美的课件；这时候芬芬跑到隔壁办公室，将事先放到邮箱的课件下载下来，用备用U盘重新拷贝，课件终于可以打开了，这节课上得非常成功。

积累了一定的经验后，我们开始相互鼓励，争取早日评上市教坛新秀、教学能手。我们一起报名，一起获得参评资格，更是一起备考。我们相互帮助对方精进模拟上课的能力，一起磨砺一堂课……在很多人看来不可思议的事，评比中我们应该是对手，但却如同一人参评似的无私共享、探讨，最后也因为准备充分如愿评上。

以上案例是来自山区两位年轻老师的成长经历。从教 8 年教师 A 一直担任科学教学工作，兼任班主任工作 8 年，科学教研组长 3 年。曾获荣誉：丽水市学科带头人，"丽水市优秀教育工作者""庆元县优秀党务工作者""庆元县优秀党员""省优秀指导师"等。芬芬老师同样从教 8 年，任教初中科学获得"丽水市教学能手"等荣誉。从上述案例中可以看到，教师同伴互助的形式主要有以下几种。

一是交流分享，互助成长。对于刚刚踏入工作岗位的两个小姑娘，又被分配到条件很落后的山区担任科学老师，从仪器落灰这个细节上可以看出来，前面的科学教师是不做实验的。还需要使用油印机，这个条件让城里的教师会觉得不可思议。在这样艰苦的条件下，两位年轻的科学老师通过学习、思考、反思，在交流分享中不断的转变观念，提升专业素养，促进教师认知结构的不断重组，探索适合山区孩子的分层教学。

二是教学研讨，互助提升。教师通过教学实践，面对课堂教学开展研讨，在争论中不断总结教学经验、归纳教学方法、分析失败的教训、分享成功的心得，在思维的碰撞中获得新的启示。在一次次上课、评课、磨课、研课中直面难点共同规划教学活动，互相帮助，共同提升。

三是参加比赛，共同进步。各类教学比赛是培养和提高教师教学能力和专业素养的重要方法，尤其对年轻的山区的教师而言更有意义。在准备比赛的过程中对教材和教学内容的理解更加深刻，在对课堂教学组织能力、教学方法和技巧、语言表达、板书设计等方面的提升都有帮助；比赛结束后，其他任课教师和专家有针对性地点评可以真实的反馈教学过程的优缺点，有利于参赛教师，在各层面广泛听取意见，互相学习。

四、教师工作坊模式

教师工作坊是指以当地具有丰富经验和专业影响的名师为中心，在其指导下，形成多人参与的学习研修共同体，主要通过线上、线下相结合的讨论、活动等多种方式，共同探讨和尝试解决教育教学实际问题。这种培训依托信息技术，整合网络研修与校本研修，组织学员围绕主题和问题进行深度学习和研讨，开展形式多样的研修活动，直击教学重点、难点和疑点，着力解决广大教师教育教学实践中的问题。这种培训将乡村骨干教师与种子教师培养相结合、集中培训与网络研修相结合，在专家团队的主持下，积极探索"解决问题"的教学策略，推动种子教师走向优秀，建立起"用得好、辐射广、共成长"的骨干引领全员常态化研修机制。

第二节　实践共同体

1887 年，德国社会学家滕尼斯首次系统地论述共同体的概念。20 世纪 90 年代，共同体衍生出许多相关的概念，如学习共同体、实践共同体、专业共同体等。1991 年，莱夫和温格在《情景学习：合法的边缘性参与》一书中最早提出了实践共同体的概念，实践共同体被用来分析人类的非正式学习——学徒制。它开辟了学习理论的新视角，提出学习是"实践共同体中合法的边缘性参与"这一观点。

国内对实践共同体的探讨主要集中在教育领域，教育领域中实践共同体的研究主要从实践共同体的视角对教育专业发展研究、信息化教学实践共同体、国际视角实践共同体，以及 UDS（URS、UGS）合作实践共同体。这些实践共同体的研究，促进了教师的专业发展。提升了学校的实践研究，拓宽了教师的自主学习形式，也为进一步改进教学质量提供了思路。

一、实践共同体的概念

早在古希腊时代，亚里士多德就提出了共同体的理念。德国社会学家滕尼斯 1887 年出版的《共同体与社会》中首次系统地论述了共同体的概念。滕尼斯认为，共同体就是"基于自然意志而形成的一种生机勃勃的社会有机体"。滕尼斯从"共同体"的发生角度把"共同体"分为血缘共同体、地域共同体与精神共同体。他还指出：共同体必然从血缘关系扩展到地缘关系，最终发展为精神共同体。人与人之间具有共同的文化意识是其精髓。

建立在"共同体"这个概念基础上，实践共同体的概念最早出现在莱芙和温格所著的《情境学习：合法的边缘性参与》一书中，后又在温格的《实践共同体：学习、意义和身份》中得到明确界定。他基于社会性学习理论，认为实践共同体是学习分析的基本单元，类似于一个可以协商学习、意义和身份关系的论坛。它可以促使群体基于对一系列问题的共同关心或者是对一个主题的兴趣，产生持续的交互关系，发展质疑的精神，从而加深他们的专业知识，并对共同体产生归属感。"人类活着就意味着必须不断卷入各项事业的追求中，当我们界定这些事业并共同卷入到追求中时，我们都在学习。在时间不断向前推移的过程中，这种学习催生了实践，映射出我们参与共同事业追求和自身之间的社会关系。因此，这些实践行为便创生了一种合作追求共享事业的共同体属性"。

二、实践共同体的基本特点

Jonassen 和 Land 把一般"实践共同体"的特点归纳为三点。如表 7-1 所示。

表 7-1　"实践共同体"的基本特点

共同的文化历史遗产	实践共同体不是在特定时间为了某种特殊需要而进行的简单聚集。成功的实践共同体具有部分掌握了社会协商意义的共同的文化历史遗产。包括共同的目标、意义和实践，但是，与不太起作用的实习场的社会协商不同，在实践共同体中，新成员从老实践共同体成员中的经验中继承了大多数的目标、意义和实践，这些在老的经验中已经被假设、验证并得到社会认可
相互依存的系统	个体在背景下工作时是更大的集体的一部分，并与实践共同体有着内在的联系，实践共同体也是更大集体的一部分，这有助于为个体和更大的实践共同体提供一个共享目标的感觉和一个身份
再生产的系统	当新成员与同伴和成熟实践的专家一起进入成熟的实践中时，实践共同体有再生产的能力是十分重要的，随着时间的推移，这些新成员充实到了实践共同体的共同实践中，甚至可以替代老成员

我国学者赵健研究指出"实践共同体"更强调经验背景不一的人基于共同目标和志趣的集合，强调打破传统的正式组织的框架，突破自我身份认定，通过开放、分享，实现知识的创新与新知识的产生。基本特点归纳为七点，如表 7-2 所示。

表 7-2　"实践共同体"的基本特点

任务、目标	任务、目标清晰，其成员为完成一个共同的任务走到一起
愿景	成员志同道合，有共同的愿景
均匀性	异质性，即成员的经验背景不一
边界	边界相对模糊，打破了原有组织的约束，且可跨边界
开放与封闭	开放而非封闭
再生产	具有再生产的能力，有新知识产生
静态与动态	是动态的，随实践主题的变化，可以重组

三、实践共同体的要素

学者对实践共同体的要素意见比较一致，表达方式有所区别。三要素分别是共同领域、共同社区、共同实践。如表 7-3 所示。

表 7-3　实践共同体的要素

共同领域	实践共同体享有相同领域的共同兴趣
共同社区	为了追求同一领域的共同爱好，实践共同体成员参与共同的活动和讨论，相互帮助，共享信息。他们通过合作关系互相学习，成员之间存在归属感，有相互之间形成的责任和义务
共同实践	实践共同体不是指一个仅仅有着相同兴趣爱好的群体，更重要的是他们是实践者。共同体中的实践要素，如"相互的介入""共同的事业""共享的技艺库"，使得共同体内部产生一致性

还有些学者认为作为实践共同体的要素是三个："领域""沟通""实践"。如表 7-4 所示。

表 7-4　实践共同体三要素

领域	指成员相互之间关注的问题和课题
沟通	指分享有关领域的思考方式，体现相互学习的关系
实践	意味在某个领域借助沟通而产生的分享和维系特定的信息、知识和思考方式

而有些学者更强调实践三要素。温格认为"实践共同体"是一个整体，不是所有的"共同体"都有"实践"，同时也不是所有的"实践"都可以定

义"共同体"，那么具有什么样"实践"的"共同体"，才是"实践的共同体"？为了回答这个问题，温格提出实践共同体的三要素：相互的介入、共同的事业、共享的技艺库。实践的这三个方面构成了共同体的三要素，同时也是"实践"作为"共同体"一致性来源的三个特征。

第三节　职前教师实践共同体

"教育在本质上是实践的"，实践是教师职业认同和专业成长的基础。近年来，国家不断出台相关政策，凸显教师职前培养中教育实践的重要性。2016年，《教育部关于加强师范生教育实践的意见》进一步强调，要加强师范生教育实践，构建全方位的教育实践内容体系，将教育实践贯穿教师培养的全过程。2018年，教育部等五部门颁布《教师教育振兴行动计划（2018—2022年）》指出为实现教师教育振兴发展的目标，要创新教师教育模式，培养未来卓越教师，注重教学基本功训练和实践教学能力。

我国教师职前培养取得了一定的成效，但也面临诸多问题，如教育理论与实践脱节、专业学习的表层化现象严重等。为解决理论与实践脱节的问题，提高师范生在真实的教学情境中学习与实践教学能力，高校相继开展各种教育实践，有观摩性见习、体验性见习、综合性教育实习和双导师制。在调查中发现研究发现在师范生教育实践中，出现部分院校对教育实践过程与结果把关不严的现象。学校仅仅把教育实践当做是师范生培养的一个必要流程，加上指导教师和实践基地不足，放羊式的教育方式仍然客观存在。学生教育实践意愿不强，对教育实践的不够重视，尤其是在大四的综合性实习阶段，忙于找工作，实习常常应付了事；而实践学校的指导教师由于担心实习生上课会影响正常的教学质量，对实习生也是被动接受，给实习生上课的机会很少。再加上高校在人力、物力和财力上对实习生投入不够，实习成了"走过场"，学生并没有得到很好的锻炼，以及有效的指导。

为解决上述问题，师范生的实践教学要在高校教师教育者的主导下，研究基础教育，师范生在基础教育教师的指导下积极实践，才能培养高质量高水平的师范生，要做到这一点，就要形成教师教育实践共同体，在共同体追求协同中创新，切实提高师范生的实践教学能力和实践意识。

一、教师实践共同体的内涵

（一）以实现共同的愿景为动力

共同体无处不在，蕴藏在工作中、学习中。有些共同体有名字，有的则没有，不管共同体以何种形式出现，每个人都有在共同体中实践活动的经历。而实践共同体最为显著的要素是共同体成员拥有共同的愿景，目标任务清晰。现代汉语大词典解释"愿景"是希望看到的情景，可以理解成是人们脑海中所持有的景象和意象、以及人内心的意愿，共同愿景是共同体成员所共有的景象和意象。共同的愿景是成员各自发自内心的真实的共同的意愿，这个意愿是具体而非抽象的，在这个具体的意愿下成员自觉承担共同体的责任与义务，共同的意愿是成员为共同体奉献的驱动力。

目标是指引生活与工作的明灯。在共同的目标指引下，师范生与指导教师之间形成一种合力，依照共同目标通力合作。这个共同的目标和愿景就是通过教育实践，提高师范生的教育教学能力，丰富实践性知识，促进教师发展为目标。在这个过程中促进师范生身份的转变，从合法的边缘性参与者到成为完全参与者。身份转变意味着地位和空间的变化，师范生逐渐获得课堂自主权，能处理课堂教学情境中比较复杂的问题。指导教师不仅是为师范生传授实践性知识的，更是密切关注师范生心理的辅导教师，指导教师既是师长也是朋友。

（二）以共同体为交流舞台

在实践共同体参与者中，有大学教师、中小学指导教师、师范生，在参与过程中，共同体成员看待问题的角度会有所不同，但是成员之间遵从平等对话、合作交流的原则参与到实践共同体活动中。在共同体的舞台中，各成员都会亲身参与和深刻理解教育教学研究，并运用教学理论为实践服务，获得自身的专业发展。

如波兰尼指出的知识不仅具有明确性还具有内隐性，对于明确的显性知识可以通过共享获得，同样隐性知识也能以此方式习得。知识共享成为显性知识与隐性知识的建构方式。在实习中职前教师实践共同体在不断地作对话中形成新的共同体准则，师范生与教师们按照新的准则进行活动，在特有的共同体环境下创建新的知识体系。这个共同体知识是成员所独有的且每位成员都能掌握，知识从"个体—共有—个体"的不断循环演变，不断建构与创新。

（三）以平等对话合作共享为准则

共同体成员浸润在实践活动中，强调消除因经验和背景的差异性而产生的不平等，主张平等对话、和谐共享及互相支持的文化。

指导教师与师范生之间的合作。指导教师与师范生共教一批学生，共在一个教室，但在遇见具体问题时，指导师的作用是脚手架，帮助师范生逐渐掌握发现问题和提出问题的方法，在问题解决过程中增强自身学习的主动性。在这过程中要尽量避免师范生没有自己的想法，过度听从指导教师的安排。在指导教师跟师范生合作解决问题的过程中，指导教师会要求师范生与同伴共同合作研究。

师范生之间进行平等对话。在指导教师布置任务后师范生需要与同伴平等交流共同解决问题。指导教师一般会带 2～3 个师范生组成一个小组。在与同伴合作交流中，师范生更加敢于表达自己的想法和思路，与同伴进行激烈的探讨。在共同目标的指引下，合作过程中能力较弱的同伴会出现发言较少的情况，这个时候组内的同学要主动帮助他答疑解惑。在探讨过程中有疑惑，大家的第一反应是一起想办法解决，只有在问题实在解决不了的时候，才会向指导教师请教。在这个过程中，大家围绕共同的目标进行平等交流合作，增强了师范生的学习主人意识。

大学教师与师范生之间的平等交流。在师范生碰到具体的教育教学问题时，除了跟指导教师探讨外，还可以跟大学教师合作解决。大学教师从教育学心理学教学论的视角跟师范生展开探讨，以期对实践问题产生共识。

在实习期间，师范生不断地与同伴进行合作，一般以小组为单位共同负责一个班级。中小学指导教师在对这些师范生指导的前阶段会让他们在课堂里观摩学习，到了实习中期，中小学指导教师会与师范生合作设计教学并共同管理课堂，在这个时期，师范生在指导教师合作中反思实践，在对话交流中提高教学技能及实践性知识。在合作的过程中，师范生与同伴，以及与指导教师、大学教师之间实现知识的共享与创新。师范生除了与同伴、学科指导教师，以及大学教师合作外，还要与任教班级的班主任合作，了解班主任的职责，掌握班主任管理班级的技巧与方法，并且协助班主任完成简单的班级管理工作。

（四）以实践性问题解决为导向

从根本上说，共同体是为了解决实践性问题而形成的一种学习群体。师范生对中小学的办学方式、班级管理、家校合作、课堂教学、等实际问题不了解，虽然在大学教育过程中有案例教学，但真实的基础教育跟书本上毕竟不一样。"纸上得来终觉浅，绝知此事要躬行"。而实践共同体以实践活动为载体，关注共同体成员对具体教学活动的情境进行认知、理解、分析和处理。成员们依托实践共同体，平等地相互交流、讨论、资源共享，从个体的"我"转变成共同体的"我们"，破除层级，打破传统"我的地盘我做主"的封闭式样态。在这过程中强调将师范生的培养过程置身于丰富的问题情境中，以解决真正的实践性问题为目的。共同体成员在面临差异化的教育情境时，他们会通过互相合作进行有条理的思考，形成新的见解，进而提高解决问题的能力。共同实践最终促使师范生将理论知识转化为教师的语言和行为，以指导他们的实际工作。职前教师实践共同体聚焦点在"实践"，以实践性问题解决为导向，能够解决师范生教育"知行脱节"问题，为师范教育提升是师范生教师专业水平提供了有效的现实途径。

（五）以身份认同为标志

实践共同体的成员之间具有异质性。在职前教师实践共同体中有大学教师、中小学校指导教师、师范生等。这些成员在实践共同体中的身份和地位也会经历动态的变化和发展过程。

大学教师的任务包括联系实践学校、指导和服务。大学教师不仅师范生理论课程的教学，还持续为师范生提供学习指导与帮助。要时刻与中小学指导教师联系合作，共同关注师范生的学习生活和思想状况，为师范生提供有力的支持。此外，在教育实践结束对师范生进行考核，以期更公正、更全面地评估师范生的实践成效。

实践共同体中的指导教师主要由优秀的中小学教师构成，指导教师帮助指导师范生进行教学实践，获得实践性知识。一般中小学校，指导教师的选择比较严格，这些导师必须是由各学科领域的水平较高教师组成，在教龄上不能太长也不会太短，教龄太短，没有形成自己的教学风格，教龄太长，教育理念更新不快，跟师范生的交流沟通上容易出问题。师范生从最初的观摩并记录指导教师授课，再经过说课模拟上课，最后慢慢获得授课权并接管课堂。指导教师在实践共同体中的角色和任务与他平常在学校中完全不同的，当师范生与指导教师合作的时候，师范生能感受到经验丰富的导师的思考与决策过程。指导教师为师范生提供了理论联系实践的机会，帮助走向实际的课堂。

身份的认同经历了两类转变：一是个体身份向集体身份转变；二是由单一身份向多元身份转变。师范生通过与大学教师、指导老师之间的互动逐渐获得更多共同体的特征，以便能够尽快融入共同体中并成为其中的一员。对于师范生而言，从之前的大学生的身份到准教师身份的获得，不仅是资格条件上的合法性，更是在群体中个体身份确认的过程。师范生在未进入学校教师群体之前，其成员关系及社会身份并不属于这个群体，因此，较少受到教师集体文化对其产生的影响，社会期望他们认同即将从事的教师职业及其具备的道德准则、行为规范及价值内涵等。实践共同体为教师提供一个塑造集体身份的场域，在共同体中师范生通过与大学教师、指导教师之间的互动、协商，教师知识、技能、身份都发生转变。大学教师通过实践参与及与师范生的交流，与指导教师的探讨，对基础教育的问题深入思考和探索，成为基础教育的专家。指导教师通过与师范生的沟通，与大学教师的探究，从成熟型教师向专家型教师转变。

二、影响职前教师共同体发展的要素分析

1. 相互介入的渠道缺乏措施不够

实践共同体理论中的相互介入是指共同体中成员的一种相处关系，包含

以下三层内涵：首先，以具体行动参与一个活动过程，实践共同体需要其成员在某种活动进程中实质性地参与进去。其次，在这一行动中，学习与他人关联交往，进而密切地融合。最后，行动的结果有多种可能性，即除了和谐，还可能是反对、争执、冲突、挑战、竞争等，这些都有存在的空间。

职业教师教育共同体是促进师范生、大学教师、指导老师作为共同体成员在实践中相互合作、交流共享。"介入"应该成为成员之间学习的本质形式，但是在现实中远没有达到深度介入的实质行动的程度。

大学教师与师范生之间的相互介入方面。大一大二的课程理论化很强，基本没有实践课程，没有实践与理论相结合，不利于实践能力的培养。虽然课程的实践性也比较突出，但是一些重要的课程持续时间太短了，例如，各科目的技能实训课，这类课都只出现一次，并仅仅只有 8 周的课，远远不够。这些课程还存在的问题是由于大学教师没有深入中小学教育，实践的情境创设与现实的中小学情境相去甚远，师范生到现实的学校，手足无措。到了实习学校，大学教师认为把师范生交给指导教师了，自己只是起到检查监督的作用，没有深入指导。师范生与中小学校指导教师之间的相互介入。部分中小学校存在对实习生不够重视的情况，有些指导老教师不放心让实习生上课的情况，实习生实践的机会不多。实习的学校教师教学任务都比较多，所以空余时间比较少，对实习生的指导时间不多。大学教师与指导教师之间相互介入。大学会邀请特级教师、基础教育的名家等来校为师范生开展讲座，这些来自一线教师的名师往往以自身的亲身的经历作为切入点，能够让师范生学到在课堂上学习不到的内容。但这些讲座非常少，没有发挥应有的作用。大学教师与基础教育指导教师的交流不充分，指导教师碰到的基础教育问题，不会及时跟大学教师沟通，而大学教师认为的基础教育存在的问题，并不一定是基础教育真正的问题所在。在这样的情况下，三方因相互介入的渠道缺乏而产生距离感，直接影响了工作的实质性进展。

2. 共同的事业形成难度大

"共同的事业"是由实践共同体成员在实际参与过程中共同协商、逐步确定和发展的，是成员之间合作、意义、介入的源泉。然而大学教师、中小学指导教师、师范生之间由于不同的教育背景、教育的目的不同，存在"建立共同事业"的天然屏障。

其一，共同愿景缺乏。愿景内蕴含一种激励的力量，当共同体成员的个体愿景与共同体愿景统一时，个体便会感觉到自身真正融入组织里。共同的愿景是划定共同体边界的重要基础，使得共同体成员具备安全感并为共同的愿景而努力。然而在现实中，大学教师、中小学指导教师和师范生的愿景往往存在差异性。其中大学教师是为完成科研任务而关注基础教育；中小学指导教师一方面因学校指派而被动接受，另一方面实习生可以帮忙批改作业，辅助管理班级，尤其在"双减"的背景下，放学后还有晚托班，实习生可以帮忙管理，减轻自己负担。实习生一方面是要完成实习任务才能拿到相应的学分；另一方面通过实习体会学校教师的日常工作和教学，为就业打下坚实的基础。而共同愿景的形成要建立在成员个人愿景的不断协商和协调的基础之上，受到具体情境和条件的影响，参与成员对于这些情境因素拥有各自不同的反应，而共同愿景的确定，就是这种不同反应进行协商的结果。

其二，理念各不相同。共同体的成员应该有共享的理念和目标。然而，大学文化和中小学文化不同导致理念不同，大学文化是"学术文化"，理论属性突出，侧重学术研究和理论探讨，大学教师重视对师范生理论的指导、重视学术研究，忽视对基础教育真实的境况研究。中小学是"工作文化"，更关注日常性和实践性，侧重理论的可行性和实操能力，他们对师范生的指导停留在实践中的具体问题上，比如如何上好一堂课，如何提高学生的学习成绩，如何保障升学率等。大学教师和中小学指导教师为了维持自身正常的教学，都不愿做调整和改变。

3. 共享的技艺库建立途径少

共享的技艺库是共同体长期为共同事业而共享的一组资源。在教师教育共同体中，"共享的技艺库"包含精神和实体两个方面的资源。前者指共同体成员所形成和拥有的共同历史文化遗产，包括理念、价值观、目标、态度等；后者是成员共同构建的教师教育资源体系，包括课程、教材、场地、实践基地等。

大学教师、中小学指导教师、师范生之间由于理念、价值观、目标的差异性，很难拥有精神上共享的技艺库。大学教师偏好学术质量，关注学术品位，对于实践兴趣不大；中小学指导教师则存在轻视教育理论的现象；两者对职前教育而言，存在重理论研究、重共性研究，而案例研究、实践研究和个性研究不足，导致共享的技艺库资源缺乏，迫切需要加强建设。

三、职前教师实践共同体的形成机制

职前教师实践共同体的形成机制涉及组织维度、教师维度和研究维度。从组织维度来看，高校和中小学校需要建立教师发展学校；从教师维度来看，需要唤醒教师的领导意识，提升教师的领导力；从研究维度来看，需要超越传统的技术理性主义的行动研究观，重建合作式、对话式的教师行动研究。

（一）建立教师发展学校是共同体形成的基础

世界各国探索职前教师专业发展的途径，大学与中小学合作培养已经成为国内外教育界普遍关注的焦点。在美国，霍姆斯小组提出建立专业发展学校（Professional Development School，简称 PDS），在实践操作层面，许多大学与中小学开始建立 PDS 基地，以促进教师的专业发展。专业发展学校是在教育工作者和先锋教师的指导下，为新手教师提供一个最优平衡的学习和经验计划。PDS 将职前培养、在职培训和基础教育改革融为一体，开辟了教师培养的新模式。在我国，北京、天津、河南、浙江等省市已建设数所教师发展学校。浙江省为贯彻落实《浙江省教育厅关于深化教师教育改革的实施意见》（浙教师〔2014〕41 号）的有关精神，也积极致力于 PDS 的探索，迄今已有上千所教师发展学校。这些教师发展学校建构相应的组织机构，明确各自的职责义务，确保协同机制顺利运行。

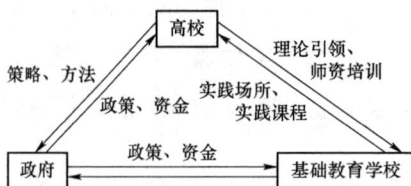

图 7-1　职前教师实践共同体形成三方协同推进机制图

1. 发挥教育行政部门的指导与管理职责

教育部门应携手高校与基础教育学校签订三方协议，明确各自的工作职责，落实相应的规章制度，保障各方积极有序参与教师发展学校的建设工作。建立监督考核制度，加大对教师发展学校建设情况的监督。同时制定政策措施，在经费安排、人员编制等方面对教师发展学校给予支持。将教师发展学校开展情况列为对基础教育学校发展性评价考核加分因素，并将基础教育学校教师指导师范生教育实践作为教师评奖评优、职务（职称）晋升、特级教师和学科带头人等评选的重要依据以激发基础教育学校教师指导师范生的积极性。

2. 强化高校理论引领与师资培训功能

对于高校而言，应设置专门的办公室，配备专职人员负责教师发展学校组织与协同发展，促进教师专业发展的培训活动只有以参与者的需求为基础，参与者才能真正融入其中。在职教师的教育实践培训课程方案也应由高校与基础教育教师一起制定，注重理论与实践相结合，将高校的思想智慧与基础教育的行动智慧相融合。高校深入基础教育去"真"研究，保证从事教师教育的教师五年内至少要有半年深入基础教育学校，与基础教育一线教师共同开展校本研修、实践课程开发、在职教师培训课程与实施等。在解决基础教育教学困惑的同时，促进自身学生水平的提升。

3. 基础教育承担实践课程与实践教学指导

基础教育学校一方面要充分利用高校的智力支持和优质资源促进教师的专业发展，较强的科研意识和科研能力是促进教师专业发展的基本保证。开展课题研究能够提升教师的教育教学反思能力，改进教育教学水平。基础教育学校教师的课题研究得到大学专家学者的指导，对于自身科研能力大有裨益。因此，基础教育学校应主动出题目，积极寻求高校的支持。另一方面基础教育学校教师要积极承担高校部分实践课程，比如说课、模拟上课等。基础教育学校在师范生见习、实习等教育教学实践中指派优秀教师担任指导师，妥善安排实习师生的食宿，积极为实习师生提供必要的办公、生活条件，支持和配合高校师生开展教育调查和教学科研等工作。在承担教学实践过程中，教师反思教育教学，促进自身专业发展。

（二）提升教师领导力是共同体形成的内部动力

哈里斯和缪伊斯将教师领导力界定为一种领导力模型。这一领导力模型意味着必须创造一个所有组织成员共同工作和学习的环境，大家在这样的环境中共同构建起组织的价值体系并深化对组织的认识，一起为某个共同的目标而奋斗，或者为共同的目标体系而不懈努力。

1. 教师领导可以增强合作意识

建构主义强调组织成员在相互影响的过程中进行意义创造和意义理解，教师的影响力往往在意义创生的过程中通过对话、互动、反思、探究、参与体现和反映出来，谁拥有领导力，以及拥有多大的影响力取决于其意义创生的质量。教师领导力的目标之一是确保实践共同体内所有人的发展，只有共同体中每一位成员教师都乐于学习，且相互合作，才能构建有助于每位成员持续发展的共同体。职前教师实践共同体的焦点是使每一位成员不仅从共同体中学习而且要贡献于共同体。当成员参与共同体时他们之间的合作可以改变共同体的知识基础。每一位成员应该成为知识与意义的贡献者、生产者而不仅仅是知识的接受者和消费者。

2. 教师领导可以激发责任担当

教师领导主要是非正式领导，在本质上强调动态生成，也就是说，领导职责的具体承担者是不断变化的。在职前教师实践共同体的各种活动中，根据任务、具体情境、个人特长不同，领导职责的承担者随着变换。比如，基础教师指导教师布置师范生集体备课，推荐一个代表上公开课，在师范生集体备课过程中，师范生是领导者，他们一起合作、探讨，发挥集体的智慧，在上公开课过程中，上课的师范生是领导。在上课的点评指导环节，指导教师和大学教师是领导者，在解决教育教学问题，共同体成员一起探讨解决中，每个人都是领导者。共同体成员以往习惯了"被领导"而不去"领导"，然而当共同体要求每位成员在教育教学改革中担当不可或缺的角色，随着成员能力的提升，成员之间的合作交流也会走向深入。

（三）行动研究是促进共同体形成的路径

行动研究是为了解决眼前的问题，或者为了改进人们解决问题的方式，个人在团队中与他人合作或者个人作为实践共同体的一部分去逐渐反思实践的过程。基础教育学校根据要解决的问题建立教研组，大学教师组成教学与科研团队连同本专业的师范生，加入相应的教研组，共同体形成路径如图 7-2 所示。

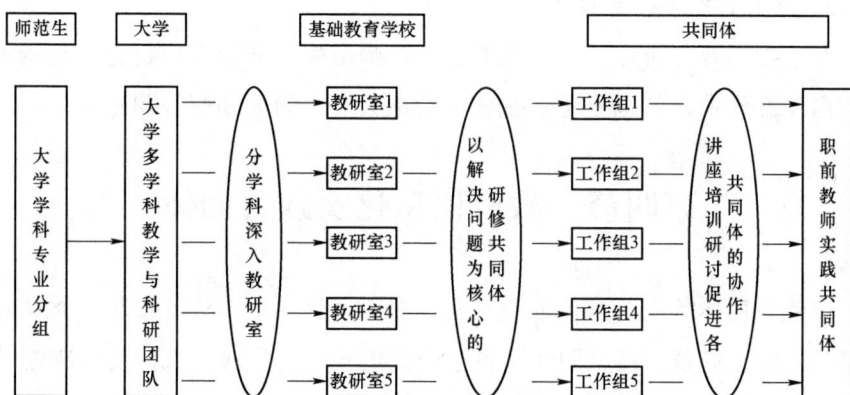

图 7-2　共同体形成路径

通过紧密合作，实现教学理论与实践的深度结合。在合作的过程中，共同体可以定期举办教育教学交流大会，使其进行深层次互动，选择实际课堂作为探讨对象，通过认真分析课堂教学过程，以及学生对知识掌握情况，挖掘其中存在的问题、剖析问题原因，进而提出相应的解决对策。职前教师共同体中行动研究包括个人研究、合作研究和学校行动研究等，特别值得一提的是大学教师、基础教育教师、师范生之间合作进行行动研究。

1. 大学教师与基础教育指导教师合作进行行动研究

在大学教师与基础教育指导教师之间存在着传统的隔阂，大学教师一般是具有丰富的理论知识者，基础教育指导教师则一般是拥有较多的实践知识者。为打破大学教师与基础教育指导教师之间的隔阂，合作行动研究是最有效的办法。在实施行动研究过程中，来自基础教育的教师和大学教师共同学习，一起探讨行动研究项目，在讨论过程中提出研究问题和研究计划、收集分析数据，最后撰写研究报告。在这过程中，模糊了实践者和理论者，知识执行者和创造者之间的界限，让每一个参与者都成为学习者。

2. 基础教育指导教师与师范生进行行动研究

当师范生看到大学教师与基础教育指导教师所做的行动研究后，师范生将日常学习中感兴趣和关注的问题罗列出来，与指导教师一起研究方案，指导教师根据研究经验指导师范生，给师范生研究的建议。指导教师在指导的基础上，可以要求师范生独立或与同伴一起共同进行行动研究。

3. 师范生之间行动研究

在于指导教师合作开展行动研究后，师范生与同伴合作进行行动研究。在与同伴合作中，师范生更加积极主动地去发现问题和解决问题。

第四节　教育信息化实践共同体

实践共同体的概念和内涵逐渐从一个描述性术语，发展成为一个规定性术语，这也意味着实践共同体从科学研究走向社会实践领域，逐步被越来越多的管理者及实践改革者所认识和接受。实践共同体在教育领域的应用和拓展是教师实践共同体，其目的是促进教师学习和专业发展，但教师学习和专业发展的最终目的也必然指向教育实践的改进。

随着"教育信息化 2.0"背景下国内区域教育信息化的深入发展，尤其是在信息技术助力区域教育均衡发展和城乡同步（专递）课堂相关研究领域，同体、教学共同体、教师共同体、学习共同体等关理念和机制正在被引入区域教育信息化研究和实践变革，例如，有研究者构建了推动区域教育均衡，提出了信息技术支持的城乡教师教学共同体，促进城乡优质资源均衡发展的县域教学共同体等。在实践层面，中央电化教育馆于 2017 年启动了"跨区域同步教学应用试点项目"，旨在基于跨区域教学共同体建设，将教育发达地区优质教学资源覆盖到教育欠发达地区课堂，助推区域、城乡、校际之间教育优质均衡发展。本书所探讨的信息化教学应用实践共同体，聚焦于基础教育领域，是以推进信息化教学的广泛、深度应用为共同事业的特定类型的实践共同体，"是在教育行政部门的支持下，围绕某一信息化教学应用模式，区域、学校等不同成员单位组织起来，共同开展研究和实践，共同推动该模式的发展"。

一、信息技术支持下的城乡教育共同体：城乡同步课堂

逐步缩小城乡之间的教育差距、促进教育公平是实现这一承诺的必然要求。"互联网＋义务教育"项目尝试应用互联网技术，连接城镇优质学校和乡村薄弱学校，构建城乡师生同教育、同培养机制，进而促进城乡学校教育优质均衡发展。

互联网支持下的城乡教育共同体是在"尊重差异、协同作用、互利共赢"的思想统领下，由城镇学校和乡村学校两类教育主体组成、通过互联网技术实现跨地域主体间互动、具有生态属性的学校发展组织机构。目前，利用互联网技术开展城乡两地互动教学的同步课堂模式已经成为促进城乡教育均衡的一种主要方式。

1. 城乡同步课堂教学模式

城乡同步课堂主要以城区支援学校和乡村受援学校"一对一"帮扶的形式开展。城区学校的授课教师同时对本校学生和受援学校学生开展视频直播互动教学，这时受援学校学生与城区学生同步上课、接受辅导，做同样的作业。城乡学校教师共同备课、上课、批改作业和辅导学生、共同进行质量检测，让乡村学校的学生共享城镇的优质教学资源。同步网络课堂初步构建了"二三四"基本教学模式（见图7-3），"二"是指城市学校班级和农村学校班级两个场域空间；"三"是指课前、课中、课后三个互联阶段；"四"是指作为城市支援校的近端师生双方和作为农村受援校的远端师生双方共四个参与方。教学三阶段的操作内容如下。

（1）城乡同步互动课堂对山区农村小学发展的影响。

（2）以城乡同步互动课堂带动农村学校变革的实施。

在课前主要任务是了解学情，同步备课。近远端教师组成团队通过网络交互平台进行集体备课，主要了解学生学情，预设教学目标和流程，确定在同步课堂中的职责和互动策略。完成备课后调适上课所需的设备和准备教学

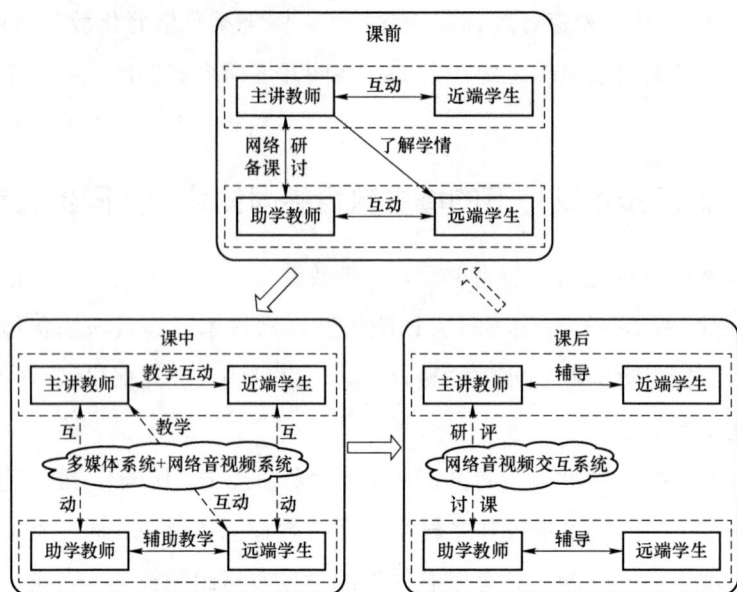

图 7-3 城乡同步课堂教学模式

资源。在上课过程中，近端教师作为主讲教师主持教与学的过程，对两端学生同步开展互动问答，两端学生开展互助学习与讨论，助学教师做好组织辅导工作。上课后两端教师通过云系统研讨、反思同步教学情况，两端教师分别对各自学生进行教学效果检测、个性化学习辅导。

2. 城乡同步课堂对乡村小学发展的影响

其一，促进学校的整体、持续和特色发展。通过同步课堂，开阔了乡村学校校长和教师的办学视野，跳出乡村学校办学固有的思维；同城市同步参加各项活动，让学校的发展有了更明确的目标，引领学校向特色化方向发展。

其二，提升教师的信息素养和专业能力。乡村教师在参与项目的过程中提升了信息素养，信息素养的提升增强了乡村教师的自信，又促进教师把现代教育技术运用到日常教学中。同步课堂的开展同时也促进教师综合素质和师德素养的提升，尤其对青年教师的专业发展而言，效果明显。

其三，推动学校信息化水平建设。通过结对学校的帮助，乡村学校引进城里先进的办学理念，推动学校的信息化建设；通过骨干教师带动其他教师，年轻教师带动年龄较大的教师，实现了学校从传统的"一支粉笔上课"向多媒体、数字化教学的新型学校。

其四，拓宽乡村学生视野，提高乡村学生的综合素质。通过与共享城市学校的优质资源，乡村学生开阔了视野，促进学生的全面发展。改变了乡村学生的观念，明白网络的作用不仅可以用来打游戏、休闲，更重要的是具有学习的功能，增长了见识，增强了自信。

3. 同步课堂有效实施的关键

其一，填平城乡教育发展的"数字使用鸿沟"。所谓数字鸿沟，是指不同群体在拥有和使用现代信息技术时存在的差距。城乡"数字鸿沟"中显而易见的是"拥有鸿沟"，与城市学校相比，大多数的乡村学校在信息技术的资金投入、信息化专业人才、基础设施和优质教育资源上都比较缺乏。而更深层次的鸿沟是"使用鸿沟"。2012 年全国教育信息化工作会议之后，政府加大了对乡村学校的教育投入，教育信息化装备和设施都得到明显的改善。但并不是乡村学校的数字化资源和基础设施建设好了，教育信息化就自然而然地发生了。人的问题正在成为乡村学校信息化发展的瓶颈，这其中包括校长的信息化领导力、教师的教育教学观念、教师的信息素养，以及学生的数字化学习能力。

其二，乡村教师的主动发展。在已有的城乡同步课堂校际协作中，乡村学校如果处于被动参与和单项接收的弱势状态中，那么就难以激发自身的改革动力，也就难以达到城乡资源共享、共同发展的目的。作为发展主题的乡村学校校长和教师，要有主动发展的意愿，这样城乡学校之间才能保持长久的协作和共享关系。乡村学校既要争取外部支持、共享外部优质资源，更要主动发展，充分挖掘自身优势，形成特色资源。只有这样才能从单向的接受到差异性共享的转变，城乡学校的写作才具有长期的可持续性。

其三，建立城乡同步互动课堂的实施机制。城乡同步课堂的成功实施，除了必要的教育信息化基础环境设施、软件、资源和城乡教师的参与外，还需要区域层面的政策支持、参与学校校长及管理团队支持和专家团队的支持等。在同步课堂实施中，教育行政部门、大学研究团队、城乡学校三方要相互协调，发挥各自优势。作为参与城乡同步课堂的乡村学校，校长和管理团队的支持尤其重要。城乡同步互动课堂实施模式如图 7-4 所示。

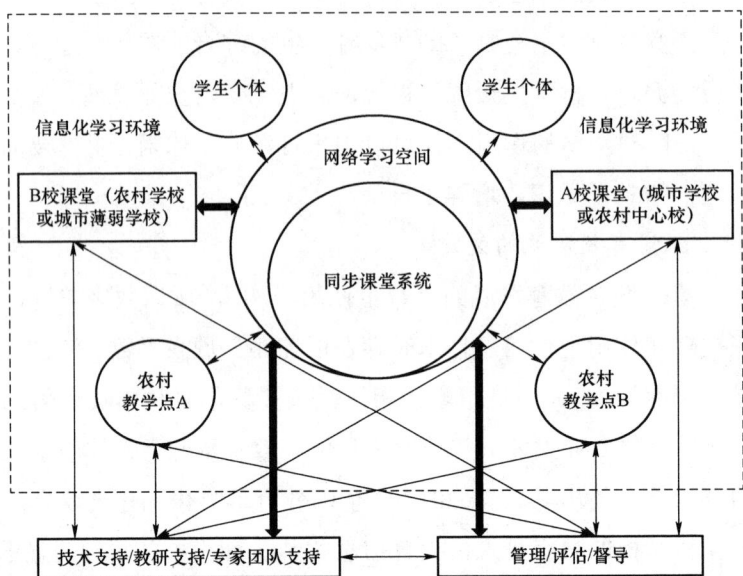

图 7-4　城乡同步互动课堂实施模式

二、教师网络学习共同体

随着国家《教育信息化十年发展规划（2011—2020 年）》的不断推进，教育行业的从业要求也在逐步提高。广大教师参加各种信息技术的培训、教研活动等成为一种常态。而当前教师数量庞大、地区差异性大、教师课余时间不统一等因素的存在，使得网络学习成为从教师业务学习、技能提升的重要方式。

所谓网络学习共同体，是指基于网络的由学习者及助学者在共同的网络学习环境中，围绕共同的主题，通过参与、活动、对话、协作、反思、问题解决等形式，彼此沟通、交流、分享各种学习资源，为共同完成一定的学习任务而建立的突破时空限制的在线学习共同体。随着互联网、信息技术等的快速发展，无论是网络平台建设、互联网硬件发展，还是网络覆盖群体的扩大，都为网络学习共同体的壮大提供了有利条件，教师可以借助网络学习共同体进行跨地区、跨时段的交流协作。对于教师群体而言，这不仅提升了他们对新技术的认知，也促进了教学方式的革新，为教育教学带来了新的活力。

1. 基于网络的社交与社交学习

随着承载网络的计算机的不断升级变迁，硬件设备的不断推陈出新，催生了网络社交软件的发展。人们基于网络的社交活动和信息交流越来越多元、便捷。社交软件如微信、QQ、微博、知乎、百度贴吧、钉钉等改变了我们的生活，也改变了我们社交和学习的方式，使得网络社交已成为一种常态。

（1）社交学习网络。

社交学习网络作为 E-Leaning 的一种学习环境，能创建一种内容可视化的、安全与实用的学习社区。学习者、学习内容和学习社区是社交学习网络的三大要素。

学习者是指有一定认知水平且有目的参与的人。由于社交学习网络的学习内容是不断更新的，这就需要学习者自我不断挖掘，通过学习整合旧知识，获得新知识。同时需要学习者对学习内容有兴趣才会主动加入到社区学习网络。学习内容可以分为学习对象的选取和学习进程的展现。社交学习网络的建设是不同学习对象、不同学习进程交织的结果。目前，比较成功的网络学习社区有知乎社区、天涯社区、搜狗问问、百度贴吧等，这些学习社区有几个共同的特点是参与者众多，有大量的学习主题，拥有特色的学习进程展示，合理的用户分类机制，以及有效的广告宣传推广。

（2）学习方式的变迁

在社会生产生活中，人们为解决面临的困难，通常采用查阅资料或者向他人请教。查阅资料即是基于资源的自主学习，学习资源媒介数其中的重要因素。可查阅的资料主要有纸质资料和数字资料。图书报刊是人类知识智慧和精神财富的结晶。随着网络技术的更新，使得数字资源内容更快、数量大，造就了快餐网络文化，养成了用户非线性、娱乐的阅读态度。数据显示 2011—2014 年，国内网站数量平均年增长率为 10.52%。我国成年国民数字化阅读方式接触率近年来逐年稳步增长，2008—2013 年该数据分别为 24.5%、24.6%、32.8%、38.6%、40.3%、50.10%，2013 年该比例过半，这是具有里程碑意义的，标志着中国进入数字化阅读时代。学习资源媒介的变迁引发了阅读方式的变化，阅读方式的变化是学习方式变化的根本原因。

在数字化阅读时代，人们寻求学习方式的转型，微视频、微资源等新生事物应运而生，生活学习方式随之发生改变。20世纪80年代及以前出生的人是数学时代的移民，而90年代以后出生的人，他们是"数字原住民"，他们在学会吃饭、走路、说话的同时，也自然而然地学会了操控网络信息终端设备，他们更喜欢使用网络解决问题。数字"原住民"擅长使用网络的便利性进行多任务处理，在网络中多方向性地处理信息，这种泛在化学习的特征，决定了他们对知识有着更敏锐的嗅觉。

2. 教师网络学习共同体的构建

教师网络学习共同体是网络学习共同体的专业群体之一，具有专业性和独特性的特征。网络学习共同体在社交学习网络中有多种多样的存在形式和对象个体，因为对象的不同，社交学习网络中衍生的共同体内部活动形式大相径庭，交互规则也有着不同。具体而言，教师网络学习共同体与一般网络学习共同体的差别如表7-5所示。

表7-5 教师网络学习共同体与一般网络学习共同体的差别

类别	教师网络学习共同体	一般网络学习共同体
学习者	教师	网民
学习内容	教育有关的信息	任何感兴趣的内容
学习社区	自建或他建平台	任何地方
学习活动	单一	丰富
参与度	低	高
积极性	低	高
持续时间	长	短

教师网络共同体由于主题限定与教育，往往会出现"意见领袖"角色的存在。这个角色的存在保证了共同体的持续试讲比较长，但活动形式比较单一，主要有发帖讨论、资源交互、线上教研等。又由于教师线下各种工作繁忙，参与的积极性较低。

将社交学习网络分为：学习渠道、资源环境、交往环境、社交活动四个方面，从这四个方面出发构建教师网络学习共同体的外部因素集合。在网络

的环境里构建情境，搭建上层的教师网络学习共同体结构和内部环境。（如图 7-5 所示）

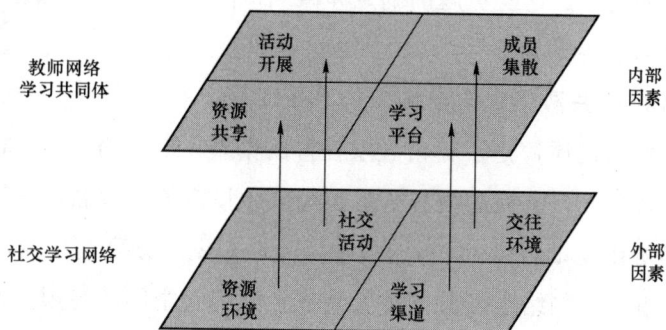

图 7-5　映射图

（1）学习渠道。在智能时代，教师基于网络学习共同体，利用碎片化的时间，随时随地的学习，创建属于自己的社交学习网络平台，在个人空间站进行个性化学习。在这一"互联网＋资源＋交互"的过程中，个性化学习过程就是建立关联的过程，建立环境与个人之间的相互联系，使碎片化知识点按照自我需求建构并发生关联，逐步形成知识树。越是高强度的自主学习，越是能够促进教师的个性化学习，提升教师对学习内容的自我关联、整合和管理。

（2）资源环境。教师网络学习共同体依托校本资源，保障绝大部分教师在共同体内自学、交流或资源共享、分享。资源的开发和合理利用是教师网络学习共同体的学习主题之一，为了保障良好的资源环境，可以培养更多的网络资源建设者，途径之一是让更多的活跃的有思想的教师参与到资源建设中。

（3）交往环境。教师网络学习共同体基本上分成两类，一类是基于互联网的教师网络学习共同体，特征是参与者具有虚拟性，内容丰富、主题突出，但由于教师交往相对单薄，持续时间不会很长。另一类是基于区域或特定人群的教师网络学习共同体，特征是参与者身份真实，相互熟悉或认识，学习往往有竞争性，但教师交往有保障，持续时间长。

（4）社交活动。社交活动指教师网络共同体的互动主题的确定，内容的安排，环节的设计需要多花心思。除了最常见的网络教研活动之外，还可以开展科研项目申报、学术论文写作、新课程开发、教学课件制作、校本教材编写等主题的交互。这些主题的确定和组织，往往需要有一位主导者，也就是前面提到的"意见领袖"。

3. 教师网络共同体中的个体交往学习行为

教师工作的性质决定了日常教学任务的繁重，工作的琐碎。教师之间的交流方式比较单一，交流的内容基本上局限于日常的教育教学，教师专业发展过程中的协作互动很少。优秀的教师经验性知识的分享途径少，收益面窄。在这样的情况下，网络学习共同体又突破了时间和空间的界限，为教师的专业发展提供了新可能。教师在参加网络学习共同体的实践过程中，一般通过个体网络学习、网络社交学习和网络学习共同三个层次解决问题。教师网络学习共同体中的个人学习行为，大多是以任务驱动开始，通过查找资料、整理资料将能够自我解决的问题先解决，将不能解决的问题带入第二层次网络社交学习。可以通过搜索网站、在相关的论坛发帖等形式得到答案，参与讨论。通过信息交流沟通，发现志同道合的网友，激发兴趣后，参与专题学习，网络交往趋于稳定，在一定的机制保障下开展团队合作，整合各种资源。

第五节　名师引领：名师工作室

2000年，上海市印发《中共卢湾区教育局委员会卢湾区教育局关于建立"名师、名校长工作室"的通知》，名师工作室进入大家的视野。名师工作室在促进中小学教师发展、推进基础教师队伍建设上起到了非常重要的作用。

名师工作室由"名师"+"工作室"组成的复合式整体。"名师"为"有名望的教师"，这些教师一般具有以下特征：一是具有较高的职业理想及精神；二是教育教学理论素养深厚，是学科领域的专家；三是教学业绩突出，是当地公认的优秀教师；四是具有团队精神，积极与他人合作。工作室源于20世纪初的德国包豪斯设计学院"工作室"。这里的工作室，是指以某种专业知识为依托的、由某领域的专业人才组成的、具有个性化特征的、非公司化运作的小型组织。而名师工作室是由名师领衔、以成为名师为奋斗目标、以个人兴趣和专长为发展方向、实现"名师引领、团队合作、全员提高、资源共享、均衡互补"的教师专业发展战略的创新型教师群体。

1. 名师工作室在教师专业发展中发挥引领作用

名师工作室是提高教师专业能力的重要场所，主要有以下几方面的价值。

（1）理念引领。一个名师工作室就是一个教师专业成长的同体；拥有共同的教育追求和目标，都在共同理念的指引下团结合作。名师工作室学习先进的教育理念，集体研讨学习收获，在教育实践中加以运用，并且把这点理念通过网页、开展专题讲座的形式分享给其他教师，起到理念引领的作用。

（2）内涵引领。在教师的专业发展中，教师素养的提升至关重要。在导师的指引下，名师工作室的成员开展持之以恒的读书学习活动，他们不仅读理论书籍、读中外经典，还在读书的基础上开展交流活动、技能竞赛、课堂教学比赛，全方位提高学员的专业素养。并在网站上发布导师、学员的读书笔记，引领身边的教师一起读经典，丰富内涵。

（3）课堂示范。名师工作室立足课堂，研究课程与教学，提升学院的课堂教学水平。一般工作室都会组织各类讲师团开展送教活动；这时候县或市教研室组织相关学科教师参加。形式可以是导师或学员与其他学校的教师同课异构；在上课的基础上评课、研讨，再由导师针对性地开展专题讲座。有时间的话还会组织教师对同课异构的课，以及名师的讲座谈看法，最后由县市教研员总结点评；这样的活动针对性强，深受教师的欢迎。

2. 名师工作室的创新实践

名师工作室的"主要利益相关者"包含"外部利益相关者、内部利益相关者、学生和学校领导层"，对应到名师工作室教学中，"主要利益相关者"应当为"工作室成员所在学校、工作室名师、工作室成员和教育主管部门"四个主要群体，名师工作室的活动应兼顾"主要利益相关者"四方面的需求制定教学计划并进行阶段性反馈，以保证成果产出的适当性，具体如图7-6所示。

（1）四方协商确定主题。名师工作室主持人对教育主管部门、工作室成员的校方及工作室成员的需求进行充分的调研，结合工作室自身发展的目标确定研修主题。这样的话就充分考虑到各方的观点，比如教育主管部门管制教育改革方向和区域教育的任务，而校方的观点在于工学矛盾、教改的方向等。

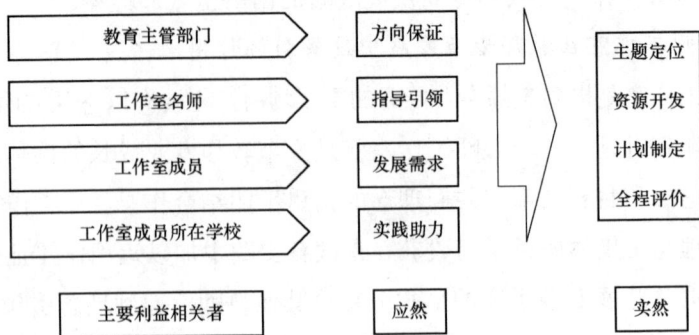

图 7-6　名师工作室运行模式图

（2）动态调整资源。一方面研修资源的开发与整合需要顶层设计，这就需要工作室邀请教育主管部门领导进行政策引领，邀请高校专家进行学术指导。另一方面，研修资源的整合与开发随着研修进度与教育教学热点的变化而变化，对学术热点保持足够的敏感度。

（3）成果导向的计划设计。研修的计划设计运用成果导向的理念，以名师应有的能力为研修目标，对应研究计划进行逆向设计；根据成员已有的教学能力、教研能力、科研能力，制定个性化的研修计划，进行个性化培养。

（4）多元评价体系。工作室的研修阶段要构建多元参与的评价机制。也就是在固定周期中由主要利益相关者根据研修计划与已取得的成果进行评价，根据评价结果调整研修计划及目标，最终达到全过程评价保证成果产出。

第六节　网络名师工作室：时代的呼唤

网络名师工作室从本质上来说是网络环境下教师学习共同体，是由名师或教育主管部门组织发起的用名师姓名或者专业特色命名，集教科研和培训等功能于一体，教师自发参加的合作共同体。其平台的板块主要有工作室公告、资讯、学科文章、学科资源、教研活动、在线交流与成果展示。

1. 网络名师工作室的特征

在网络名师工作室这个学习共同体中，由于身份的不公开性，教师们更愿意主动参与其中，更大胆地表达自己的观点，在相互交流中，碰撞思想的火花。

（1）研修话题数量较多。目前而言，网络名师工作室的交流跟其他网络交流，像微信、QQ、钉钉这些相比较，更加书面化、文本化，锻炼了教师的交流能力、拓宽教师的眼界思维，主要特点是研修话题数量较多。在工作室中，教师发布的话题的次数、交流的次数达到一定的量后，自然而然由量变最终转化为质变。网络名师工作室的特点就是参与度较高，名师的参与和引导起到了很好的示范作用，促进其他教师也发布话题或参与话题讨论，促进教师的互相学习和监督。

（2）交流话题内容涉及面广。工作室中研修的话题主题内容是多维的，涉及面很广。比如语文名师工作室，内容不仅包含语文学科课堂的教学内容、课外知识的拓展、教学策略的安排，还涉及时代的热点，智能时代教师的素养、语文的核心素养、智慧环境的生成等。在交流过程中，教师不仅对自己擅长的感兴趣的领域发表观点，还在他人的观点中汲取养分；在思维的碰撞中产生火花。工作室的话题研修并不是追求数量，更要重视主题的创新性，像教育培养什么样的人，教育的根源是什么等。

（3）交互深度有一定的层次感。交互深度是指工作室中的教师以批判性的眼光看待与他人的探讨，结合自身的认知结构内化为自己的知识，并将其迁移到新的情境的程度。在工作室中，名师根据教师的谈论给予一定的反馈，提出自己的观点；有些教师能够在这个过程中发布话题，深入思考并提出自己的观点，与名师产生深度的交互。

2. 工作室在线交流促进机制

尽管目前网络平台在线交流并不是很成熟，但由于网络工作的教师可以不受时间、空间、地域的限制，自由地在平台上交流探讨，实现知识更新、思想深化，进行头脑风暴，教师对这种交流学习形式还是很认可的。这就需要我们建立一定的促进机制，更好地促进工作室的在线交流。

（1）明确工作室的建设目标。工作室根据设定目标群体，明确工作室的建设目标，以及制定个性化的目标。根据加涅的学习加工理论，学习过程是一个信息加工过程，它受预期目标的指引与影响。根据个性化的目标，工作室可以给出符合成员特点的发展培养方案。在技术层面上，工作室中不同领域都有指导教师，或者成员中有擅长技术的成员，如微课制作、线上线下相结合等，加上网站的技术人员，确保网络工作室的正常开展。

（2）提高教师参与的积极性。为了促进教师积极参加工作室的各项活动，工作室可以制定一些激励机制。积分级别制是最常采用的制度。教师每天登录工作室给于适当的积分，在工作室创建线上活动、发布文章、资源、话题等分别给出相应积分，但每项活动每天的积分要设定上限。等积分达到一定的标准时，可以调整教师的级别，级别越高权限越大，这样可以激励教师多适用平台，激发交流的意愿。另一种方式是对教师采用虚拟的精神奖励，可以参考线下的荣誉颁发"优秀教师"之类的证书。

提高话题内容和表现方式的趣味性。通过平台界面设计的趣味性、交流内容的生动性等来提升话题的趣味性，还可以通过短小的视频展示教育前沿理论或技术，采用漫画的等形式把教学策略评价、教学目标展现出来。当然，在这过程中，不能忽视话题本身存在的意义。

进行适当的学科引导。在实际交流过程中，需要一位"精神领袖"基于合理引导和协调评价这位精神领袖要对交流内容作把控，引导教师做深度交流，可以提供自己的独特见解并对教师发表的看法评价和点拨。

（3）增强教师学习共同体的群体动力。名师工作室中教师个体的活动、相互影响共同构成了工作室的群体行为的学习动力。共同体的群体动力由凝聚力、驱动力和持续力构成。线上的话题交流质量，以及线上线下研修活动的效果构成了名师工作室的凝聚力。工作室的话题交流为教师提供了讨论的情景，与名师深度交流，与同行切磋，促进教师自身理论的丰富和教学反思。教师通过线上的主题研修，将线上讨论的思想运用到教学实践中，再到线上反思教学情况，不断地实践、沉淀，并熟练应用。

（4）合理分配交流时间。教师工作性质决定了教师的课余时间不充裕。工作室可以适当放宽任务量完成的时间。话题讨论的时间尽可能选择晚上或者是周末的时间开展，将考核任务碎片化，以碎片化的时间处理碎片化的任务。

（5）增强名师的引领作用。名师要把控话题研修的内容，引导教师的交流方向，引发其形成深入交互。在实践中发现，教师更愿意与名师进行在线交流，这是因为名师无论在教师自身发展还是在教育教学中，名师的回答显然更具有权威性。名师要多发布话题，参与话题的交流与探讨，起示范作用。在话题研修过程中，教师根据其他教师的回复，形成自身新的理解，并加以内化形成新的知识，在回复其他教师，如此不断往返，螺旋式上升，最终达到新的高度；名师适时的点拨和评价，起到脚手架的作用。名师的参与无形中引导教师交流的方向。

（6）提升工作室平台交互的智能化水平。通过网络名师工作室智能化的交互功能构建，促进教师参与网络话题交流。一是协调各交流工具的使用，发挥其使用价值的最大化；QQ 的分组功能强大，可以上传群文件且可以永久保存文件，微信隐私保护做得更好，钉钉的视频功能和会议功能强大等。根据工作室的需要，协调使用。建立工作室数据库，只要教师登录，就能及时了解其他教师在线情况和交流的话题、内容。创建教师学习行为跟踪和名师导学模块，对教师参与程度、在线交流承担等平台自动保存并分析数据，增强教师的自我认识，以及对知识的理解。

3. 名师网络工作室的典型案例

（1）基于众筹的主题教研服务模式

基于众筹的主题教研服务模式的具体流程如图 7-7。

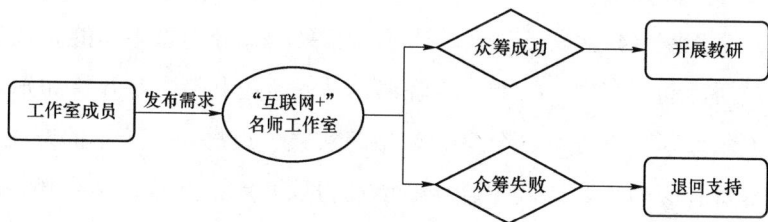

图 7-4　基于众筹的主题教研服务模式的具体流程

由工作室成员在网络名师工作室上发布需求上进行众筹。每个工作室成员均享有众筹发起的资格，其他工作室成员、专家、学者均可参加，参与者还可将众筹项目分享给同事或朋友，邀请他们一起参与。发布的需求可以是资源、设备、技术和人员等；参与方式包含参加、支持、扩散和组织。时间到，众筹结束，获取众筹结果。众筹成功的话确定需求教研内容，组织参与者开展教研；另一种结果是众筹失败，退回其他参与者的支持，众筹解散。

1）案例名：浙江省余仙凤名师网络工作室开展"'变与不变'寻根式小学数学拓展课"主题教研案例。

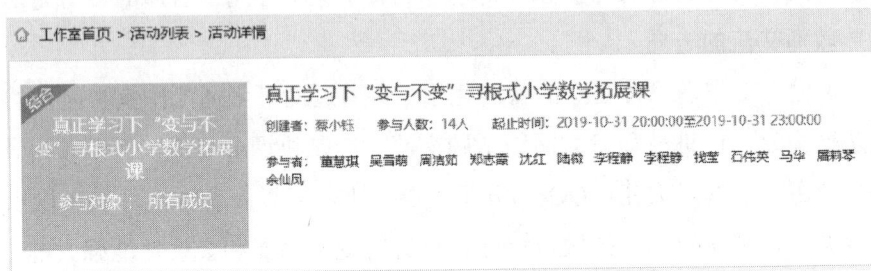

图 7-8　教研案例截图

2）案例背景："变与不变"是小学数学常用的解题思维，但在实际教学中，教师如何有效地让学生掌握"变与不变"的思维具有一定难度。因此，浙江省余仙凤名师工作室开展"'变与不变'寻根式小学数学拓展课"主题教研活动。

3）案例过程：浙江省余仙凤名师工作室的成员蔡小钰老师在浙江省名师网络工作平台发布"'变与不变'寻根式小学数学拓展课"主题教研活动的需求。工作室 14 位成员对该教研主题有兴趣，分别以不同的方式参与此次主题教研活动。其中，陆薇、黄晓燕、马华、屠利琴、叶开益和郑志霞提供课例展示分享，李程听、分享、借鉴、实践、反思、再分享的方式参与。在多方支持和参与下，此次主题研修活动得以开展。陆薇、黄晓燕、马华、屠利琴、叶开益和郑志霞老师分别展示《数字中的"变与不变"》《数独中的"变与不变"》《九宫格中的"变与不变"》，以及《罗马数字中的"变与不变"》四堂课，余仙凤名师对课堂教学进行客观点评，其余工作室成员针对四堂课进行反思和总结。提供课例展示的教师通过众筹名师和成员点评的观点，对课例进行迭代更新。其余教师通过课例展示学习、名师观点交流和成员观点碰撞，对自身的教学进行反思与总结，进而对自身的教学方法、教学知识和教学观点进行更新。

4）案例结果：通过此次教研活动，工作室成员教师对小学数学"变与不变"的思维有更深入的认识。如陆薇老师在个人空间反思中写到：通过此次教研活动，对课例《数字中的"变与不变"》又做了进一步更新，可将微课与实际教学相融合，加深学生对"变与不变"数学思维的理解与认识。

5）案例分析：余仙凤名师工作室开展的"'变与不变'寻根式小学数学拓展课"主题教研服务包含以下四个环节。第一，蔡小钰老师根据自身需求提出教研内容，并发布到浙江省网络工作室平台上，争取获得具有相同需求的教师、专家支持和参与。第二，当吸引到一定数量的工作室成员和名师参与此次教研，并针对教研提供内容支持、技术支持，教研活动则众筹成功，顺利开展。第三，在主题教研活动开展的过程中，通过课例展示、课堂点评和总结反思，进而产生互惠共享效应。第四，教研活动结束之后，案例资源得以实现更新迭代，同时，参与的教师个人的思维、观念也得以更新。

（2）基于众包的支教送教服务模式

基于众包的支教送教服务模式是指以送教学校的实际需求为导向，多个名师工作室自主参与，分别从不同维度为送教学校提供支教送教服务，进而将知识转移给支教学校，满足其需求的服务模式。基于众包的支教送教服务流程图，包含三个阶段和六个环节。如图7-9所示。

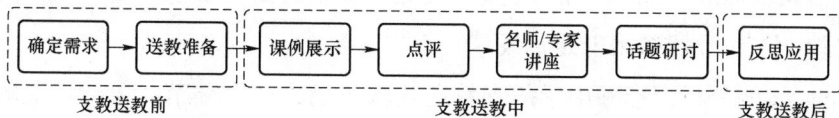

图 7-9　送教服务的流程图截图

1）案例名：浙江省林月周名师网络工作室联合温州市鲁惠名师工作室开展泰顺中学支教送教案例。

2）案例背景：活动型学科课程是《普通高中思想政治课程标准（2017年版）》修订的一个亮点和创新，但泰顺中学的一线教师对于这一创新理解不够准确和充分，不知如何在教学实践中实现活动型学科课程，也不知如何构建以培育学科核心素养为主导的活动型学科课程。

3）案例过程：浙江省林月周名师网络工作室联合温州市鲁慧高中政治名师工作室，针对泰顺中学一线教师的困惑，开展支教送教服务。泰顺中学提出需求，林月周名师工作室和鲁慧名师工作室根据其需求，准备支教送教内容。开展线上线下相融合的支教送教服务。整个送教服务由三个环节组成，包含课例展示、专家点评和名师讲座。在课例展示环节，分别由名师工作室成员教师和泰顺中学的教师进行《我国外交政策的基本目标和宗旨》和《积极维护人身权》的课例展示，展现在活动型学科课程中活动设计与学科知识的有机融合。在专家点评环节，温州市鲁慧高中政治名师工作室的鲁慧老师对三堂课进行点评，并发表自己对"活动""学科"，以及"议题"的见解。在名师讲座环节，林月周老师就《学为中心的课堂改革评价指向》进行专题讲座，从好课标准、评价要素、基本原则和教学策略四个方面，阐述新课程改革"少教多学、学为中心"的永恒理念。同时，线上参与的教师可以通过浙江省名师网络工作室平台进行实时的沟通与交流，提出自己的疑惑，分享自身的观点。整个支教送教活动采用视频的形式上传到浙江省名师网络工作室上，吸引多达 1 050 余位其他名师工作室成员、省内/省外教师，以及其他参与者参与，他们在线上进行观点交流，实时沟通。

4）案例结果：通过此次支教送教活动，泰顺中学的政治教师、林月周名师工作室成员、鲁慧名师工作室成员，以及其他参与成员对《普通高中思想政治课程标准（2017 年版）》有了更进一步的理解与认识，为一线教师的教育教学工作开展带来一定启发。

5）案例分析：泰顺中学的支教送教服务包含两个环节。第一，泰顺中学提出自身需求，林月周名师工作室和鲁慧名师工作室针对需求，进行支教送教准备。第二，在支教送教过程中，通过课例展示、专家点评和名师讲座，以及参与者彼此之间的沟通交流，加深参与教师对《普通高中思想政治课程标准（2017 年版）》亮点和创新的理解。此次基于直播的支教送教服务，不光使送教学校教师受益，还使其他参与教师受益，扩大支教送教的影响范围。

第七节　技术赋能乡村教师专业共同发展

建设教育强国是中华民族伟大复兴的基础工程，必须把教育事业放在优先位置，全面深化改革，加快教育现代化，办好人民满意的教育。当前基础教育发展不平衡主要表现在优质资源主要集中在经济发达地区、在城市、在名校，而占国土面积 94.7% 的农村地区的孩子享受不到优质的教育资源。影响农村教育质量的关键在于教师，只有促进乡村教师的专业发展，才能从根本上解决教育不公平的问题。乡村教育的发展需要国家、教育相关部门的大力支持，也需要专业知识扎实、教学技能水平高超的教师队伍。乡村教育质量与乡村教师专业发展息息相关，乡村教师的专业知识、教学水平、实际教学技能、教育素养等因素影响乡村教育质量。因此，应把乡村教师专业发展作为一项事关全局的重大任务加以落实。2020 年教育部《关于加强新时代乡村教师队伍建设的意见》要求构建一体化乡村教师发展体系，要发挥 5G、人工智能等新技术的作用。

一、乡村教师专业发展的困境

乡村教师是乡村教育振兴的基本保证。国家出台一系列政策保障乡村教师的权益，促进乡村教师的专业发展，然而乡村学校的生师比仍然低于国家标准，乡村教师编制数仍然不足，乡村教师的专科以上的学历比例仍低于全国水平，乡村教师的专业发展问题凸显且迫切。学者们对教师专业发展概念的阐述不尽相同，有学者认为教师专业发展是一个过程，或对教师专业发展的内涵和基础进行讨论，可以归纳出教师专业发展的两个特征：一是教师专业发展的最终目标是走向专业的成熟；二是教师专业发展是一个过程。这样，可以将乡村教师专业发展定义为乡村教师经过专业训练及自身主动学习，逐渐走向专业成熟的过程。从专业信念和专业意识、专业知识和专业能力三方面分析。

1. 乡村教师专业发展信念和意识薄弱

乡村教师发展与其所处的环境紧密相关。由于乡村学校为教师们提供的条件有限，不能像城市学校那样为教师的专业发展提供丰富的人力资源和物质基础，教师们想要获得专业上的发展困难大，导致部分乡村教师职业信念不坚定，职业认同感低，自主发展意识薄弱。其一，职业认同感低。教师职业认同感指教师发自内心地认为自己所从事的职业有价值、有意义，对其产生兴趣并能从中获得快乐。由于乡村学校条件艰苦、工资待遇比城市学校相对要低、培训机会少，发展受阻，付出与回报相去甚远，导致部分乡村教师对自身从事的职业产生怀疑。其二，自主发展意识薄弱，教师的自主发展是一种自觉的专业发展规划意识。由于乡村学校缺乏对乡村教育的本质理解和准确定位，制定的学校发展的目标不能得到教师的理解和认同，或是缺乏明确的发展目标，导致学校对教师的专业发展的引领和助推作用小，面对这样的学校环境，教师很难根据学校发展的目标制定自身的专业发展目标。由于长期缺乏目标的引领，教师为了工作而工作，情绪枯竭，专业发展动力不足。

2. 乡村教师专业知识发展受困

乡村教师在专业知识发展上存在不足主要表现在以下几个方面。一是团队组织缺乏，专业知识的纵深发展受阻。当代的教育更多的是通过团队的协助交流提升个人的素养，教师在团队活动中交流教学构思，阐述教学设计的依据，使专业知识向纵深发展。而当前，乡村教师由于学校规模有限，再加上乡村学校教育投入不足，很难以一个年级一个学科为单位组建学习交流的团队。二是乡村教师的专业引领不足。资深教师的专业引领是教师专业发展的有效支持性资源。乡村学校专家型教师匮乏，送教下乡的次数毕竟有限，教师对专业知识的掌握水平相对较低，在教育基础知识、教育心理知识、学科专业知识、课程改革知识等方面更新均存在不足。乡村教师个人有培训需求，但由于乡村教师往往身兼数职，课务压力大，很难抽身参加培训，即使参加了，培训内容又存在针对性不强，重理论轻实践，缺乏交流与研讨，乡村教师参与度低，很难在专业知识分发展上得到提升。三是乡村教师专业知识学习的途径较窄。

3. 乡村教师专业能力提升缓慢

受乡村学校客观环境的制约，乡村教师要承担不同年级、不同学科的教学任务，甚至部分乡村教师还要承担留守儿童的日常照顾，这样乡村教师的开展和参加教研的时间与精力有限，而教研是教师专业发展的基本路径。很多乡村学校没有专门的教研组，即使有，也没有优秀的学科带头人一起开展教研工作，导致乡村教师教研力度不足。我国教育是以城市为本位的发展模式，教育的资源、教育模式都是城镇化，乡村只能不断的复制、模仿这种不适合自身发展的城市教育模式，导致专业能力提升缓慢。

二、新技术促成乡村教师专业发展的新机遇

当今时代互联网技术迅猛发展，新技术应用于各行各业，带来了新的社会价值，同时也深刻影响教育教学方式的改革，给乡村教育的专业发展带来了挑战，也提供了一个新的平台，创造了乡村教师专业发展新的机遇。

1. 国家提供政策保障

乡村教师长期以来由于地理位置、城乡差异性等多方面影响，整体素质不高，发展受限。针对上述问题，2012 年，教育部颁布的《教育信息化十年发展规划（2011—2020 年）》指出：努力缩小地区之间、城乡之间和学校之间的数字化差距。2015 年，国务院发布的《乡村教师支持计划（2015—2020 年）》提出了要"全面提升乡村教师信息技术应用能力，同时建立支持学校、教师使用相关设备的激励机制并提供必要的保障经费。"2020 年，教育部颁布《关于加强新时代乡村教师队伍建设的意见》。这一系列的政策是在教育信息化背景下为乡村教师的专业建设起保障作用。

2. 社会形成良好氛围

在信息技术广泛运用的今天，我国各行各业的从业者都感受到了信息技术带来的冲击。先进的技术也为社会各领域的发展带来新的可能，提出新的要求。互联网、即时通信、移动终端、大数据、云计算、微博、慕课（MOOC）、微课等因子使得当今社会已步入一个多元化时代，它们正在改变着目前的教学理念与学习方式。同时为乡村教师专业发展营造了良好的社会氛围，乡村角色转移发展也要与这些新技术融合，更新自我的教育教学理念，创新教学方式方法，在新技术的应用中总结反思，从而实现自身专业发展水平的提升。

3. 个人获得丰富的平台

乡村教师的专业发展离不开所处的环境。新技术的开发和运用为教师的

专业发展提供了必要的资源。比如可汗学院、网易公开课、教育网站学科微
视频、学习论坛、教学博客等都为乡村教师接受新的知识提供了丰富的资源，
为他们的专业发展提供了良好的平台。乡村教师可以通过这些平台学习新知
识，更新教育教学理念，改变教学观念，开拓获取资源的新路径。

三、技术赋能教师专业发展的路径

智能时代的来临，人工智能叠加其他技术，将深刻地影响着教育教学方
式的变革，也会对教师长久以来形成的教育的理解、判断和追求产生巨大的
影响。技术在为教师赋能的同时，也促使教师在专业发展上做相应的改革，
乡村教师如何实现智能技术赋能专业发展的创新路径，从以下五个维度进行
探讨。

1. 促进乡村教师专业发展意识觉醒

乡村教师的现代化发展，如果缺乏自我发展的意愿，外部的力量是无法
推动其实现现代化转型的。乡村教师有了这种自我发展意识，才会使其有内
在动力去自主学习，并把终身学习作为自己持续发展的有效路径，通过不断
学习来提高自己的专业水平，丰富自己的专业素养，以适应现代教育发展的
需要。乡村教师要实现自我专业发展，非常重要的一个理念转变是要端正专
业发展动机。由于乡村教师的地理位置和条件的限制，参加线下的活动更不
容易，这时候要充分利用智能技术。通过网络，乡村教师可以学习到优秀教
师的教育教学思想，教师的专业发展规划怎么做，如何应对排山倒海的新技
术。通过学习优秀教师的发展案例，跟优秀教师线上交流，唤醒主动意识，
端正专业发展动机，而人机对话则倒逼乡村教师主动学习人机协同的专业技
能，形成专业发展的主动性。

2. 提升乡村教师信息化教学领导力

教师信息化教学领导力是在教育信息化进程中，教师运用各种信息技术
来进行教学目标的建设与执行、信息化教学设计与开发、信息化课程设计与
开发、信息化课堂教学活动开展与管理、信息化教学的评价、沟通与反思等，
从而达到凝聚师生合力，提升与同事、学生之间的影响力，促进信息化社会
的学生发展、提升教师的专业化发展、构建良好的学校信息化文化，从而实

现学校的信息化和可持续发展。

乡村教师作为信息化教学的领导者，要加强自主学习和相关培训，不断完善和扩充自己的教学领导力知识，并将其内化到自己的知识结构中。同时，乡村教师要加强教育学、心理学等学科理论知识的学习，并采用教育叙事等研究方法讲述自己在教育教学中遇见的问题和困惑，分享教育事件。还可以将这些教学反思在博客、微信朋友圈里与其他教师互动、交流；也可以关注学科专家、优秀教师的博客，及时分享他们的智慧和观点。还可以通过留言针对一些问题跟专家进行非实时的讨论，借鉴他人经验，从而不断提升信息化教学设计能力、信息化教学开发和组织能力，不断促进教师的专业发展。

3. 城乡同步课堂提升乡村教师专业能力

目前，利用互联网技术开展城乡两地互动教学的同步课堂模式已经成为促进城乡教育均衡、促进乡村教师专业发展的一种主要方式。城乡同步课堂主要以城区支援学校和乡村受援学校"一对一"帮扶的形式开展。城区学校的授课教师同时对本校学生和受援学校学生开展视频直播互动教学，这时受援学校学生与城区学生同步上课、接受辅导，做同样的作业。城乡学校教师共同备课、上课、批改作业和辅导学生、共同进行质量检测，让乡村学校的学生共享城镇的优质教学资源，让乡村教师在这个过程专业能力得到提升。

城乡同步课堂对乡村学校发展的影响主要有促进学校的整体、持续和特色发展。通过同步课堂，开阔了乡村学校校长和教师的办学视野，跳出乡村学校的办学固有的思维，同城里同步参加各项活动，让学校的发展有了更明确的目标，引领学校向特色化方向发展。提升教师的信息素养和专业能力。乡村教师在参与项目的过程中提升了信息素养，信息素养的提升增强了乡村教师的自信，又促进教师把现代教育技术运用到日常教学中。同步课堂的开展同时也促进教师综合素质和师德素养的提升，尤其对青年教师的专业发展而言，效果明显。推动学校信息化水平建设。通过结对学校的帮助，乡村学校引进城里先进的办学理念，推动学校的信息化建设，通过骨干教师带动其他教师，年轻教师带动年龄较大的教师，实现了学校从传统的"一支粉笔上课"向多媒体、数字化教学的新型学校转变。

4. 城乡教师学习共同体实现优质资源共享

教师学习共同体是由雪莉·霍德于 1997 年首次提出，亦称为教师专业学习共同体（Professional Learning Communities，简称 PLC）。它是指教师以共同信念与共同目标为愿景，以知识共享、合作探究、协商交流为原则，以促进学生发展与教师专业发展为目的，自愿形成的一个具有研究性与专业性的教师群体的学习组织。构建城乡教师学习共同体的必要性体现在城乡教师师资力量的不均衡，学习共同体的建立为乡村教育发展注入活力，为教师发展营造合作的氛围。城乡学校之间教师的对话交流，有效促进乡村学校教师的专业化发展。乡村教师能够通过平台的名师在线、专家答疑、集体备课、学科互动、视频研讨等，开展各类网上研讨交流活动，打破了区域限制，实现优质资源共享。

5. 自媒体促进乡村教师实践智慧的生成

自媒体是继报纸、广博、电视、网络媒体之后，伴随着数字通信和网络技术的发展而出现的一种新兴的传播媒介。近年来，随着智能手机的普及，手机用户的不断增加，自媒体更是蓬勃兴起，自媒体逐渐成为信息传播的主要渠道。博客和社区是最早的自媒体形式，博客的信息表现方式以文字和图片为主。国内的新浪微博、腾讯微博等门户网站创立的微博，是基于社交网络的自媒体形式逐渐兴起，信息表达仍然以文字和图片为主。2012 年，微信公众号的推出，自媒体发展进入公众号是代理，以公众号为代表的自媒体爆发出惊人的生产力和传播速度额。富媒体，是英文 Rich Media 的直译，意思是动画、声音、视频等交互性信息传播方式，主要以爱奇艺视频、美拍视频等段视频社区的兴起，极大丰富了富媒体的象限形式。新兴载体不断产生，视频直播兴起正在改变着人们的生活方式。

自媒体具有传播速度快、内容自主新颖、方式灵活多样等特点，为乡村教师的学习和专业发展提供了多种可能性。随着自媒体平台的日益丰富和成熟，使乡村教师实现正式学习和非正式学习的无缝对接。乡村教师通过自媒体了解到前沿理论知识，再通过其他途径正式学习此理论知识。近年来，在抖音、B 站等短视频平台有大量的乡村教师博主，这些教师发布一些乡村教师跟学生的日常生活和教学。《班委竞选》视频让 90 后博主"很努力的班主任"朱文洁"出圈"了，她所期盼的让更多人看到乡村孩子"内心的力量"引起网友共鸣。这位乡村教师跟家长、网游和专家的互动中，交流了在乡村教育环境下教育教学方法，探索如何跟乡村的孩子互动、如何在乡村学校更有效的管理班级。由于乡村教师教育在实践中反思与研究的缺失，导致其依赖并趋同专家及他人经验。乡村教师专业学习的传统支持主要实现了对学习内容的视觉和听觉信息的表征，而无法完成信息表征与鲜活生动的教学情境之间的关联。自媒体为乡村实现专家指导与乡村教师专业实践情境的紧密联结。乡村教师博主们将技术能力、媒介素养和专业发展相结合，促进乡村教师的专业发展。

第八章 叙事研究：一位扎根山区的特级教师自主发展之路

第一节 简要介绍背景信息

教师专业成长是促进教育发展的永恒课题，对教师自身而言，这是一个内外兼修的过程。本案例的 M 老师出生在浙江偏远山区，成长在偏远山区、工作在偏远山区，现已是浙江省特级教师、正高级教师。M 老师一直在浙江省偏远山区的多所学校任教，所在的学校学生文化基础薄弱、家长文化层次低、家校协同能力差、教师整体素质不高。然而在这样一所学校，M 老师以他坚忍不拔、孜孜不倦、坚持学习、追求真谛、自我成长的精神，满怀对学生的爱，助推山区孩子的健康成长，同时也实现自我成长。他是一位典型的注重自主成长的教师，将学、做、思、行很好地结合在一起的山区教师，扎根在山区、服务于山区、成长在山区，致力于山区的教育事业，给青年教师的成长以启示。

M 于 1971 年出生在偏远山区的一个小村庄，父母都是地道的农民。1990年考入浙江省一所专科学校，就读数学系的数学教育。当时学制是两年，在读期间积极参加学生会的各项活动，当年，大专的师范生是包分配的。M 毕业分配在浙江省经济欠发达地区最偏远的县的一个小村庄。在小村庄的学校待了 4 年，被调到山区的小县城当一名初中数学教师，期间兼任了山区小县城的数学教研员，感觉当教研员琐事杂事太多，还是喜欢做一名纯粹的数学教师。后来一直做初中数学教师，兼政教工作。

2020 年被评为所在小县城教育系统首位浙江省正高级教师。2021 年获浙江省千百十工程—百位名成长故事人物。2022 年被评为浙江省特级教师，其他获得的荣誉还有获浙江省第三届基础教育教学成果二等奖、浙江省级教育科研青年标兵等。

我认识 M 已经很多年，那是 2001 年，A 市要推荐两名初中数学教师参加浙江省优质课评选，A 市九县市派代表在云和进行选拔赛，各县市的教研员带着自己的教师参加选拔，M 当时是 N 县的教研员，而我是 A 市选派的选手，我们比赛结束后（后来我代表 A 市参加了浙江省初中数学组优质课评比拿了一等奖；又代表浙江省参加全国优质课评比，拿了二等奖）各教研员要进行点评和推荐。那时候我第一次认识了 M 老师，感觉 M 老师特别能说，虽然是在 N 山区，但教育理念很先进。2003 年，我考取浙江师范大学教育硕士，脱产读了研究生，毕业后不久就被招聘到一所大学。2020 年，M 老师是"绿谷双名工程"初中理科班名师班的学员，我是这个班的班主任，再一次重逢。

当我想做山区教师发展这方面研究的时候，第一个想的研究对象就是 M 老师。在教师成长的道路上，他有着丰富的阅历，丰满的理想，体会过丰收的喜悦，也尝遍了不被理解痛苦的滋味。当我拨通 M 老师的电话，跟他说明缘由，他毫不犹豫就答应了。2021 年 10 月 19 日，我拟好访谈提纲，发了部分给 M 老师，让他看看、写写。

在访谈对象的选择过程中第一个想去的也是庆元。这源于我在初中任教的经历。我刚毕业的时候分配在丽水的一个乡村中学任教，3 年后以全区第一名的成绩考到了丽水的 K 中学，2 年后被选到当时最有名的私立学校——R 中学。那是 R 中学刚刚创办第二年，由于有优秀的师资、刻苦的学风、先进的教育教学理念，在社会上产生很大的影响力，毫不夸张地说，第二年招生的时候，吸引了全市最优秀的学生过来报考，能够考到花园中学，绝对是百里挑一。在我任教的班级，有三分之一是来自莲都区以外的其他县市，这其中就有庆元的两名学生，这两个孩子个头很小，比一般的孩子小一两岁（由于当年庆元的小学还是五年制，一般的县市都已经是六年制），这两个孩子特别的热爱学习，是那种发自内心的喜欢，知识面也很广。其中一个孩子三年里承包了教室花花草草，将教室打造成一个小花园，后来考大学，也是选择与生物相关的专业，而且是硕博连读。庆元的家长对孩子的读书也是特别的上心。当时我就想着，庆元作为全市最偏远的山区，到底是一批什么样的教师才能有教出这般可爱、专注的学生呢。这次我想做山区教师的专业发展的内生动力这方面的研究，就想到庆元这个区看看。

2021年11月26日早上，我8点出发前往庆元，路上非常顺利，快到民宿的时候跟M老师联系。到了民宿，比想象中的还要好，建筑是明清时期的，侧门进去后有一块光绪时期的"进士"匾额，是当时的知府大人赏赐的，这个村出了26位进士，真是名门望族啊。庭院内错落有致，在改建过程中敬重每一件物品的材质和属性，整体设计以安静之态为主。这个跟我这次的研究非常契合，深入山区一线教师，了解他们的喜怒哀乐。入住以后，M老师带着N和H来到民宿，这个倒是给我一个惊喜。这3个都是绿谷双名工程名师班的我的学生，正好是三代人，70后、80后、90后，非常有代表性，比预料中还要好。我们一边喝茶一边闲聊。这中间我有意无意地将这次访谈的问题抛出来。在这个过程中老师们非常放松，说了自己的成长经历、成长故事、对山区教师职业的看法。通过访谈，对我的震动还是很大的，很多跟我的认识非常不一样。其中谈到的朋辈关系给我的印象非常深刻，差不多年龄，同一个学科，都在同一个学校，合作比竞争多，互相帮忙，相互成就了对方。

下午我们来到了M老师的名师工作室，首先看到的是很有数学特色的平面直角坐标系。我们坐下来后就开始今天的访谈。在场的同时还有N，访谈持续了一个半小时左右。

第二节　坚守偏远山区　追求教育梦想

M是浙江省丽水人，出生于20世纪70年代，1990年考到丽水师范专科学校，担任学生会干部，他说道："我的起点也还是跟普通老师一样的，也没有比其他老师高，毕业当年分配在荷地，在荷地中学（当地一所非常偏远的山区中学教了4年初中数学，后来考试考到庆元第三中学，当时在第四年进城已经是很厉害了，然后在三中待了四年又到了庆元二中，那几年刚好就N当教研员嘛，后来N调到市里去了，我这边一边兼教研员一边在中学上课，就是两边都干。后来感觉当教研员琐事杂事太多，还是喜欢做一名纯粹的数学教师，就一直做初中数学教师，兼政教工作。"

榜样的作用是无穷的，在信息闭塞的20世纪90年代，M通过书籍获取知识与力量。"我当时在荷地中学当班主任，让我最崇拜的一个人是魏书生，有机会我就到各个地方的书店去买他的书，买了一大叠。这些书看了以后我还写信给他。当时我觉得我想要跟魏书生交流，虽然那时候他已经当局长了，他还是给我回信。当时我就当班主任，就是用他那一套管理班级的方法，拼命地去模仿他，不断给他写信，跟他交流，有想法就写信给他，告诉魏老师我是怎么做的，魏书生也给我回信过来，我就会围绕我的想法去做，想办法去实现自己的想法，虽然这中间的过程是很复杂的，但效果很好。"

专注是指"专心注意，精神贯注"，是一种良好的品质。M凭着专注的职业精神，克服一个又一个问题和困难，在事业中取得很大的成功。"做什么事都要专注，这是一种态度啊，可能是我想做一件事情，我就想把它做好的缘故。包括昨天做活动，原来我们学校班队课这块比较欠缺，班主任主题班会都不知道怎么上，后来我跟校长建议，主题班会课一定要开展起来。所以从开学到现在的两三个月时间，我一直在策划这件事情，包括请到了南京在这块做得好的专家。"

内驱力是自主发展的源泉，兴趣是专注做事的不竭动力。当教师不仅要自身对教育事业充满热情，更要激发学生的内驱力、激起学生的学习兴趣。"我觉得做任何事情，兴趣很重要，兴趣包括自己喜欢教学与研究，也包括学生喜欢上数学。我就想，怎么才能使学生喜欢你上的课呢？如果还是跟平时一样，跟大家的数学课没什么区别，那是激发不了学生的兴趣的。有一天我想到，用教语文的方式上数学课，那就是让学生上台表演。例如，完全平方公式，学生非常容易出错，我就编了记忆口诀，让学生上台表演，学生一下子就记住了，错误也少了。我觉得作为老师，你说他的课成功不成功，很关键就是看他有没有专业魅力，有，那就是成功。现在社会，不管是小学、初中、高中，都比较注重知识性的教学，在学生学科兴趣的培养方面，我觉得比较欠缺。再举个例子，我每隔两个星期，就会安排一节数学课，不上通常意义的数学知识新课，而是逼着自己，编一些数学知识点让学生上台演，或者让学生进行一题多解、思维的训练，基本上一节课去都让学生去展示，学生的思想方法、学生的数学题的解法等。到了期末，我就搞一场汇演，就叫"数学汇演"。通过一场场演出，学生就觉得数学也没那么抽象，没那么可怕，也就培养了他们的学科兴趣。除了学校汇演，我们学校每年的文艺晚会，我都会编写了跟数学有关的相声，今年，又有两个学生在全校 2 000 多人面前表演这个相声，表演过程中笑声不断，学生也就觉得数学可亲了。我的观点是文理相通，因为理科的东西比较抽象，肯定要用形象的表现形式使它深入浅出，所以我教的成绩都是比较好的。今年我是学校的政教主任，学校行政工作很忙，你也知道最忙的味道，我基本上是课上完就走，但是成绩考试还是全段第一的。不只这些，我布置的作业量也不多，但是我课堂效率高啊，包括刚才讲的这种兴趣的培养，学生比较喜欢听数学课。就这些也是觉得自己要总结，我的教学特点就是做一个魅力型的教师，我觉得这个也是一种自己的专业追求，让自己的教学更加有魅力。"

第三节　专注学生成长，浓郁专业情感

教师的眼里要有学生，要时刻关注学生的成长，用心做教育，关爱学生，才能促进自身的发展。"走上教学工作岗位以来，我一直以如何着眼于学生的发展，着眼于学生的未来而努力探求初中数学课堂创新教学。针对自己制定专业发展规划，我在初中数学课堂创新教学模式的探索中，努力做好三部曲。一是积累。我在前 5 年的教学生涯中对所教的班级的学生进行初一至初三的学习情况跟踪，课堂教学笔记记了 10 多本，并积极把教学心得在报纸、杂志上交流，其中《解数学题的思维起步方向》发表于数学核心期刊《中学数学教学参考》上。二是实践。我把每一次公开课、研讨课、观摩课都当作

锻炼的机会，每次课后都及时反思，重整教案。我还有意识对学生的学习心理、解题策略、思维方法等方面进行跟踪测查，并积极撰写案例，其中《从不同方向看》教学案例荣获市级案例评选一等奖。三是创新。我深深体会到，只有在创新中才能求得发展。在课堂教学方面，我积极贯彻教改精神，大胆实践，与班级学生摸索出一套行之有效的'研究性学习'模式，着力培养学生的实践能力与创造精神。《让学生感受数学的魅力与真谛》一文荣获市课堂教学创新论文一等奖，内容被刊登在《丽水教育》上。"

关注学生的成长的主阵地在课堂，有效有益有趣的课堂才能培养出有爱有才的学生。"在课堂中，我认真抓好教学的'五环节'，认真钻研和吃透教材的重难点，并根据教学的不同对象，合理安排好每一堂课的内容及重难点，做到目标明确，层次分明。他积极挖掘课程资源，当好教师研究者的角色。备课时强化提炼能力，变'教教材'为'用教材'，能结合学生实际创造性地使用教材，开发合理、有效的课程资源。我注重教学设计从'教案'转向'学案'，改变以往的教案为教师的教学程序、为学生的'双基'的掌握而预设的功能，将主要精力用于'学案'的设计，努力设计出更实际、更具特色的个性化'学案'。'学案'设计中还对课堂上可能发生的情况从多方面进行估测，并设计出多角度、多层次的'策略库'以备在课堂中能迅速调用。教学过程中善于通过系列的问题情境，精心设计，层层设问，从带着知识走向学生到教师变为带着学生走向知识，于无疑处生疑，在有进中求进，让他们在不知不觉中享受乐趣，走向高潮。学习的方式体现多样化：猜一猜、想一想、议一议、试一试、说一说等，除了强调在'做'中体验教学，理解教学外，还注重'听中学''看中学''想中学''读中学''聊中学'等。"

"我在课堂教学中努力实践着'情境点拨、激趣引思、寓题于理、感受魅力'的教学风格。积极尝试创设问题情境、实施分层指导、组织学生交流、揭示数学规律、促进迁移创新五步教学法。在创设问题情境时注重激趣引思，以趣导学。在揭示数学规律时注重寓题于理，努力寻找'深入浅出'的教学点子，进行'深入'地整合，'浅显'地教学，结合语文学科中的偏故事、演小品、讲相声等手段把课上的有韵味。在实施分层指导、组织学生交流时注重分层优化、成片开发、公平竞争，提高课堂管理人情味。"

第四节　积极阅读反思　拓展专业知识

"我知道，教育是一门科学，一门艺术，一项事业。我努力钻研这门科学，领悟这门艺术，并热爱这项事业。参加工作二十年来，无论是当普通老师，学校中层干部，还是担任县初中数学教研员，我都做到努力学习，刻苦钻研，认真领悟，勇于实践，争创佳绩。"

在偏远的山区学校里，艰苦的环境并没有磨灭 M 的向上的信念，反而激起 M 蓬勃向上的激情和斗志。"刚刚开始毕业就想，我既然教书了，那么我就要达到一个高度，当时也是懵里懵懂，没什么目标不目标，反正就是想要先进一点、进步一点啊，做事要突出一点。关于教学理念，包括教学设计这方面，我就想着怎么样在上课的时候让学生能够通俗易懂点。当时有一种很朴素的想法，那就是既然做这个事就是干一行爱一行。从现在这个角度来说，就是现在反思，反思过去，还有就是研究，就是要做些研究。就像现在做研究要有积累，没有积累，就没有研究。"

教师不仅是一种专业，更是一种职业。正是因为它是一种职业，所以必须具备这个职业所要求的一切素质，必须有更多的知识和能力，必须把握各方面的信息，必须使自己的思想观念始终保持先进。教师的专业成长离不开学习，不学习就跟不上社会前进的步伐，就不能适应教育改革的形势，就适应不了学生的内在需求，就驾驭不了生成型的课堂。所以，坚持不懈地摄取教育、管理等方面的新知识、新思想、新观念，坚持不懈地向优秀教师学习，向书本学习，向周围的同事学习显得尤为重要。"我以理论知识指导教学工作，不断更新知识和观念，不断将学习成果转化为各种能力，努力使自己做一名既能做好教学实践工作，又爱学习、爱思考，会钻研、能创新，善于传播教育新思想的立体型教师。先后出版了专著《中考数学进阶复习用书》《初中数学创新学习方略》《初中数学创新三国》。其中《初中数学创新学习方略》荣获浙江省第三届基础教育教学成果二等奖。"

目标小而言之是任务，往大说就是梦想。一个人如果没有目标，那这个人注定是碌碌无为，挥一挥衣袖，不带走一片云彩。古人云："有志者，事竟成。""有志"，是成功的动力源泉，是前进的目标和方向。作为教师，更应该懂得制定职业发展目标的重要性，正如坐车乘船有目的地，盖高楼大厦需要有个蓝图。教师职业生涯规划能起到标准化导向、调节和激励的作用。"教学在新课改的背景下，我积极投身教学第一线，在教师中起引领作用。我积极给自身制定专业发展规划，做到每5年一个发展期（比如头5年虚心求教，第二个5年磨出棱角、第三个5年形成风格等），逐步形成从'庸师'（无经验的教师）到'经师'（有经验的教师），到'人师'（既能教书育人，又有个性风格）再到'导师'（有影响力的名教师），促使自己向专业型、科研型、学者型发展。他在数学教学中，以课堂为主要研究阵地，努力追求三个方面：落脚于真实、钟情于情感、精彩于生成。我认为真实是课堂的生命，课堂教学是教师与学生生活的另一种样式，而生活的意义与价值在于它的真实、本色。在教学中，我努力让数学教学的价值体现在让学生经历从不懂到懂、从不会到会、从不能到能的学习过程，并在这样真实的过程中获得生命的成长，让学生感受数学的魅力与真谛。我坚持以学生的发展为本，努力挖掘教材中的生活的东西，努力让学生的生命充满灵动，努力发挥自己的智慧，捕捉课堂中有价值的信息，铸就美丽的生成。"

第五节　成长轨迹诠释　自主发展启示

在教师个人专业化成长过程中，需要积极修炼两个能力，一是教学能力，二是科研能力。"教育学生方面，我重视班级的'后进生'的转化工作，认真落实好'一帮一'教学活动，每月定期找后进生谈话，摸清他们思想动态，及时挖掘他们的闪光点，并制定相应激励措施，帮助他们树立信心，克服弱点，强化他们的行为习惯，促使他们明显好转。我还积极探索班级学生自治模式，主持承担了国家级课题：全国教育科学'十五'规划课题—《初中班级管理星级综合评价实践与研究》。教学方面，我积极开展数学新课程改革的课题研究，其中《初中数学新课程综合实践活动课的探索与研究》获市级重点类课题。平常我以"科研兴教"为指导思想，以教育科研服务教育教学、促进教育教学、优化教育教学为指导原则，进一步加强课堂教学改革研究，积极研讨课改模式，根据平时积累的教学经验，我出版了专著《初中数学创新学习方略》，本书在培养学生学习方法的同时，还注重学习心理分析及应考心理调节。该书是我研究长达 8 年之久的教学专著，它立足于课堂教学实践，渗透新课程理念。本书内容多次在市级开设专题讲座、交流教学思想，在市级范围内产生一定影响，它对减轻学生课业负担，推进素质教育，促进数学新课程改革有一定的推动作用。2006 年该成果荣获由市教育局、教研室联评的市级基础教育成果一等奖，2004 年被评为浙江省青年科研标兵，2007 年被评为浙江省教育科研先进工作者，事迹被县电视台新闻节目播放，2005 年被破格评为中学高级教师。"

山区名教师的成长除了自身努力外，离不开地方的扶持与帮助。同时，在教育教学改革中发挥带头、示范和辐射作用，推动本学科教育教学的改革和发展。"我以'科研兴教'为指导思想，以教育科研服务教育教学、促进教育教学、优化教育教学为指导原则，在教学业务指导方面进一步加强课堂教学改革研究，积极开展'创建学习型组织'活动，促进教师向知识型、教科研型、专业化发展。我积极指导青年教师善于发现、研究、解决教育教学中的问题，善于把教育教学实践的经验升华为理论；善于发现和掌握教育教学规律。不断提高研究能力和水平，我组建了名师工作室，在'研'上追求实效，建立县骨干教师研修班。要求他们经常就教材、教法、教学设计、科研等方面进行研究，不断学习业务和理论知识，大胆创新，更新教法，积极研究，总结反思，促使青年教师自己由经验型教师向研究型教师转变，促使他们成为一名具有教学特色的名师而努力。"

"我多次参与过市初中数学学业考试命题，今年与金华联合命题中丽水去了 2 个人，我也是其中之一。多次在市中考复习会上作《数学亮点试题的编制》等讲座。在丽水学院承办的浙江省初中数学 90 学时教师培训中作《初中数学有效教学的实践与探索》《提高数学课堂教学有效性》等讲座。我评上正高级教师以后，积极为学校和各地开设讲座，到丽水学院开设了讲座《追求核心素养落地精准教学》，到松阳开设了《初中数学试题的欣赏与编制》，到青田伯温中学开设了《基于深度学习的课堂教学模式实践》等讲座。研究和解决教学实践中的现实问题，总结和提升教学经验，营造研究氛围和教研文化。积极开展课题研究，《中学教师县域协调性研修模式的研究》获省级课题结题。《初中阶段精准作业的编制和反馈评价的实践与研究》获市级二等奖。论文《构建理解为先的有效课堂》发表于《中小学数学》杂志。作为名师工作室导师指导吴小伟老师课题获县级一等奖。"

"人活着，就是一种形象，一个品牌。在多年的教学（研）生涯中，我始终认为教育是一种爱，真心地付出，才能换来桃李芬芳；教育是一种等待，只有不倦地追求，才能让自己这个品牌散发异彩，追求教学的真谛，永无止境。唯有不断地学习、不断地实践、不断地探索，学会在研究状态下工作，不断向着教研的高境界攀登，才能让今天比昨天教研得更好！"

致　谢

历时两年，这本书终于完成。在这两年时间里，经过许多人的共同努力，使之得以诞生。

感谢我们丽水学院的金建生教授，从选题、前期准备、资料收集、框架的搭建等过程中给予我许多宝贵的建议。金教授在教师专业发展方面的高深造诣、细致严谨的治学精神都让我受益匪浅。

感谢两年以来，参与到本书研究的研究对象。浙江省丽水市庆元第三中学的范良帮特级教师、正高级教师。当我将本书的研究思路与其交流时，范教授在表示支持的前提下给予许多合理性建议。当我到庆元与其面对面访谈时，他不但热情地接待了我们，而且还带了几位有不同经历的教师参与访谈，进一步拓宽了我研究的思路。在一次次访谈、提供研究资料、动手撰写从教经历的过程中，范教授不厌其烦、有求必应，没有他的支持与帮助，我们的研究将失去目标与方向。感谢浙江省丽水市庆元第三中学的周央庆老师，周老师的同伴互助经历给予我的研究很大的启发。感谢浙江省丽水市青田实验小学黄巧敏老师，她的成长经历给予我很大的启示。这些长期在山区任教的教师扎根在山区、服务于山区、成长在山区、致力于山区的教育事业的无私奉献的精神感染着我，激励着我。

感谢我所在的学校——丽水学院。丽水学院长期以来非常重视服务山区的教育事业，学校有"乡村教育研究"行知讲坛，目前已经举办了49期。在这些行知讲坛里，主讲教师就自身研究发表自己的看法，其他教师发表不同的见解，讨论研究中的困惑与不足，许多科学研究在一次次的研讨中不断深入与深化。感谢附属学校——碧湖实验中学，行动研究中的

案例来自该校的数学教研组的活动。感谢所有支持与帮助我的亲人，感谢
你们！

赵菁蕾

丽水学院

2023 年 6 月